五年制高职专用教材

高等职业教育商务类专业精品课程系列规划教材

供应链管理实务

（第2版）

GONGYINGLIAN GUANLI SHIWU

- 主　编　冯其河
- 副主编　冉雪峰　张　郁

苏州大学出版社
Soochow University Press

图书在版编目(CIP)数据

供应链管理实务 / 冯其河主编. —2 版. —苏州：苏州大学出版社,2023.1(2025.1重印)
高等职业教育商务类专业精品课程系列规划教材
ISBN 978-7-5672-4286-9

Ⅰ.①供… Ⅱ.①冯… Ⅲ.①供应链管理-高等职业教育-教材 Ⅳ.①F252.1

中国国家版本馆 CIP 数据核字(2023)第 012248 号

供应链管理实务(第2版)

冯其河　主　编

责任编辑　施小占

苏州大学出版社出版发行
(地址：苏州市十梓街1号　邮编：215006)
镇江文苑制版印刷有限责任公司印装
(地址：镇江市黄山南路18号润州花园6-1号　邮编：212000)

开本 787 mm×1 092 mm　1/16　印张 17　字数 414 千
2023 年 1 月第 2 版　2025 年 1 月第 2 次印刷
ISBN 978-7-5672-4286-9　定价：58.00 元

若有印装错误,本社负责调换
苏州大学出版社营销部　电话:0512-67481020
苏州大学出版社网址　http://www.sudapress.com
苏州大学出版社邮箱　sdcbs@suda.edu.cn

出版说明

供 应 链 管 理 实 务

　　五年制高等职业教育(简称五年制高职)是指以初中毕业生为招生对象,融中高职于一体,实施五年贯通培养的专科层次职业教育,是现代职业教育体系的重要组成部分。

　　江苏是最早探索五年制高职教育的省份之一,江苏联合职业技术学院作为江苏五年制高职教育的办学主体,经过20年的探索与实践,在培养大批高素质技术技能人才的同时,在五年制高职教学标准体系建设及教材开发等方面积累了丰富的经验。"十三五"期间,江苏联合职业技术学院组织开发了600多种五年制高职专用教材,覆盖了16个专业大类,其中178种被认定为"十三五"国家规划教材,学院教材工作得到国家教材委员会办公室认可并以"江苏联合职业技术学院探索创新五年制高等职业教育教材建设"为题编发了《教材建设信息通报》(2021年第13期)。

　　"十四五"期间,江苏联合职业技术学院将依据"十四五"教材建设规划进一步提升教材建设与管理的专业化、规范化和科学化水平。一方面将与全国五年制高职发展联盟成员单位共建共享教学资源,另一方面将与高等教育出版社、凤凰职业教育图书有限公司等多家出版社联合共建五年制高职教育教材研发基地,共同开发五年制高职专用教材。

　　本套"五年制高职专用教材"以习近平新时代中国特色社会主义思想为指导,落实立德树人的根本任务,坚持正确的政治方向和价值导向,弘扬社会主义核心价值观。教材依据教育部《职业院校教材管理办法》和江苏省教育厅《江苏省职业院校教材管理实施细则》等要求,注重系统性、科学性和先进性,突出实践性和适用性,体现职业教育类型特色。教材遵循长学制贯通培养的教育教学规律,坚持一体化设计,契合学生知识获得、技能习得的累积效应,结构严谨,内容科学,适合五年制高职学生使用。教材遵循五年制高职学生生理成长、心理成长、思想成长跨度大的特征,体例编排得当,针对性强,是为五年制高职教育量身打造的"五年制高职专用教材"。

江苏联合职业技术学院
教材建设与管理工作领导小组
2022年9月

前言

本教材是江苏联合职业技术学院五年制高等职业教育物流管理专业核心课程"供应链管理"的配套教材。课程开发团队在前期"供应链管理网络课程"所收集资源的基础上进行本教材的编写工作。课程开发团队以为企业培养高素质人才为目的,培养学生的供应链意识,确定六个学习项目。其中,项目一主要介绍供应链的基础内容;项目二介绍供应链从设计到构建,再到协调的具体运作;项目三介绍供应链管理中常见的四种方法;项目四为本教材的核心项目,介绍供应链中的采购、生产、物流、库存、客户关系怎样运作;项目五介绍如何评价供应链的运作效果;项目六首先以供应链中的"牛鞭效应"为研究对象,让学习者能充分掌握各角色在供应链中的运作情况,其次以"新零售下的新物流"为话题,让学习者能体验当前社会变化给供应链模式带来的新变化。

本教材力求将供应链管理的知识体系进行整合与优化,从供应链环节的实际出发,立足企业实际运作模式,基于供应链业务流程对学习内容进行重新编排,以工作过程为导向进行内容设计,将供应链管理思想与企业实际工作过程相结合,使供应链管理实务的内容更具有完整性,使教学组织更贴近实际工作过程。本教材具有如下特色:

(1)理论、实践与应用紧密结合。本教材不仅在各项目前安排导入案例,还在理论讲解过程中穿插了大量的最新案例供学习者研读;在正文中提供相应的话题供学习者加以讨论,或者设置相应的实践任务供学习者去操作;每个项目后配套相应的习题和案例分析题,以便学习者课后复习。

(2)资源配套完善。为促进本教材的有效使用,课程开发团队为某些知识点配备了相应的视频、图表、动画等资源,学习者可登录网络课程平台学习,完成配套的学习任务。

本教材由江苏联合职业技术学院苏州工业园区分院物流教研室主任冯其河担任主编,为本教材设定体例和编写大纲,并负责统稿。本教材具体编写分工如下:冉雪峰负责项目一、项目二、项目三、项目六的编写工作;张郁负责项目四、项目五的编写工作。江苏联合职业技术学院苏州建设交通分院罗正飞、江苏吴中职教中心蒯晓蕾、苏州信息职业技术学院陈莉、江苏联合职业技术学院无锡商旅分院李小清、江苏联合职业技术学院江宁分院韩祎给本书提供了大量的案例、视频等资源。

由于编者的经验和水平有限,本教材疏漏之处在所难免,恳请广大读者不吝指正,提出宝贵意见,以便我们及时修正。

项目一　供应链概述	1

任务一　感受供应链模式的演进	2
任务二　解析供应链的概念与结构模式	10
任务三　辨别供应链的类型	14
任务四　解析供应链管理	19
项目练习	27

项目二　供应链设计、构建与协调	40

任务一　设计供应链	41
任务二　构建供应链	49
任务三　协调供应链	55
项目练习	63

项目三　供应链管理的方法	71

任务一　认知快速反应	73
任务二　认知有效客户响应	82
任务三　认知协同规划、预测与补货	91
任务四　认知企业资源计划	100
项目练习	110

项目四　供应链管理要素	123

任务一　透析采购管理	124
任务二　透析生产管理	137
任务三　透析物流管理	153

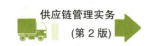

　　任务四　透析库存管理　　　　　　　　　　　　　　　　164
　　任务五　透析客户关系管理　　　　　　　　　　　　　　180
　　项目练习　　　　　　　　　　　　　　　　　　　　　　189

项目五　供应链管理绩效评价　　　　　　　　　　　　　207

　　任务一　认知供应链管理绩效评价　　　　　　　　　　　208
　　任务二　搭建供应链管理绩效的评价指标体系　　　　　　212
　　任务三　探究供应链管理绩效的评价方法　　　　　　　　220
　　项目练习　　　　　　　　　　　　　　　　　　　　　　226

项目六　供应链管理应用　　　　　　　　　　　　　　　233

　　任务一　体验啤酒游戏　　　　　　　　　　　　　　　　233
　　任务二　赏析新零售下的新物流　　　　　　　　　　　　247

参考文献　　　　　　　　　　　　　　　　　　　　　　263

供应链概述

"小狗经济"的成功

在"动物世界"栏目中,曾经看到以下场面:三条两尺多长的小狼狗,居然能把一匹大斑马吃掉!三条小狼狗是怎样打败大斑马的呢?大致过程是:三条小狼狗一起扑上去,第一条小狼狗一上去就咬住斑马的鼻子,无论斑马怎么撞它,它都死死地咬住不放;第二条小狼狗一上去就咬住斑马的尾巴,无论斑马怎么踢它,它也死死地咬住不放;第三条小狗则死死咬住斑马的腿。咬了很久,斑马终于站立不住了,猛地倒下。

三条小狼狗能吃掉一匹大斑马,其秘诀在于八个字:分工明确,合作紧密。正因为大家分工明确,各司其职,决不动摇,才产生了分工的优势,产生了合作的能量。在经济工作中,许多经济活动也是采取这种分工协作的方式完成。这种经济活动称为"小狗经济"。

"小狗经济"的一个重要背景就是区域性的产业集中,即一乡一品,一县一品,一市一品。由于区域性产业集中,产品的各种相关部件都可以在区域内就近采购,采购成本(特别是其中的运输成本)低到任何一个企业自己生产都不如从外部采购。其结果自然是较大的市场规模取代了较大的企业规模,较多的生产活动和资源配置由市场机制替代了企业行为。

互联网的发展,为企业的深度分工和更大范围的合作创造了条件。有了互联网,任何一个企业,无论是近在咫尺,还是远在他乡,只要产品运输半径许可,都可以成为自己的零部件配套企业。每个企业都可以把产品自制率降到最低限度,将自己有限的资金、有限的资源、有限的管理能力,集中到自己最具优势的生产经营环节。大家都这么做,整个社会越来越多的生产经营活动都由内部管理和内部调度的对象,变成了市场交易的对象;整个社会因分工进一步深化,每个企业都只生产自己最具优势的那个产品、那个部件,甚至那个螺丝,整个社会都在发挥优势,都在交换优势,其结果是:所有产品的成本都会进一步降低,质量会进一步提高。

在台州,有上千家摩托车零部件生产企业,基本上都是家族模式企业或家庭工厂,他们的单个力量是非常弱小的。相对于许多大型企业而言,这些企业可以说与一只蚂蚁没有什么区别,但是他们分工非常细致,一个企业或一个家族甚至只生产一个螺丝钉,千家万户联合起来,整个台州市就成了一个特大型的摩托生产集团,效率特别高,而成本却比内地如嘉陵、建设等大型摩托车生产集团要低30%。

(资料来源:https://baike.baidu.com/item/小狗经济/9662314?fr=aladdin,资料经笔者整理)

案例总结

许多弱小的经济单位联合起来,通过分工和合作的方式进行一项大的经济活动,这被称为"小狗经济"。小狗经济的特点是分工明确、合作紧密,优势在于产业集中和竞争,在于专业化和协作,在于体制和机制创新,在于用市场交易关系代替企业内部管理关系。小狗经济是中国经济发展的一大特点,在浙江、广东一带尤为发达。

任务一 感受供应链模式的演进

任务目标

- 了解现代企业所面临的市场环境
- 理解现代市场环境给企业带来的挑战
- 了解企业管理模式的发展过程
- 理解"纵向一体化"与"横向一体化"两种管理模式的特点
- 了解供应链管理思想的发展

任务描述

随着科技的飞速进步与社会分工的日益细化,企业所面临的市场环境已发生了根本的变化,给企业带来了许多新的挑战。为适应新的市场环境,企业的管理模式也在不断地更新变化。那么,你知道企业现在所面临的市场环境是怎样的吗?你知道企业的管理模式是如何演进的吗?

知识链接

一、现代企业面临的市场环境

随着科学技术的飞速进步和生产力的快速发展,企业间的合作越来越紧密,全球化趋势愈加明显,如波音公司的全球化协作、沃尔玛的全球化战略。在这一趋势下,顾客消费水平不断提高,市场需求的不确定性大大增加,给企业带来了巨大的压力。而且,这种现象在未来会进一步加强,企业面临的竞争环境将更为严峻。

(一)现代企业面临的环境特点

综合而言,现代企业面临的环境有如下几个方面的特点。

1. 信息技术飞速发展和信息资源利用要求提高

大量信息的飞速产生和通信技术的发展迫使企业把工作重心从如何迅速获得信息转到如何准确地过滤和有效利用各种信息上。

2. 技术进步越来越快、产品更新换代的间隔越来越短

新技术、新产品的不断涌现虽然使企业得以获得新的竞争手段，但也会使每个企业面临更大的挑战，企业必须不断地开发新产品，否则它们将面临由于不能掌握新的技术而被淘汰的压力。

3. 高新技术的应用

全球信息化的快速发展，企业很容易获得所需要的各种技术信息，越来越多的企业能在极短的时间内掌握最新技术。高新技术的发展虽然推动了社会进步，但也大大加剧了竞争的激烈性。20 世纪后期，以计算机为基础的新生产技术在企业中得到了广泛应用，例如，计算机辅助设计、计算机辅助制造、柔性制造系统、自动存储和分拣系统、自动条码识别系统等。由于可以在很短时间内就把新产品或服务推向市场，企业赢得了时间上的优势，而这种趋势在未来还会进一步强化。

4. 市场和劳务竞争全球化

企业在建立全球化市场的同时，也在全球范围内造就了更多的竞争者，而商品市场国际化的同时也创造了一个国际化的劳动力市场。

5. 产品研制开发的难度越来越大

越来越多的企业认识到新产品开发对企业创造收益的重要性，因此许多企业不惜成本予以投入，但是资金利用率和投入产出比却往往不尽如人意，原因之一是产品研制开发的难度越来越大。比如，2010 年 iPhone 4 的横空出世，给手机市场带来了革命性的变化，但是从 iPhone 4S 到 iPhone X（如图 1-1 所示），除屏幕尺寸在逐渐增大外，苹果手机的功能却没有根本性的变化。

图 1-1　苹果 iPhone 系列的部分产品

知识拓展

iPhone 7 的"创新"

iPhone 7 发布前，各种爆料、谍照层出不穷。但在发布后，iPhone 7 的各种"创新"并未能让人眼前一亮，反而其中很多都有"抄袭"国产手机品牌之嫌。换句话说，iPhone 7 的各种所谓新功能，都是国产品牌已经推出并日臻完善的东西。

比如 iPhone 7 最引以为豪的双摄像头，在荣耀 8 等国产手机上早已推出，甚至 iPhone 一贯领先的摄像画质，也早已被国产手机超过。以荣耀 8 为例，它采用双 1 200 万像素的后置摄像头,一颗彩色一颗黑白,黑白镜头可以尽可能大地提升进光量,在弱光环境下也能捕捉到所拍摄景物更多的细节。两颗镜头同时工作可以实现两倍的进光量与感光面积,相比单颗镜头的拍照性能提升 36%。

又比如 iPhone 7 所推出的亮黑色,伟大的苹果竟然"沦落"到靠推单个颜色来制造噱头,实在是一种悲哀。

6. 可持续发展的要求

人类在许多方面的消耗都在迅速接近地球所能承受的极限,如:我国快递行业的"过度包装",每年产生百万吨废弃物,回收率却不足 10%,如图 1-2 所示。在市场需求变化莫测、制造资源日益短缺的情况下,企业如何才能取得长久的经济效益,是企业制定战略时必须考虑的问题。

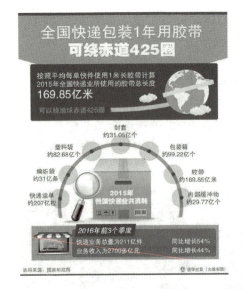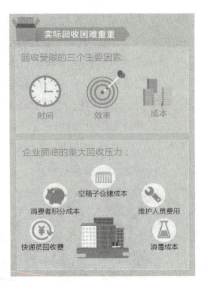

图 1-2 我国快递中的"过度包装"与回收困难

7. 全球性技术支持和售后服务

赢得用户信任不仅要靠具有吸引力的产品质量,还要靠销售后的技术支持和服务。许多世界著名企业在全球拥有健全而有效的服务供应链就是最好的印证。

> **知识拓展**
>
> **外国某些品牌产品的中国售后服务电话**
> (1) 戴尔:400 - 884 - 9423;
> (2) 三星:400 - 810 - 5858;
> (3) 苹果:400 - 666 - 8800;
> (4) 博世:400 - 885 - 5888。

8. 用户的要求越来越苛刻

随着新产品的不断涌现,消费者的价值观已经发生了明显的变化,需求结构也普遍向高层次发展,表现在:一是对产品的品种规格、花色、需求数量呈现多样化、个性化,而且还具有很高的不确定性;二是对产品的功能、质量和可靠性的要求日益提高,而且会以不同用户的满意度为尺度,从而产生了差别标准的不确定性;三是要求在满足个性化需求的同时,产品的价格还要低廉。

(二)现代企业面临的具体挑战

由于以上市场环境特点的存在,现代企业所面临的挑战也越来越严峻,具体表现在:

1. 产品生命周期越来越短

随着消费者需求的多样化发展,企业的产品开发能力也在不断提高。目前,国外新产品的开发周期大大缩短。例如,HP公司新打印机的开发时间从过去的4.5年缩短为22个月,而且产品的开发周期还在不断缩短。与此相对应的是产品生命周期缩短,革新换代速度加快。由于产品在市场上存留的时间大大缩短了,留给企业在产品开发和上市方面的时间也越来越短,给企业造成了巨大压力。例如:当今的电子产品,几乎是一上市就已经过时了,就连消费者都有些应接不暇。由于产品的更新换代不及时,曾经红火一时的企业大多面临着倒闭的危险。

2. 产品品种数飞速膨胀

由于消费者需求的多样化越来越突出,企业为了更好地满足其需求,便不断推出新的品种。这样,就引发了一轮又一轮的产品开发竞争,结果是产品的品种数成倍增加。比如,2010年6月8日,苹果CEO乔布斯在新品发布会上只发布了一款全新的iPhone第四代手机,型号为iPhone 4,共有2个版本(16G版、32G版);而在2018年9月12日,苹果CEO库克在会场上一下发布了四款新产品(三款iPhone、一款Apple Watch),而每款iPhone都有多个内存版本。

3. 对订单响应周期的要求越来越高

由于科学技术的进步、经济的发展、全球化信息网络和全球化市场的形成,以及技术变革的加速,围绕新产品的市场竞争更加激烈,所有这些都要求企业能对不断变化的市场做出快速反应,不断地开发出满足客户需求的定制化产品,去占领市场以赢得竞争。客户不但要求企业按期交货,而且要求的交货期越来越短。现代企业要有很强的产品开发能力,这不仅指产品品种,更重要的是指产品上市时间,即尽可能提高对客户需求的响应速度。例如,在20世纪90年代初期,日本汽车制造商平均每两年可向市场推出一款新车型,而同期的美国汽车制造商推出相同档次的车型却需要5~7年。可以想象,美国的汽车制造商在当时的市场竞争中该有多么被动。对现在的企业来说,市场机会几乎都是稍纵即逝,留给企业思考和决策的时间极为短暂。如果一个企业对客户的要求反应稍微慢一点,很快就会被竞争对手抢占先机。因此,缩短产品的开发、生产周期,在尽可能短的时间内满足客户要求,已成为当今所有管理者最为关注的问题之一。

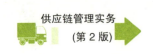

> **知识拓展**
>
> **一个时代的落幕——诺基亚退出手机市场**
>
> 2014年11月11日,微软发布了首款自主品牌的智能手机——Lumia 535,这也标志着诺基亚品牌彻底告别智能手机市场。令人费解的是,诺基亚当时的CEO康培凯曾在2006年准确预言说:互联网与手机的未来将融合在一起,而诺基亚要成为"真正融合互联网和移动性的公司"。事实证明,苹果和谷歌用行动告诉诺基亚:你只是说说而已。

毋庸置疑,谁能对市场的变化做出快速反应,迅速将新产品推上市场,以最快的速度满足客户的需求,谁就能在市场中获得竞争优势。因此,各国企业纷纷将制定竞争战略基点建立在时间基础之上,出现了基于时间竞争(Time-based Competition,时基竞争)的思想,旨在改善企业中各种与时间有关的绩效指标,快速对市场变化做出反应以取得竞争优势。比如,最近几年所兴起的外卖平台,通过就近选择送餐人员,极大地缩短了送餐时间,使得这些企业获得了巨大的成功。

> **知识拓展**
>
> **京东打造"最快物流",下单后15分钟送达**
>
> 据京东相关负责人介绍,对于O2O商品,京东的物流服务将全面升级,确保在下单之后1小时内送达,最快15分钟之内可以将商品送到消费者手中,而在24小时内,消费者可以任意选择商品送达的时间,这样的物流速度使京东物流在国内电商行业中堪称"最快物流"。

4. 对产品和服务的期望越来越高

现在,客户已不满足于从市场上买到标准化生产的产品,他们希望得到按照自身要求定制的产品或服务。因此,传统的"一对多"标准化生产方式已不再能使企业继续获得效益,企业必须具有根据每一个客户的特别要求定制产品或服务的能力,即所谓的"一对一"(One-to-One)的定制化服务(Customized Service)。企业为了能在新的环境下继续保持发展,纷纷转变生产管理模式,逐步从大量生产(Mass Production)转向定制化大量生产(Mass Production)。例如,以生产芭比娃娃著称的美泰公司,从1998年10月起,可以让女孩子登录到barbie.com设计她们自己的芭比娃娃。她们可以选择娃娃的皮肤弹性、眼睛颜色、头发的式样和颜色、名字。当娃娃邮寄到孩子手上时,女孩子会在上面找到她们娃娃的名字。这是美泰公司第一次大量制造"一个一样"的产品。

二、企业管理模式的演变

在全球市场的激烈竞争中,企业面对一个变化迅速且无法预测的买方市场,致使传统的生产与经营模式对市场剧变的响应越来越迟缓和被动。虽然企业也采取了一系列措施来摆脱困境,但在经营的灵活性、快速满足客户需求方面并没有实质性改观。人们终于意识到:

必须改变传统的生产与经营模式,才能从根本上摆脱困境。

管理模式是一种系统化的指导与控制方法,它把企业中的人、财、物和信息等资源,高质量、低成本、快速及时地转换为市场所需要的产品和服务。因此,自从有了企业那天起,质量、成本和时间(生产周期)就一直是企业的三个核心活动,企业管理模式也是围绕着这三个方面不断发展的。

(一) 传统管理模式

从管理模式上看,在20世纪80年代以前,企业出于对制造资源的占有要求和对生产过程直接控制的需要,传统上常采用的策略是自身投资建厂,或参股到供应商企业,一个产品所需要的各种零部件基本上都是在自己企业内由各个工厂加工出来的,直接控制着各个零部件的生产过程,这就是所谓的"纵向一体化"(Vertical Integration),或者是"大而全""小而全"的管理模式。也就是说,不管企业规模大小如何,都会想方设法地自己来完成与产品有关的所有零部件生产和服务提供。例如,许多制造商拥有从铸造、毛坯准备、零件加工、部件装配、总装、包装、运输等一整套设备设施及组织机构。

想一想 "纵向一体化"管理模式有何优劣?

在20世纪40—60年代,企业处于相对稳定的市场环境中,这时的"纵向一体化"模式还是挺有成效的。但是,自20世纪90年代以来,科技迅速发展、全球竞争日趋激烈、顾客需求不断变化,"纵向一体化"模式开始暴露出种种缺陷,具体如下:

(1) 增加企业投资负担。不管是投资建新的工厂,还是用于其他公司的控股,都需要企业自己筹集必要的资金,这给企业带来了许多不利之处。

想一想 为就近满足消费者的需求,格力公司准备在美国加利福尼亚州新建一个工厂,用于空调的生产。那么,格力公司投资新建这个工厂需要花费哪些成本?需要多少时间才能建好?

(2) 承担丧失市场时机的风险。从选择投资方向来看,决策者当时的决策可能是正确的,但就是因为花在基本建设上的时间太长,等生产系统建成投产时,市场行情可能早已发生了变化,错过了进入市场的最佳时机而使企业遭受损失。因此,项目建设周期越长,企业承担的风险就越高。

(3) 迫使企业从事不擅长的业务活动。在"纵向一体化"管理模式下,企业把产品设计、财务、生产、人事、设备维修等工作看作本企业必不可少的业务工作,许多管理人员往往花费过多的时间、精力和资源去从事辅助性的管理工作。由于精力分散,他们无法做好关键性业务活动的管理工作。结果是,不但辅助性的管理工作没有抓起来,关键性业务也无法发挥出核心作用,不仅使企业失去了竞争特色,而且增加了企业产品成本。例如,1996年,通用汽车公司70%的零部件都是由自己公司所生产的,而福特公司只有50%,克莱斯勒只有30%。正是由于通用汽车公司的顽固做法,它不得不经受着多方面竞争的压力。结果,通用汽车公司因为生产汽车零部件而耗去的劳动费用远高于其他两个公司,每生产一个动力系统,就比福特公司多出440美元,而比克莱斯勒公司多出600美元,在市场竞争中始终处于劣势。

（4）在每个业务领域都直接面临众多竞争对手。采用"纵向一体化"管理模式的企业的另一个问题是，它必须在不同业务领域直接与不同的竞争对手进行竞争。事实上，即使是IBM这样的大公司，也不可能拥有所有业务活动必需的条件。因此，从20世纪80年代末开始，IBM就不再进行纵向发展，而是与其他企业建立广泛的合作关系。例如，IBM与苹果公司合作开发软件，协助MCT联营公司进行计算机基本技术研究工作，与西门子公司合作设计动态随机存储器，等等。

（5）增大企业的行业风险。如果整个行业不景气，采用"纵向一体化"管理模式的企业不仅会在最终用户市场遭受损失，而且还会在各个纵向发展的市场上遭受损失。例如，某味精厂为了保证原材料供应，自己建了一个辅料厂。但后来味精市场饱和，该厂生产的味精大部分失去了销路。结果，不仅味精厂遭受损失，与之配套的辅料厂也举步维艰。

（二）企业管理模式的发展

实际上，人们很早就注意到了外部环境的变化对管理模式的影响问题，并从技术和组织的角度采取了许多措施，提出了许多适应竞争环境变化的有效方法。归纳起来，管理模式的变化可分为两个大的阶段，即基于单个企业的管理模式、基于扩展企业的管理模式。

1. 基于单个企业的管理模式

所谓基于单个企业的管理模式，是指管理模式的设计以某一个企业的资源利用为核心，资源的概念仅局限于本企业。比较典型的单个企业管理模式有如下几种形式：成组技术（Group Technology，GT）、柔性制造系统（Flexible Manufacturing System，FMS）、减少零件变化（Variety Reduction Program，VRP）、计算机集成制造系统（Computer Integrated Manufacturing System，CIMS）、人和组织的集成。

以上几种方法的共同特点，首先是以一个企业的资源为主，所考虑的都是本企业的制造资源安排问题。然而，在当前市场竞争环境下，仅靠一家企业的资源难以使市场上的用户得到满意的服务，自己也难以获得理想的效益。其次，由于只站在单个企业的角度考虑问题，对企业间的合作没有提高到战略高度来认识，有时甚至把企业间的协作看作是不得已的选择。

2. 基于扩展企业的管理模式

1991年，美国国会委托里海大学的亚科卡研究所编写了一份名为"21世纪制造企业战略"的报告，提出了"敏捷制造"（Agile Manufacturing，AM）的概念，描绘了一幅实现敏捷制造模式的蓝图。

该报告的结论是，全球性的竞争使得市场变化太快，单个企业依靠自己的资源进行自我调整的速度已赶不上市场变化的速度。为了解决这个影响企业生存和发展的世界性问题，该报告提出了以虚拟企业（Virtual Enterprise，VE）或动态联盟为基础的敏捷制造模式。敏捷制造面对的是全球化激烈竞争的买方市场，采用可以快速重构的生产单元构成的扁平组织结构，以充分自治的、分布式的协同工作代替金字塔式的多层管理结构，注重发挥人的创造性，变企业之间你死我活的竞争关系为既有竞争又有合作的"共赢"关系。

虚拟企业是一种新的指导思想，如何具体付诸实施还没有确定的模式，正在此时兴起的供应链管理模式从这方面满足了实现敏捷制造所寻找的具体途径的要求。

三、供应链管理模式的产生与发展

鉴于"纵向一体化"管理模式的种种弊端，"横向一体化"（Horizontal Integration）思想逐渐兴起，即利用企业外部资源快速响应市场需求，本企业只抓自己核心竞争力的业务，而将非核心业务委托或外包给合作伙伴企业。例如，福特汽车公司festiva车就是由美国人设计，在日本的马自达生产发动机，由韩国的制造厂生产其他零件并进行装配，最后在美国市场上销售。制造商把零部件生产和整车装配都放在了企业外部，这样做的目的是利用其他企业的资源促使产品快速上市，避免自己投资带来的基建周期过长等问题，从而赢得产品在低成本、高质量、快速上市等方面的竞争优势。

想一想　（1）与"纵向一体化"相比，"横向一体化"的最本质特点是什么？
（2）在"福特festiva车"的实例中，日本与韩国的企业扮演了什么角色？这样做的好处有哪些？如果这三个企业中的任何一个出了问题，会产生什么后果？
（3）横向一体化的要求是什么？

在"横向一体化"思想的指导下，企业需要利用外部资源快速响应市场需求，只抓企业发展中最核心的东西，即产品方向和市场；至于生产，只抓关键零部件的制造，甚至全部委托其他企业加工。因此，"横向一体化"形成了一条从供应商到制造商再到分销商、零售商的贯穿所有企业的"链"。由于相邻节点企业表现出一种需求与供应的关系，当把所有相邻企业都依此连接起来，便形成了供应链。这条链上的节点企业必须达到同步、协调运行，才有可能使链上的所有企业都能受益，于是便产生了供应链管理这一新的经营与运作模式。

由此可见，供应链管理的概念是把企业资源的范畴从过去单个企业扩大到整个社会，使企业之间为了共同的市场利益而结成战略联盟，因为这个联盟要满足具体顾客的特殊需要，供应商就需要与顾客共同研究，如何满足顾客的需要，还可能要对原设计进行重新思考、重新设计，这样在供应商和顾客之间就建立了一种长期联系的依存关系。供应商以满足顾客、为顾客服务为目标，顾客当然也愿意依靠这个供应商。这样一来，借助敏捷制造战略的实施，供应链管理也得到越来越多的人重视，成为当代国际上最有影响力的一种企业管理模式。供应链管理模式的演化进程如图1-3所示。

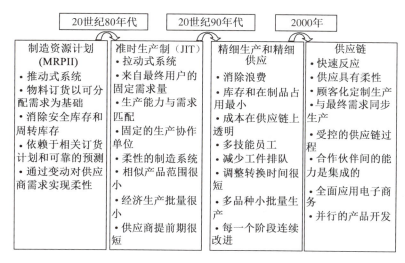

图1-3　供应链管理模式的演化进程

根据有关资料统计,供应链管理的实施可以使企业总成本下降10%;供应链上的节点企业按时交货率提高15%以上;订货——生产的周期时间缩短25%~35%;供应链上的节点企业生产率增值提高10%以上;等等。这些数据说明:供应链各企业在不同程度上都取得了发展,完全得益于供应链各企业的相互合作、相互利用对方资源的经营策略。采用了供应链管理模式,则可以使企业在最短时间里寻找到最好的合作伙伴,用最低的成本、最快的速度、最好的质量赢得市场,而且受益的不止一家企业,而是一个企业群体。因此,21世纪的竞争不是企业和企业之间的竞争,而是供应链与供应链之间的竞争。

任务拓展

(1)在上述知识介绍中,出现了许多专业术语。查阅资料,了解以上专业术语的内涵,并将任意两个专业术语的内涵整理成报告。

(2)查阅资料,整理出企业间充分协作、优势互补的实例资料。

任务二 | 解析供应链的概念与结构模式

任务目标

- 了解供应链概念的发展
- 理解供应链的内涵
- 理解供应链的结构模式
- 能结合供应链的结构模式理解供应链的特征
- 会画出日常用品的简易供应链

任务描述

我们可以在超市或便利店里很轻松地买到一瓶矿泉水,可以在当当网轻易地买到一本书,可以到电器商城随意挑选自己喜欢的电器。可你知道吗:矿泉水、书、电器又是经过了哪些环节到达超市或便利店、当当网、电器商城的?这些环节又是怎样联系在一起的?这就是所谓的供应链。

知识链接

一、供应链的概念

供应链是一个复杂的系统,其结构如图1-4所示。供应链这一名词,在不同的发展阶段,人们给它所下的定义也有所不同。

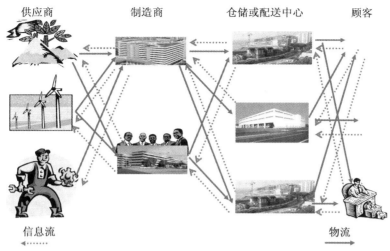

图1-4 供应链结构示意图

早期的观点认为：供应链是制造企业中的一个内部过程，它是指把从企业外部采购的原材料和零部件，通过生产转换和销售等活动，再传递到零售商和用户的一个过程。这个概念局限于企业的内部操作层面，注重企业的自身资源利用。比如，早期丰田的 JIT 生产方式，仅仅局限于制造商和供应商之间的关系，而忽略了与其他外部供应链成员企业的联系。

其后发展起来的观点注意了与其他企业的联系，注意了供应链企业的外部环境，认为它应是一个"通过链中不同企业的制造、组装、分销、零售等过程将原材料转换成产品，再到最终用户的转换过程"，这是更大范围、更为系统的概念。例如，美国的史迪文斯（Stevens）认为：通过增值过程和分销渠道控制从供应商的供应商到用户的用户的流就是供应链，它开始于供应的源点，结束于消费的终点。伊文斯（Evens）认为：供应链管理是通过前馈的信息流和反馈的物料流及信息流，将供应商、制造商、分销商、零售商，直到最终用户连成一个整体的模式。这些定义都注意了供应链的完整性，考虑了供应链中所有成员操作的一致性。

后来，供应链的概念更加注重围绕核心企业的网链关系，如核心企业与供应商、供应商的供应商乃至与一切前向企业的关系，核心企业与用户、用户的用户及一切后向企业的关系，此时对供应链的认识形成了一个网链的概念。哈理森（Harison）进而将供应链定义为：供应链是执行采购原材料，将它们转换为中间产品和成品，并将成品销售到用户的功能网链。菲利浦（Phillip）和温德尔（Wendell）认为：供应链中战略伙伴关系是很重要的，通过建立战略伙伴关系，可以与重要的供应商和用户更有效地开展工作。

2001年，《中华人民共和国国家标准·物流术语》（GB/T 18354—2001）对供应链（Supply Chain）作出了明确界定："供应链是在生产及流通过程中，涉及将产品或服务提供给最终用户活动的上游与下游企业所形成的网链结构。"2021年，《中华人民共和国国家标准·物流术语》（GB/T 18354—2021）将供应链的定义为："生产及流通过程中，围绕核心企业的核心产品或服务，由所涉及的原材料供应商、制造商、分销商、零售商直到最终用户等形成的网链结构。"

国内著名的学者马士华给供应链下的定义是：供应链是围绕核心企业,通过对信息流、物流、资金流的控制,从采购原材料开始,制成中间产品以及最终产品,最后由销售网络把产品送到消费者手中的将供应商、制造商、分销商、零售商、直到最终用户连成一个整体的功能网链结构。

总之,供应链是一个范围更广的企业结构模式,包含了所有加盟的节点企业,从原材料的供应开始,经过链中不同企业的制造加工、组装、分销等过程直到最终用户。它不仅是一条连接供应商到用户的物流链、信息链、资金链,而且是一条增值链,物料在供应链上因加工、包装、运输等过程而增加其价值,给相关企业都带来收益。

想一想 供应链中包括了物流链、信息链、资金链和增值链,其中促使供应链形成的关键是什么？

二、供应链的结构模型

供应链包括满足顾客需求所直接或间接涉及的所有环节及活动,即供应商、制造商、运输商、仓库、分销商、零售商和用户等环节。以洗涤剂和汽车为例,其供应链结构分别如图1-5、图1-6所示。

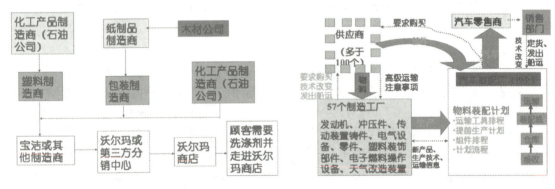

图1-5　洗涤剂供应链结构　　　　　　图1-6　汽车供应链结构

从图1-5、图1-6中可以看出,不同产品的供应链,其结构有所差别。但是,供应链应是一个非常复杂的网链模式,覆盖了从原材料供应商、零部件供应商、产品制造商、分销商、零售商直至最终用户的整个过程。

在一个供应链系统中,有一个企业处于核心地位,该企业起着对供应链上的信息流、资金流和物流的调度和中心协调的作用。因此,可以将供应链系统的结构分层地表示为图1-7所示的形状。

从图1-7中可以看出,供应链是由所有加盟的节点企业组成,其中有一个核心企业(可以是制造型企业如丰田汽车制造厂,也可以是零售型企业如美国的沃尔玛),其他节点企业在核心企业需求信息的驱动下,通过供应链的职能分工与合作(生产、分销、零售等),以资金流、物流或服务流为媒介实现整个供应链的不断增值。因此,供应链的结构可简化为如图1-8所示的模型。

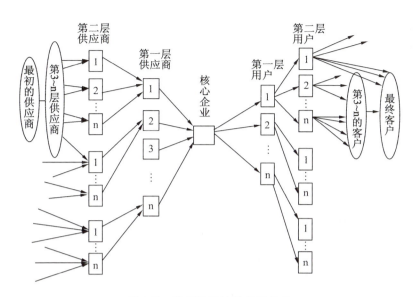

图1-7 供应链系统的分层结构

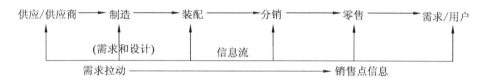

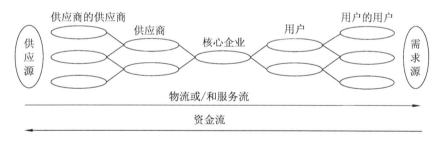

图1-8 供应链的结构模型

三、供应链的特征

供应链是一个涉及从原材料供应商到最终用户的复杂系统,具备如下特征:

（一）供应链的增值性

供应链的设计必须是增值的和有利可图的,否则就没有意义。所有的生产经营系统都是将一些资源进行转换和组合,增加适当的价值,然后把产品"分送"到顾客手中。制造业的增值包括物理形式的转变,生产有形产品,物流商在分送过程中通过流通加工增加物品的附加值,分销商也会通过各种形式增加产品或服务的价值。总之,供应链的各个中间节点都会通过自己的创造来增加产品或服务的价值(有的是有形的,有的是无形的),从而获得利润。

（二）供应链的交叉性

对于产品而言,每种产品往往由多个链条组成。对于企业而言,供应链节点企业既可以是这条供应链的成员,同时又可以是另一条供应链的成员。众多的链条形成交叉结构,无形中增加了协调管理的难度。

（三）供应链的动态性

由于市场时刻处于变化之中,而供应链的出现就是因为节点企业为了适应市场变化的需要,所以,无论是供应链结构,还是其中的节点企业都需要动态地更新,不断重构,这就使得供应链具有明显的动态性。比如,2014 年,受苹果 iPhone 市场份额下降的影响,富士康开始加大对三星手机的生产订单,而减少对苹果 iPhone 的生产订单。

（四）供应链的供求性

供应链涉及众多产品或服务的供应商,如原材料供应商、产品供应商、物流供应商、信息供应商(如网站、媒体、信息发布机构等)、资金供应商等,这些供应商的供应构成了供应链存在的基本条件。但在当前的社会环境里,一条供应链要做到有机高效地运转,必须面对市场需求,顾客的需求拉动才是供应链健康运转的不竭动力。

任务拓展

以生活中的某一常见用品(如矿泉水、洗衣粉、图书)为例,绘制出这一用品的供应链网链架构图(注:尽量使用真实的节点企业),并说明供应链的四个特征是如何在这条供应链中体现的。

任务三　辨别供应链的类型

任务目标

- 了解供应链类型的划分标准
- 理解不同标准下各种供应链的内涵
- 了解推式供应链与拉式供应链的优劣
- 掌握推拉混合式供应链的应用

任务描述

不同的产品或服务,其供应链上的节点企业也有所不同,所形成的供应链也是不同的,比如,电脑和家具。虽然这两种产品都是根据客户的需求定制,却形成了两种不同的供应链类型。产品或服务的差异越大,所选择的供应链类型差别也越大。那么,你知道供应链的划分标准吗？你知道有多少种供应链吗？

知识链接

根据不同的划分标准,可以将供应链分为不同的类型。

一、根据供应链的范围不同

根据供应链的范围不同,可以将供应链分为内部供应链和外部供应链。

内部供应链是指企业内部产品生产和流通过程中所涉及的采购部门、生产部门、仓储部门、销售部门等组成的供需网络。外部供应链则是指企业外部的,与企业相关的产品生产和流通过程中涉及的原材料供应商、生产厂商、储运商、零售商以及最终消费者组成的供需网络。

内部供应链和外部供应链的关系是:二者共同组成了企业产品从原材料到成品到消费者的供应链。可以说,内部供应链是外部供应链的缩小化。如对于制造厂商,其采购部门就可看作外部供应链中的供应商。它们的区别只在于外部供应链范围大,涉及企业众多,企业间的协调更困难。

二、根据供应链的复杂程度不同

根据供应链的复杂程度不同,可以将供应链分为直接型供应链、扩展型供应链和终端型供应链。

直接型供应链是产品、服务、资金和信息在往上游和下游的流动过程中,由公司、此公司的供应商和此公司的客户组成。扩展型供应链把直接供应商的供应商和直接客户的客户也包含在内,所有这些成员均参与产品、服务、资金和信息往上游和下游的流动过程。终端型供应链包括参与产品、服务、资金、信息从终端供应商到终端消费者的所有往上游和下游的流动过程中的所有组织。

三、根据供应链的稳定性不同

根据供应链存在的稳定性划分,可以将供应链分为稳定的和动态的供应链。基于相对稳定、单一的市场需求而组成的供应链稳定性较强,而基于相对频繁变化、复杂的需求而组成的供应链动态性较高。因此,在实际管理运作中,需要根据不断变化的需求,相应地改变供应链的组成。

> **知识拓展**
>
> **七匹狼继续推动直营和类直营模式的发展**
>
> 2018年4月24日,七匹狼公司在互动平台表示:将继续转变公司原有的销售模式,即多层代理的加盟模式。近年来,为加强对终端的管理,实现公司从"批发"向"零售"转型,公司逐步扁平化渠道链条,加强直营及类直营模式的拓展。截至目前,加盟销售收入占公司整体销售收入的比重仍然较高,直营和类直营模式所占比重较小。未来,公司会继续推动直营和类直营模式的发展,提高其在公司销售收入中的比重。

四、根据供应链容量与用户需求的关系不同

根据供应链容量与用户需求的关系,可以将供应链划分为平衡的供应链和倾斜的供应链。

一条供应链具有一定的、相对稳定的设备容量和生产能力（所有节点企业能力的综合，包括供应商、制造商、运输商、分销商、零售商等），但用户需求处于不断变化的过程中，当供应链的容量能满足用户需求时，供应链处于平衡状态；而当市场变化加剧，造成供应链成本增加、库存增加、浪费增加等现象时，企业不是在最优状态下运作，供应链则处于倾斜状态。平衡的供应链可以实现各主要职能（低采购成本、规模生产效益、低运输成本、产品多样化和资金运转快）之间的均衡。

五、根据供应链的功能模式不同

根据供应链的功能模式（物理功能、市场中介功能和客户需求功能）不同，可以把供应链划分为三种：有效性供应链（Efficient Supply Chain）、反应性供应链（Responsive Supply Chain）和创新性供应链（Innovative Supply Chain）。

有效性供应链主要体现供应链的物理功能，即以最低的成本将原材料转化成零部件、半成品、产品，以及在供应链中的运输等；反应性供应链主要体现供应链的市场中介功能，即把产品分配到满足用户需求的市场，对未预知的需求做出快速反应等；创新性供应链主要体现供应链的客户需求功能，即根据最终消费者的喜好或时尚的引导，调整产品内容与形式来满足市场需求。

六、根据企业的地位不同

根据供应链中企业的地位不同，可以将供应链分成盟主型供应链和非盟主型供应链。

盟主型供应链是指供应链中某一成员的节点企业在整个供应链中占据主导地位，对其他成员具有很强的辐射能力和吸引能力，通常称该企业为核心企业或主导企业。比如，以生产商为核心的供应链——奇瑞汽车有限公司；以中间商为核心的供应链——中国烟草系统、香港利丰公司；以零售商为核心的供应链——沃尔玛、家乐福。

非盟主型供应链是指供应链中企业的地位彼此差距不大，对供应链的重要程度相同。

七、根据供应链的驱动力不同

顾客需求是供应链的驱动因素，一条供应链正是从客户需求开始，逐步向上延伸的。例如，当某个顾客走进沃尔玛的各个门店去买潘婷洗发水，供应链就开始于这个顾客对洗发水的需求，这条供应链逐步向上延伸至沃尔玛门店、运输商、分销商、P&G 生产工厂。如果企业管理的出发点不同，会导致供应链的驱动力有所不同，此时可以把供应链分为推式供应链和拉式供应链两种。

（一）推式供应链

推式供应链是以制造商为核心企业，根据产品的生产和库存情况，有计划地把商品推销给客户，其驱动力源于供应链上游制造商的生产，其模式如图1-9所示。

图1-9 推式供应链模式图

在推式供应链中，生产和分销的决策都是制造商根据长期预测的结果做出的。也就是说，制造商是利用从零售商处获得的订单来进行需求预测的。由于对市场需求进行了预测，所以制造商可根据预测结果进行规模化生产以降低成本,但是制造商很难对市场需求出现的变动进行快速反应,从而会产生一系列不良反应,例如,在需求高峰时期,难以满足顾客需求,导致服务水平下降;当某些产品需求消失时,会使供应链产生大量的过时库存,甚至出现产品过时等现象。

（二）拉式供应链

拉式供应链是以客户为中心,关注客户需求的变化,并根据客户需求组织生产,其模式如图1-10所示。在这种运作方式下,供应链各节点集成度较高,有时为了满足客户差异化需求,不惜追加供应链成本。

图1-10　拉式供应链模式图

在拉式供应链中,生产和分销是由需求驱动的,这样生产和分销就能与真正的顾客需求而不是所谓的预测需求相协调。在一个真正的拉动式供应链中,企业不需要保有太多库存,只需要对订单作出反应,因此,供应链系统的库存水平有了很大程度的下降,从而提高了资源利用率。但是,由于拉动系统不可能提前较长一段时间制订计划,因而生产和运输的规模优势也难以体现。

拉式供应链虽然具有许多优势,但要获得成功并非易事,需要具备相关条件:其一,必须有快速的信息传递机制,能够将顾客的需求信息(如销售点数据)及时传递给不同的供应链参与企业;其二,能够通过各种途径缩短提前期。如果提前期不能随着需求信息的及时传递缩短时,拉式供应链是很难实现的。

（三）推—拉混合式供应链

推式供应链和拉式供应链各有其优点及局限性,但两者之间却存在着相当大的互补关系,如:拉式供应链难以实现制造和运输的规模效应,而推式供应链则可以实现。因此,在目前的技术水平下,人们将推式供应链和拉式供应链结合形成了一种新的供应链,即推-拉混合式供应链。

推-拉混合式供应链结合了推动式和拉动式供应链的优点,既可以为顾客提供定制化产品和服务、有效地响应市场、降低库存,又可以实现规模经济、降低实施难度。比如,现在蓬勃发展的外卖行业,某些商家以批量化的方式将各种菜肴制作出来,接到订单后根据顾客的需求将菜肴打包,最后由外卖小哥配送至顾客指定地点。

1. 推-拉混合式供应链的优势

具体而言,推-拉混合式供应链的优势主要表现在以下方面:

（1）降低库存与物流成本。

推-拉混合式供应链是在中间产品被生产出来后,就暂停其增值活动,以规格、体积和价值有限的通用半成品形式存放,直到收到用户订单后,才进行下一步的加工活动。相对于成品运输而言,半成品的体积、重量、规格都小得多,运输的费用和可能的差错会减少到最低程度。这就降低了库存与物流成本。

（2）增加最终产品型号，能更好地满足顾客的差异化需求。

在推-拉混合式供应链中，无差异产品是采用标准化设计方式，这是预测驱动，然后在此基础上发展变型产品，这是需求驱动，形成差异化产品，以此扩大基础产品的适用范围，能用较少品种规格的零部件拼合成顾客所需要的多样化产品，以更低的成本提高顾客满意度，减少由于供需不一致而损失的销售额。

（3）可以实现规模生产和规模运输。

在推动阶段，制造商根据预测，大规模生产半成品或通用化的各种模块，因此可以形成规模生产和规模运输，从而也降低了生产成本和运输成本。

（4）缩短交货提前期，提高快速反应能力。

运用推-拉混合式供应链时，根据市场需求的不断变化，将生产过程分为变与不变两个阶段，将不变的通用化生产过程最大化，实现规模经济。根据预测事先生产出基础产品，以不变应万变，一旦接到订单，立即以较快速和高效率的方式完成产品的差异化生产过程，从而能以最快的速度将定制的产品交付到用户手中，增强了快速反应的能力。

（5）降低不确定性，减小企业风险。

在采用推—拉混合式供应链的企业中，企业的存货基本上是以原材料和中间产品的形式存在，这种存货占用资金少，适用面广，既能迅速满足顾客的多样化需求，又大幅降低了存货的成本与风险，这就使企业所面临的不确定程度下降，减少了产销不对路带来的存货跌价损失，有利于提高企业效益。

（6）实施难度相对不大，具有可行性。

面对消费个性化、多样化，需求差异化、多元化以及商品的生命周期越来越短的发展趋势，拉式供应链是一种能有效满足消费者苛刻需求的供应链运作方式。但是拉式供应链的实施必须具备各节点集成度较高和信息交换迅速两个条件，同时要求供应链技术基础较高，而在目前的技术条件下，大多数企业都不具备这些条件。另一方面，当供应链环节增多（如生活日用品的供应链）时，以至于无法切合实际地对需求信息做出准确反应时，通常也难以实施拉式供应链。而推-拉混合式供应链则从一定程度上克服了这些条件限制，降低了实施难度，具有可行性。

2. 推-拉混合式供应链的实施关键

实施推-拉混合式供应链时，关键是要掌握顾客需求切入点，即推动阶段和拉动阶段之间的分界点（如图 1-11 所示）。在切入点之前，是推动式的大规模通用化半成品生产阶段，能形成规模经济。生产是按预测进行，这些中间产品生产出来后，就保持在这种中间状态，将以后的加工装配成型过程延迟。当顾客的需求信息在切入点切入生产过程后，企业可根据订单信息尽快将中间产品按客户的定制要求加工成最终产品，从而实现快速、有效的顾客反应。因此，切入点之后是拉动式的差别化产品定制阶段。

图 1-11　顾客需求切入点示意图

顾客需求切入点的位置可以进行调整,如果把切入点向供应链上游方向移动,顾客的需求信息会更早地切入生产过程,通用化的阶段就会缩短,按订单执行的活动范围会扩大。如果把切入点向供应链下游方向移动,产品的差异化定制时间会被进一步推迟,通用化的阶段会延长。因此,顾客需求切入点的具体位置应根据产品的特点和顾客的要求来确定,如在建筑业,顾客的要求通常会在建筑物的设计阶段就被考虑;而在计算机行业,顾客的要求则会在计算机的装配阶段才被考虑。

3. 推-拉混合式供应链的类型

推-拉混合式供应链包括两种类型:前推后拉的供应链组合策略和前拉后推的供应链组合策略。

前推后拉的供应链组合策略,指的是先通过推动的方式完成无差异的零部件或半成品的生产,然后通过拉动的方式完成最终产品的生产。戴尔公司的供应链运作模式就是属于这一种类型,即戴尔公司会预测顾客需求,并据此补充零部件库存,因为计算机所需的零部件基本上是可通用的,这一阶段属于推动阶段;在接到顾客的订单后,戴尔公司会以最快的速度完成顾客的定制化生产并交付,这一阶段便属于拉动阶段。

前拉后推的供应链组合策略,指的是先通过拉动的方式了解到顾客的真实需求,然后通过推动的方式完成产品各零部件的规模生产和运输,最终实现顾客的个性化需求。这种类型的供应链适用于那些需求不确定性高,但生产和运输过程中规模效益十分明显的产品和行业。家具行业的供应链运作模式就是属于这一种类型。事实上,一般家具生产商提供的产品在材料上差不多,但在家具外形、颜色、构造等方面的差异却很大,因此它的需求不确定性较高。另一方面,由于家具成品的体积大,所以运输成本也非常高。因此,许多家具制造商是在接到顾客订单后才开始生产,当家具的各组成部分生产完成后,将同一地区的所有家具组成部分集中运输到零售商的商店,进而送到顾客手中并完成最后的安装。

任务拓展

请根据上述知识,分别绘制出戴尔公司、家具产品的供应链结构图,并详细说明两者的区别。

任务四 | 解析供应链管理

任务目标

- 理解供应链管理的概念与特点
- 理解供应链管理的目标及其内涵
- 理解供应链管理的五项内容
- 区分供应链管理与传统管理的不同

任务描述

随着供应链思想不断深入到企业管理中,未来的竞争越来越多地体现在供应链上的竞争,企业的管理模式逐渐从传统管理模式发展到供应链管理模式。供应链管理模式与传统管理模式到底有什么不同呢?供应链管理是一种什么样的管理模式呢?它所追求的目标与管理的内容又是怎样的呢?

知识链接

一、供应链管理的概念

供应链管理是一种集成的管理思想和方法,不同的学者对其提出了不同的定义。

伊文斯(Evens)认为:供应链管理是通过前馈的信息流和反馈的物料流及信息流,将供应商、制造商、分销商、零售商,直到最终用户连成一个整体的管理模式。

菲利浦(Phillip)则认为:供应链管理不是供应商管理的别称,而是一种新的管理策略,它把不同企业集成起来以增加整个供应链的效率,注重企业之间的合作。

2005年,美国供应链管理专业协会(原美国物流管理协会)给供应链管理重新下了定义:"供应链管理包括了涉及外包和获取、转化的计划和管理活动,以及全部的物流管理活动。更重要的是,它也包括与渠道伙伴之间的协调与合作,这些渠道伙伴包括供应商、分销商、第三方服务提供商和客户。从本质上说,供应链管理是企业内部和企业之间的供给和需求的集成。"

2001年,《中华人民共和国国家标准·物流术语》(GB/T 18354—2001)对供应链管理(Supply Chain Management)的定义如下:"利用计算机网络技术全面规划供应链中的商流、物流、信息流、资金流等,并进行计划、组织、协调与控制。"2021年,《中华人民共和国国家标准·物流术语》(GB/T 18354—2021)将供应链管理的定义为:"从供应链整体目标出发,对供应链中采购、生产、销售各环节的商流、物流、信息流和资金流进行统一计划、组织、协调、控制的活动过程。"

国内著名学者马士华认为:供应链管理就是使供应链运作达到最优化,以最小的成本,令供应链从采购开始,到满足最终顾客的所有过程,包括工作流(Work Flow)、实物流(Physical Flow)、资金流(Funds Flow)和信息流(Information Flow)等均高效率地操作,把合适的产品以合理的价格及时、准确地送到消费者手上。

从以上定义可以看出:

(1)供应链管理是一种新型管理模式。在管理过程中各节点企业之间有主次之分,核心企业在与其他渠道伙伴协作时居于主动地位,承担更多的责任。它把供应商、制造商、批发商、零售商、物流商等在一条供应链上的所有节点企业联系起来进行优化,使生产资料以最快的速度,通过生产、分销环节变成增值的产品,最终送达消费者手中。这不仅可以降低成本,减少社会库存和浪费,而且使社会资源得到优化配置。

(2)供应链管理是一种集成的管理方法。供应链管理包括从最初的原材料采购直到最终产品送达顾客手中的全过程,管理对象是在此过程中所有与物品流动及信息流动有关的活动和相互之间的关系。

（3）供应链管理是一种管理策略。它主张把不同企业集成起来以提高供应链的效率，注重节点企业之间的合作，它把供应链上的各个节点企业作为一个不可分割的整体，使其分担的采购、分销和销售职能成为一个协调发展的有机体。

二、供应链管理的特点

（一）供应链管理目标的最终客户满意性

供应链的构建、运作和更新都是基于最终用户需求而发生的，让最终顾客更满意是供应链全体成员的共同目标，顾客满意的实质是顾客获得超出他们承担的产品价格以上的那部分"价值"，供应链可以使得这部分"价值"升值。比如，当下盛行的外卖，虽然用户会支付一定的配送费用给订餐平台，但用户能在最短时间里解决自己的吃饭问题，所以用户也是非常满意的。

（二）供应链管理过程中节点之间的竞合性

由于供应链是由多个节点企业组成的虚拟组织，这些具有独立经济利益的单个企业是供应链运作的主体。由于独立经济利益的驱动，虚拟组织中的各企业间充满着竞争性。但是，在这条供应链上，任何企业要实现利润最大化，必须以整条供应链的价值增值为基础，这就要求各节点企业之间必须合作。因此，供应链管理是对供应链全面协调性的合作式管理，它不仅要考虑核心企业内部的管理，而且更注重供应链中各环节、各企业之间资源的利用与合作，使各企业之间进行合作博弈，最终达到"共赢"。

（三）供应链管理的信息技术性

在供应链管理中，信息是供应链各节点沟通的载体，在一定意义上说，供应链中各节点企业就是通过信息这条纽带集成起来的。可靠、准确的信息是企业决策的基础，它能降低企业运作中的不确定性，提高供应链的反应速度。因此，供应链管理的主线是信息管理，信息管理的载体是信息平台。通过这个平台实现信息共享，将市场供求信息及时、准确地传达到供应链上各节点企业，在此基础上进一步实现供应链管理。

（四）供应链管理的协调性

在供应链管理下，强调得更多的是供应链各节点企业的合作与协调，提倡在各节点企业之间建立战略伙伴关系，变过去企业之间的敌对关系为紧密合作的伙伴关系。这种伙伴关系主要体现在共同解决问题、共同制定决策和信息共享等方面。

（五）供应链管理的交易费用最小性

供应链管理要求上下游企业之间从对抗竞争关系转变为双赢的战略合作伙伴关系，从供应链整体能够给客户带来的价值来评价企业的经营绩效。这就要求供应链当中的合作伙伴能够信息共享、利益共享、风险共担，建立分工协作体制，充分发挥各伙伴成员的专业化优势。因此，可以大大降低成员企业之间的交易成本。比如，德国大众汽车通过与我国一汽、上汽的通力合作，使得我国消费者购买该品牌汽车的成本大大降低。

三、供应链管理的目标

供应链是一条增值链，其所创造的价值，就是最终产品对于顾客的价值与供应链为满足顾客的需求所付出成本（包括资金转移成本和所有的信息流成本、产品流成本、资金流成本）之间的差额。实施供应链管理，就是要借助信息技术和管理技术，将供应链上业务伙伴的业务流程相互集成,从而有效地管理从原材料采购、产品制造、分销到交付给最终用户的全过程,在提高客户满意度的同时,降低供应链系统的运作总成本,提高各企业的效益。

因此,供应链管理的目标在于提高用户服务水平和降低总的交易成本,并且寻求两者的平衡,可细化为五个方面。

(一)总成本最低化

众所周知,采购成本、运输成本、库存成本、制造成本以及供应链物流的其他成本费用都是相互联系的。因此,为了实现有效的供应链管理,必须将供应链中各成员企业作为一个有机整体来考虑,并使实体供应物流、制造装配物流与实体分销物流之间达到高度均衡。从这一意义出发,总成本最低化目标并不是指运输费用或库存成本,或其他任何单项活动的成本最小,而是整个供应链运作与管理的所有成本的总和达到最低。

(二)客户服务最优化

在激烈的市场竞争时代,当许多企业都能在价格、特色和质量等方面提供相类似的产品时,差异化的客户服务能带给企业独特的竞争优势。纵观当前的每一个行业,消费者都有广泛而多样化的选择余地,企业所提供的客户服务水平,直接影响到它的市场份额、物流总成本,并且最终影响其整体利润。供应链管理的目标之一就是通过上下游企业协调一致的运作,保证达到客户满意的服务水平,吸引并保留客户,最终实现企业的价值最大化。

(三)总库存最小化

传统的管理思想认为,库存是维系生产与销售的必要措施,因而企业与其上下游企业之间的活动只是实现了库存的转移,整个社会库存总量并未减少。按照 JIT(Just-in-Time)管理思想,库存是不确定性的产物,任何库存都是浪费。因此,在实现供应链管理目标的同时,要使整个供应链的库存控制在最低的程度。"零库存"反映的即是这一目标的理想状态。所以,总库存最小化目标的达成,有赖于实现对整个供应链的库存水平与库存变化的最优控制,而不只是单个成员企业库存水平的最低。

(四)总周期最短化

在当今的市场竞争中,时间已成为竞争成功最重要的要素之一。当今的市场竞争不再是单个企业之间的竞争,而是供应链与供应链之间的竞争。从某种意义上讲,供应链之间的竞争实质上是时间的竞争,即必须实现快速有效的反应,最大限度地缩短从客户发出订单到交货的总周期。

(五)物流质量最优化

企业产品或服务质量的好坏直接关系到企业的成败。同样,供应链企业间服务质量的好坏直接关系到供应链的存亡。如果在所有业务过程完成以后,发现提供给最终客户的产品或服务存在质量缺陷,就意味着所有成本的付出将不会得到任何价值补偿,供应链管理下的所有物流业务活动都会变为非增值活动,从而导致整个供应链的价值无法实现。因此,达到与保持物流质量最优化,也是供应链管理的重要目标。而这一目标的实现,必须从原材料、零部件供应的零缺陷开始,直至供应链管理全过程、全方位质量的最优化。

案例衔接

施乐公司的供应链管理总体目标

施乐公司是一家从事金融服务和办公设备业务的大型跨国公司。该公司的办公设备业务是对众多的办公用品进行开发、制造、营销和提供售后服务，其产品包括大型电子打印机、复印机、传真机、工作站和工程产品等。施乐公司进行全球化制造，在欧洲、北美洲、南美洲以及远东地区拥有22个主要生产工厂。这些为顾客提供售中、售后服务支持的营销型网络结构按地理区域划分，并覆盖了施乐公司的全部产品。

施乐公司为供应链总体目标的建立设置了一个框架。这些目标包括：

（1）顾客满意度；
（2）资产回报率；
（3）市场份额；
（4）雇员满意度。

为了实现供应链管理总体目标，施乐公司所采用的方法包括三个要素：

第一，要勾画一个蓝图。供应链整合可以为公司获得竞争优势，目标在于服务水平、资产利用以及后勤成本等几个方面。这需要详细的发展战略路径图，为重要供应链的顾客满意、后勤成本和资产利用的评价设立具体目标；新的整合首先在试点中进行检验，然后在大规模实施之前进行仔细调整。

第二，监督整个过程并评价一体化供应链的绩效。

第三，对不合理的业务流程进行重组，并对信息系统进行重建升级。

施乐通过这种方式，进行了供应链一体化的关键变革。高层管理者强有力和一贯的支持，公司对质量文化重视，解决问题和质量提高过程中跨职能团队的努力与支持，为实施变革提供了有利的环境。施乐允许来自公司不同部门的人员，使用一种通用语言来描绘、分析、改进业务流程。重要的是承诺在实施的初期就通过短期的流程变革实现某种利益，这让高层管理者不至于对变革过程失去耐心。

如果就传统的管理思想而言，上述目标之间呈现出互斥性，即客户服务水平的提高、总周期的缩短、交货品质的改善必然以库存、成本的增加为前提，因而无法同时达到最优。而如果运用集成化管理思想，从系统的观点出发，改进服务、缩短时间、提高品质与减少库存、降低成本是可以兼得的。因为只要供应链的基本工作流程得到改进，就能提高工作效率、消除重复与浪费、缩减员工数量、减少客户抱怨、提高客户忠诚度、降低库存总水平、减少总成本支出。

四、供应链管理的原则

要实现上述五个目标，在供应链管理中应坚持以下四个原则：

（1）以消费者为中心的原则。不同的客户群体，存在不同的消费需求，因此，供应链需要首先按照履约要求将消费者进行分类，并努力调整业务运营以满足不同消费者的要求。

（2）贸易伙伴之间密切合作、共享利益和共担风险的原则。供应链企业之间的关系是合作伙伴之间的关系，如果没有这种战略伙伴关系，供应链的一体化就难以实现。

（3）促进信息充分共享的原则。在供应链运作中，不仅节点企业之间需要共享信息，各企业内各部门也需要共享信息，实时的信息沟通，能将客户需求信息第一时间传递给上游企业，确保客户的需求实现。

（4）制定客户驱动的绩效指标。供应链中的各节点企业紧密联系在一起，是希望达到"共赢"的结果。因此，要不断优化供应链，需要建立绩效考评机制，引导供应链上所有企业的行为并对每个企业的表现进行评价和跟踪。

五、供应链管理的涉及领域

围绕着供应链管理的五个目标，在四项原则的基础上，供应链管理主要涉及六个领域：需求管理（Demand Management）、计划（Planning）、订单交付（Fulfillment）、物流管理（Logistics Management）、供应（Sourcing）、回流（Return），如图1-12所示。供应链管理是以同步化、集成化生产计划为指导，以各种技术为支持，尤其以网络技术为依托，围绕需求管理、供应、生产作业、物流、订单交付来实施的，其目标在于提高用户服务水平和降低总的交易成本，并且寻求这两个目标之间的平衡（这两个目标往往有冲突）。

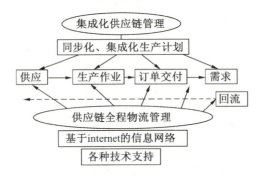

图1-12 供应链管理涉及的领域

六、供应链管理的内容

为了实现供应链管理的目标，以需求管理、计划、物流管理、供应、订单交付及回流这六个领域为基础，供应链管理关心的并不仅仅是物料实体在供应链中的流动，而且还涉及与之发生的信息流、资金流等。因此，供应链管理的内容应包括六个方面，即客户服务管理、信息管理、合作关系管理、流程管理、库存管理、成本管理。

（一）客户服务管理

顾客是供应链管理的核心和基本出发点。供应链管理的第一项工作就是要寻求对企业经营至关重要的那些关键客户，并与他们发展合作关系。客户的服务水平不仅体现在交易中，而且还体现在交易前与交易后。

想一想 华为的新产品Mate 30上市了，请你从交易前、交易中与交易后三个方面，全面分析哪些因素会影响到客户的服务水平。

（二）信息管理

信息管理是供应链管理的关键内容之一。要真正实现供应链管理潜能的最大化，信息流必须是双向的。信息交流可以借助电子数据交换系统（EDI）经由私人和公共网络完成，这样,供应链成员就可以即时地、费用低廉地互通信息。计算机控制了整个流程,从订单传输到供应商接收订单,订单的履行,一直到接收并检验货物。

(三) 合作关系管理

供应链伙伴之间的合作关系管理是供应链管理的又一个重要内容,即将供应链看作一个组织来经营。企业间协作是高效供应链必须具备的条件。理想状态下,供应链中的每个节点企业都专注于其核心竞争力,大型企业层级过多造成的决策和管理困难将有所缓解;成员之间能够共享信息和技术诀窍;供应链成员之间的竞争消失,取而代之的是各成员共同努力提高供应链整体竞争力。

(四) 流程管理

供应链管理以流程为导向,其目的是以最有效率的方法协调订单履行过程中涉及的所有活动。因此,在供应链管理中,应首先对现有供应链各成员所承担的任务进行分析,从中找出供应链管理中(尤其是成员之间联节点)的弱点、瓶颈和不必要的内容,此后就可以对一些活动进行改进,同时对另一些活动进行调整。比如,现代供应链的生产计划往往是"拉式"状态,企业要进行柔性生产以适应频繁的市场需求变化,生产流程管理的改进可以缩短生产周期,提高客户响应速度。

(五) 库存管理

原材料、半成品以及产成品的库存水平管理是供应链管理的重点,也是评价供应链管理成功与否的主要指标。对于库存管理,一方面必须能客观合理满足客户需求,另一方面又要尽力降低供应链成本。为了保持商品库存供求的平衡,需要对供应链进行综合管理以避免不必要的积压。供应链内部的信息共享将极大地促进节点企业"零库存"目标的实现,从而提高供应链的整体效益。

知识拓展

戴尔的"零库存"

戴尔的库存时间比联想少18天,效率比联想高90%,当客户把订单传至戴尔信息中心后,由控制中心将订单分解为子任务,并通过Internet和企业间信息网分派给上游配件制造商。各制造商按电子配件生产组装,并按控制中心的时间表供货。

戴尔的零库存是建立在对供应商库存的使用或者借用的基础上的,这给戴尔带来了3%的物料成本优势。戴尔的低库存是因为它的每一个产品都是有订单的,通过成熟网络,每20秒就整合一次订单。

由于戴尔只需要准备手头订单所需要的原材料,因此原材料在工厂的库存时间仅有7小时。

(六) 成本管理

高效率和低成本是供应链管理的重要目标。在供应链管理环境下,供应链的节点企业在决策时需要考虑它们的经营方式与活动会对上游节点或下游节点直至最终用户产生何种影响。节点企业往往试图使自己的成本最优化,但是这种做法可能会伤害到供应商或客户。在当今的经营环境下,全球供应链之间展开了竞争,节点企业不得不运用信息共享、合资等方案来配合其供应链活动以达到成本目标,这些必须以一定的系统理论和总成本分析为基础。在涉及多个企业时,实现这种目标远比一个企业困难得多。

> **知识拓展**
>
> ### 波音公司的"全球化供应链"
>
> 　　飞机制造是一个极其复杂且庞大的工程。经济全球化背景下,全球的航空制造业里,客机制造商普遍采取了"主制造商+供应商"的运作模式,即主机厂负责设计,供应商则按图加工,主机厂再组装整机,没有任何一款有竞争力的大型客机是一个企业完全"单打独斗"独立完成的。作为飞机制造产业里的老大哥,波音在整合利用全球资源方面一直是企业的典范,以波音787为例,其零部件超过400万个,供应商则遍布全球(注:20世纪50年代,波音707只有大约2%的零部件是在国外生产的;而现在,90%的零部件都是由国外的供应商生产的,如:中国沈阳飞机工业公司为波音787生产舱门和方向舵、意大利阿莱尼亚公司为波音787生产碳纤维复合材料)。这些供应商有独到的技术和生产工艺,虽然供应链拉得太长,供应链伙伴之间的协作、配合难度大大增加,但在蒂森克虏伯公司的全面协调下,波音和供应商的6 000多个工程师投入到波音787的研发、生产中来,不仅跨及多个时区,还克服了语言和文化障碍,最终使得400多万个零部件都在正确的时间供货,在提高了生产效率的同时,还降低了制造成本。

七、供应链管理模式与传统管理模式的区别

　　从供应链管理的目标与内容可以看出,它与传统的企业内部物料管理和控制有着明显的区别,主要体现在以下几个方面。

　　(1) 供应链管理把供应链中所有节点企业看作一个整体,供应链管理涵盖整个链上从供应商到最终用户的采购、制造、分销、零售等职能领域的全过程。

　　(2) 供应链管理强调和依赖战略管理。"供应"是整个供应链中节点企业之间事实上共享的一个概念(任意两节点之间都是供应与需求关系),同时它又是一个具有重要战略意义的概念,因为它决定了整个供应链的成本和市场占有份额。

　　(3) 供应链管理的关键是对所有相关企业采用集成的管理思想和方法,而不仅仅是把各个节点企业的资源简单地连接起来,或者将业务外包出去。

　　(4) 供应链管理强调在企业间建立合作伙伴关系,通过提高相互信任程度和合作关系水平,提高整个供应链对客户的服务水平,而不是把企业之间的业务往来仅仅看作是一次商业交易活动。

　　(5) 建立供应链管理的协调与激励机制是最具挑战性的任务,如果没有供应链企业之间的协调运作,供应链管理的五个目标都是很难实现的。这种协调运作必须靠激励机制保证,这是传统企业管理不曾遇到的问题,也是传统企业管理很难解决的问题。

任务拓展

查阅相关资料,谈谈供应链管理的发展趋势。

项目练习

一、判断题

1. 企业管理模式经历了从横向一体化到纵向一体化直至供应链管理的转变过程。(　)
2. 现代企业面临的是一个分工日益细化的市场环境。(　)
3. 现代的市场环境要求企业能对市场的变动做出快速的应对措施。(　)
4. 相比较于纵向一体化,横向一体化的管理难度大大降低了。(　)
5. 简单地说,"纵向一体化"就是要求企业尽量将有限的资源集中到自己的核心业务上来。(　)
6. 一条供应链中只能有一个核心企业。(　)
7. 供应链不仅仅是一条物料链、信息链、资金链,而且是一条增值链。(　)
8. 一条供应链要做到有机高效地运转,必须面对市场需求,顾客的需求拉动才是供应链健康运转的不竭动力。(　)
9. 一条供应链一旦形成,就不会再发生变化。(　)
10. 供应链中各节点企业的加入,都是有价值的;如果某一企业不能实现产品或服务的增值,这个企业必将被这条供应链所淘汰。(　)
11. 推动式供应链要求以客户需求为驱动。(　)
12. 供应链中某一成员的节点企业在整个供应链中占据主导地位,对其他成员具有很强的辐射能力和吸引能力,通常称该企业为核心企业或主导企业。(　)
13. 反应性供应链要求以最低的成本将原材料转化成零部件、半成品、产品。(　)
14. 在实际管理运作中,需要根据不断变化的需求,相应地改变供应链的组成。(　)
15. 内部供应链可以看作外部供应链的缩小化。(　)
16. 供应链管理是一种集成的管理方法。(　)
17. 实施供应链管理,就需要加强各环节企业的合作,从而提高整个供应链的竞争力。(　)
18. 要有效达到供应链管理的目标,必须依托强大的信息技术。(　)
19. 供应链管理的目标之一就是要实现物流、采购、运输这些单个环节的成本最低。(　)
20. 供应链中只有相邻的两个节点企业是供应与需求的关系,而非相邻的节点企业不是供应与需求的关系。(　)

二、单选题

1. 下列说法,不正确的是(　)。
   A. 信息技术发展越来越快,信息资源利用要求越来越高
   B. 越来越多的企业将更多的资源投入到产品的研发

C. 全球化越来越普及

D. 用户的需求受到很大限制

2. 下列选项中,(　　)没有体现全球化市场的建立。

A. 耐克在东南亚国家建立工厂

B. 联邦快递的业务范围覆盖到全球绝大多数国家和地区

C. 中国的工业品出口到世界各国

D. 京东在陕西建立无人机配送包裹试点

3. 在横向一体化思想的影响下,企业应做到(　　)。

A. 只需抓核心部件的设计和制造　　　　B. 生产、销售的完全控制

C. 非核心部件无须外包　　　　　　　　D. 物流也需企业来完成

4. 下列实例中,(　　)没有体现横向一体化的思想。

A. 外卖平台的兴起

B. 某制鞋厂原材料采购、生产、销售一把抓

C. iPhone 在富士康进行装配

D. "四通一达"为淘宝商家送货

5. 现在,手机中的 App 经常会提示用户进行更新,这说明了企业面临(　　)的挑战。

A. 产品品种数增多　　　　　　　　　　B. 产品生命周期越来越短

C. 产品交货的时间要求越来越短　　　　D. 用户对产品的期望越来越高

6. 供应链节点企业既可以是这条供应链的成员,同时又可以是另一条供应链的成员,这体现了供应链的(　　)。

A. 增值性　　　B. 交叉性　　　C. 供求性　　　D. 动态性

7. 与消费者联系最为紧密的环节是(　　)。

A. 零售商　　　B. 批发商　　　C. 制造商　　　D. 供应商

8. 当东南亚爆发"禽流感"时,我国便开始停止进口东南亚的禽类产品,这说明了供应链的(　　)。

A. 复杂性　　　B. 动态性　　　C. 交叉性　　　D. 增值性

9. 下列说法,错误的是(　　)。

A. 供应链通过供应商、生产商、批发商等环节,使得产品或服务得到了增值

B. 供应链是一个复杂的网链结构

C. 供应链是一个松散的网链结构

D. 供应链中的核心企业起着领导和调度的作用

10. 下列说法,错误的是(　　)。

A. 供应链是由核心企业和非核心企业组成的

B. 供应链各节点企业有分工和合作

C. 不同产品的供应链,结构都是一样的

D. 供应链可以给各节点企业带来利益

11. 推动式供应链的实施关键是(　　)。

A. 制造商的生产计划　　　　　　　　　B. 零售商的促销计划

C. 制造商的科学预测　　　　　　　　　D. 消费者的需求信息

12. 拉动式供应链的实施关键是( )。
A. 制造商的生产计划　　　　　　　　B. 零售商的促销计划
C. 制造商的科学预测　　　　　　　　D. 消费者的需求信息

13. 电子产品的推-拉混合式供应链是( )。
A. 前拉后推　　B. 前推后拉　　C. 前推前拉　　D. 后推后拉

14. 家具产品的推-拉混合式供应链是( )。
A. 前拉后推　　B. 前推后拉　　C. 前推前拉　　D. 后推后拉

15. 推-拉混合式供应链的实施关键是( )。
A. 制造商的生产计划　　　　　　　　B. 零售商的促销计划
C. 顾客需求切入点的确定　　　　　　D. 消费者的需求信息

16. 关于供应链管理的目标,下列说法正确的是( )。
A. 实现核心企业的成本最低化　　　　B. 降低产品的生产时间
C. 提高客户满意度　　　　　　　　　D. 降低零售商各门店的存货

17. 关于供应链管理的说法,下列选项错误的是( )。
A. 供应链管理需要把供应链中所有节点企业看作一个整体
B. 供应链管理要求把供应链中所有节点企业的优势进行整合
C. 供应链中的任意两节点企业之间都是供应与需求的关系
D. 供应链管理中的企业合作伙伴关系,说的就是要做好它们之间的某一次商业交易

18. 下列说法,正确的是( )。
A. 供应链中的节点企业,只有合作而没有竞争
B. 供应链的构建都是由上游企业的预测所决定的
C. 供应链管理需要综合考虑前馈的信息流和反馈的物料流和信息流
D. 供应链管理只需要将涉及核心企业的活动进行计划、组织、协调和控制

19. 供应链管理的最基本目标是( )。
A. 客户服务最优化　　　　　　　　　B. 总成本最低化
C. 总库存最小化　　　　　　　　　　D. 总周期最短化

20. 下列说法,错误的是( )。
A. 供应链管理强调和依赖战略管理
B. 供应链管理需要将相关企业集成起来
C. 一次商业交易的完成,其实就是一条供应链的形成
D. 供应链管理可以同时实现服务水平的提高和成本的降低

三、多选题

1. 现在企业面临的压力有( )。
A. 生产成本加剧
B. 自动化的普及对企业的内部组织产生很大影响
C. 客户要求进一步缩短送货时间
D. 客户的个性化需求越来越多

2. 下列选项中,体现了产品多样化的是( )。
A. 国产手机品牌增多　　　　　　　　B. iPhone X 的人脸识别技术

C. VR 技术的应用　　　　　　　　　　D. 淘宝平台的商品类别多

3. 缩短产品交货期的措施有(　　)。
   A. 选择最短路线　　　　　　　　　B. 加大自动化分拣技术的应用
   C. 客户直接向工厂订货　　　　　　D. 产品的生产批量化

4. 传统管理模式的缺陷有(　　)。
   A. 增加企业投资负担
   B. 便于企业管理
   C. 迫使企业从事不擅长的业务活动
   D. 在每个业务领域都直接面临众多竞争对手

5. 在企业管理思想的发展中,产生了一些代表性的方法,主要有(　　)。
   A. 柔性制造系统　　　　　　　　　B. 准时生产制
   C. 精准生产　　　　　　　　　　　D. 制造资源计划

6. 供应链上活跃的流态包括(　　)。
   A. 物流　　　　B. 信息流　　　　C. 资金流　　　　D. 增值流

7. 下列属于供应链特征的是(　　)。
   A. 复杂性　　　B. 动态性　　　　C. 交叉性　　　　D. 增值性

8. 供应链的基本环节包括(　　)。
   A. 生产商　　　B. 零售商　　　　C. 供应商　　　　D. 消费者

9. 在一条供应链中,处于流通环节的有(　　)。
   A. 生产商　　　B. 零售商　　　　C. 供应商　　　　D. 批发商

10. 下列事例中,(　　)体现了供应链的增值性。
    A. 钻石经过开采、切割成形后,镶嵌在项链上
    B. CPU、硬盘、显示器等配件组装成电脑
    C. 法国的香水运输到中国进行销售
    D. 雕牌洗衣液既在沃尔玛超市销售,又在家乐福超市销售

11. 下列选项中,(　　)是拉动式供应链的优点。
    A. 可以减少零售商的库存　　　　　B. 制造商的需求变化小
    C. 制造商可以做到按需生产　　　　D. 制造商可以做到科学的预测

12. 推-拉混合式供应链包括(　　)。
    A. 前拉后推　　　　　　　　　　　B. 前推后拉
    C. 前推前拉　　　　　　　　　　　D. 后推后拉

13. 根据供应链容量与用户需求的关系不同,供应链可以分为(　　)。
    A. 稳定的供应链　　　　　　　　　B. 平衡的供应链
    C. 倾斜的供应链　　　　　　　　　D. 有效性供应链

14. 推式供应链的优点有(　　)。
    A. 能实现运输和制造的规模经济　　B. 可提高设备利用率
    C. 能面向客户需求　　　　　　　　D. 实施相对容易

15. 下列产品或服务的供应链,属于前拉后推供应链的是(　　)。
    A. 家具　　　　B. 电脑　　　　　C. 建筑　　　　　D. 飞机

16. 关于供应链管理的说法,正确的是(　　)。
A. 供应链管理需要把不同企业集成起来以提高效率
B. 供应链管理需要对供应链中的所有活动进行计划、组织、协调和控制
C. 供应链管理可以将产品及时准确地交到消费者手中
D. 供应链注重逆向管理,而忽略传统的正向管理

17. 供应链管理涉及的领域包括(　　)。
A. 供应管理　　　　B. 生产计划管理　　　　C. 需求管理　　　　D. 回流管理

18. 关于供应链管理的原则,下列说法正确的是(　　)。
A. 贸易伙伴要以消费者为中心
B. 贸易伙伴需要共同承担产品或服务带来的风险
C. 贸易伙伴共享商业机密,以促进信息的实时传递
D. 制定合理的考核机制以促进供应链各节点企业的紧密合作

19. 关于供应链管理的目标,下列说法正确的是(　　)。
A. 核心企业的成本最低化　　　　　　B. 产品的总交货周期最短化
C. 供应链所有节点企业的库存最小化　　D. 客户服务最优化

20. 供应链管理的内容包括(　　)。
A. 客户服务管理　　　　　　　　　　B. 合作关系管理
C. 流程管理　　　　　　　　　　　　D. 成本管理

四、案例分析

案例一：利丰的供应链管理

总部位于香港的利丰集团是一个标准的"百年老店",成立于1906年的利丰如今拥有世界上最庞大的采购和生产网络,并为知名品牌及零售商提供全球供应链管理。历经全球商界之百年风云,利丰集团从传统的贸易商转型为一家供应链管理运作的现代跨国商贸及分销集团,其供应链管理已经成为商学院管理案例的经典。

一、利丰供应链管理的演进过程

（一）利丰集团——"分散生产"先行者

利丰集团的供应链管理体系不是在一日之间建立起来的。直到20世纪70年代末期,利丰一直是一个采购代理商的角色。当现任集团主席冯国经于1976年进入集团管理层时,他的朋友曾提醒他采购代理是一个夕阳行业,4年之后就会消失。在这种情况下,利丰集团开始了一次重要的战略转型——从采购代理商转型为生产计划的管理者和实施者。

在采购代理模式阶段,某位经营布料的客户会对利丰说："我需要这种布料,请到最好的地方给我买来。"而在新的阶段,客户则对利丰说："下一季度我们需要这种外形、颜色和质量的布料,你能提出一个生产计划吗?"从设计师提出的草案出发,利丰对市场进行调研,找到合适种类的纱并对样布染色以达到与其要求的颜色相一致。然后,利丰根据产品构思生产出样品。客户看到样品后说："我喜欢这种而不喜欢那种,你能生产出更多的这种产品吗?"接下来,利丰就具体说明产品的调配及方案,为下个季度的产品提出完整的生产计划并签订合同。然后,对工厂的生产进行计划和控制以确保质量和及时交付。

在整个20世纪80年代,利丰一直采用这种交付生产计划的战略。但接着利丰又遇到了新的挑战："亚洲四小龙"的出现使香港的生产成本增加而丧失了竞争力。但是,祖国内

地的开放政策使香港地区可以把生产的劳动密集型部分向祖国南方转移,这就解决了成本问题。比如说晶体管收音机,利丰只生产收音机的配套元件,然后运到祖国内地去装配。这一劳动密集型的工作完成后,成品再运回到香港地区进行测试和检测。利丰将这种模式称为"分散生产"。这种方式现在已经习以为常,但在当时,利丰可以说是这种模式的先行者。

（二）利丰集团——过渡到供应链管理

与这种分散生产相伴随的,是一种产业价值链的分解,利丰也因此而过渡到供应链管理者的角色。比如说,利丰获得了一份来自欧洲的一个零售商100 000件衣服的订单,这种衣服可以在韩国采购获得,但利丰不会简单地要求在韩国的分支机构直接从韩国进货。利丰可能的做法是：从韩国买进纱运到中国台湾去纺织和染色；同时,由于日本的拉链和纽扣是最好的,并且大部分是在祖国内地生产,因此,利丰会从YKK（日本的一家大型拉链厂商）在祖国内地的分厂订购拉链,之后再把纱和拉链等运到泰国去生产服装,因为考虑到配额和劳动力条件,可能在泰国生产服装是最好的。又由于客户要求迅速交货,利丰会在泰国的5个工厂里同时生产,这样就有效地分解了价值链,以尽可能满足客户的需要。5个星期后,100 000件衣服就到了欧洲的货架上,它们看起来像是同一个工厂生产的。这是一种价值增值的新方式,结果是使产品具有真正意义上的全球性。

利丰并不寻求哪一个国家可以生产出最好的产品,相反,他们对价值链（生产过程）进行分解,然后对每一步进行优化,并在全球范围内进行生产。这样做的好处超过了后勤和运输的成本,而且高的附加值增加了利润。良好的供应链管理可以缩短产品交付周期并降低成本。以上面这个订单为例,利丰在获得100 000件衣服的订单时,还不知道它需要何种款式或颜色,客户公司将在要求交货的5周前告诉利丰具体的要求。利丰则需要和供应网络建立相互的信任,这样才能使供应纱的厂商为他们保留未经染色的纱,还需要向负责纺织和染色的工厂作订货的承诺,以使它们保留生产能力,在交货的5周前,再告诉它们利丰需要的颜色。同样,利丰还会告诉生产服装的工厂："现在,我们还不知道需要何种款式的产品。但是,在某个时候,纺好的纱在染好色后会交给你们,你们有3周的时间来生产100 000件衣服。"这样一种模式要求供应链各个环节之间的配合恰到好处,这对利丰管理供应链的精确度提出了很高的要求。如果一切由利丰自己来生产,在供应链管理方面的要求倒不会太高,但是,那样的话,整个订货过程要花3个月,而不是5个星期。

利丰在其几百个客户和几千个供应商之间传递信息,在接到订单后立即将价值链进行分解,利用自己所掌握的关于商家的能力、资源、质量、产品特性、产品范围、业务专长等各方面的信息,对客户提出的要求在短时间内以较低的成本来满足,实施分散化制造。用冯国经的话来说,利丰是一个"无烟工厂"。他们所做的工作是设计、购买并检查原材料,利丰的工厂管理人员提出生产计划并对整条价值链进行协调。他们还检查生产,但并不管理工人,利丰没有自己的工厂。利丰要和26个以上国家或地区的大约7 500家供应商打交道。如果每家工厂平均有200个工人,那么,实际上有100万名以上的工人在为利丰的客户工作。正是这一点使利丰不想拥有价值链中任何有关管理工厂的部分,因为要对100万名工人进行管理是一项巨大的工作。那样,利丰有可能失去灵活性和协调能力。因此,利丰把管理工人的工作交给一个个的企业家来做,然后再与他们签订合同。

利丰的核心竞争力在于其具备为许多类型的零售商寻求许多种类的产品方面的丰富经验。当接到客户的订单时,利丰所做的增值服务就是以客户需求为中心,根据产品的特性和交货期,进行最佳的资源组合,设计出最适宜的供应链来满足客户的需要,在此过程中,利丰还担当起了确保订单按期执行的协调者和管理者的角色。

二、利丰供应链管理创新的特点

(一) 供应链管理的不断创新意识

当利丰发现从多国进货、分类包装、提供一揽子产品不能满足客户的多样化需求时,便开始尝试对顾客提供定制化的创新服务,即根据客户的具体需求,构思、设计产品,制订生产计划,选择原料供应商、生产商,控制包括从供应商、生产商到客户的整体生产及对接计划,使利丰率先走上了供应链管理之路。

当亚洲"四小龙"的出现使整个香港区域生产成本增加、区域经济丧失竞争力的时候,不断创新的供应链管理意识使利丰公司及时将其生产计划中劳动密集型的中间部分向低成本地区转移,这种价值链分解的"分散生产"方法不仅改变了利丰在市场中的被动局面,也带来了行业仿效效应,使整个香港经济获得了新生。

(二) 可持续的供应链管理创新理念

可持续的供应链管理创新理念是指在基于消费者、供应链上各合作伙伴共同增值的基础上,不断创新产品、拓宽市场空间,使供应链系统的总成本降低、总效率提高,各参与者共同盈利的"多赢"管理理念。

(三) 动态的价值链分解与重组

企业生产过程是一个从原材料到成型,再到最终客户的动态运作过程。这一过程包含原料供应、外协加工和组装、生产制造、分销与运输、批发、零售、仓储和客户服务等复杂的动态价值网链。这一网链上的每一个环节都在创造和实现价值增值,从而完成价值链的整体增值。价值链上任何一环节若出现差错,或成本过高,都将影响整体价值增值的实现。利丰在进行供应链管理过程中,更注重价值链的分解、合理重组和优化,在分散生产过程中坚持为公司不断寻找新的、更好的供给来源的原则。

动态的价值链分解与重组,使公司朝着全球化方向发展,公司的供应链管理也更具灵活性,而高附加值增加了公司的利润,同时也实现了整个供应链上的价值增值。

(四) 供应链管理的有效控制

供应链管理的内容是买进合适的产品并缩短交付周期。这一过程要求公司制订生产计划,并对整条价值链进行协调;要求公司深入到供应商内部,检查、控制生产质量和进度。

保证质量、数量的无差错,这不仅需要科学地制订生产计划,更重要的是对各环节进行有效控制。这种控制不是去管理工人,而是以正确的管理理念、科学的管理方法,帮助各环节创造价值,实现价值增值,从而使整体供应链得以优化。这一过程的结果成功地缩短了交付周期,降低了相关环节的库存,降低了整个供应链上的成本,同时也为用户创造了价值。

三、利丰供应链管理的启示

从利丰公司供应链管理中我们得到的启示是:谁对潜在合作企业的信息掌握得越详尽,并能加以科学合理地利用,能按照客户的需要找到合适的合作伙伴,并能使这些合作伙伴各司其职、各尽所能,有效地承担起在供应链中各自的职能,谁就能在竞争中获胜。利丰集团从一家传统贸易商成功转型为以供应链管理概念运作的现代跨国贸易集团,多年的企业实际运作经验,使利丰集团对供应链管理有深刻而独到的理解。利丰以客户的需求为中心,为客户提供有效的产品供应,达到"为全世界消费者提供合适、合时、合价的产品"的目标;利丰亦利用供应链管理有效地节约了成本,通过共享设备、减低库存等手段,减少占用企业的资产,做到以更少的资源,做更多的生意,带来可观的回报。

案例分析

(1) 案例中的"分散生产"的实质是什么?你还能列举出其他典型的"分散生产"方式吗?

(2) 结合案例分析实施供应链管理的必要性及意义。

(3) 从本质上看,供应链管理要最先考虑的因素是成本还是客户价值?请说明理由。

案例二:可口可乐公司的供应链管理策略

经过百年风雨,可口可乐公司仍以其知名的品牌闻名退迩,雄居碳酸饮料行业之首。一个在产品和技术方面没有多少新点子问世的公司,为什么在饮料经营方面,如此引人注目?除了饮料的秘密配方外,可口可乐还有什么秘密竞争性武器呢?从可口可乐的成长历程,考察其供应链管理策略,便可发现其三个奥秘。

一、特许合同方式的管理供应链策略

直到20世纪80年代初,可口可乐仍然采取特许合同方式管理着供应链,这条供应链由浓缩液制造商、装瓶商、经销商、零售商和消费者所组成,形成一个由可口可乐控制浓缩液制造,其他环节根据市场调控的供应链管理策略。在这一管理策略下,公司的竞争实力与市场的竞争环境达到完美结合,造就了可口可乐的知名品牌。

在公司发展的起步和成长阶段,一般商家的做法是通过自身销售渠道和营销网络,打开产品销路,扩大市场份额,但前提是公司资金雄厚,有大笔资金的投入,若资金投入不足,则会影响公司的市场竞争力和公司的成长速度。可口可乐经过深思熟虑,没有采用这种其他企业惯用的经营套路,而是将公司定位于广告商和浓缩液制造商,通过特许合同的方式,以固定的浓缩液供货价格和区域独家经营的方式,将销售的权限授予装瓶商,借助装瓶商的企业家才能,建立销售渠道和营销网络,把可口可乐饮料送到千家万户。这种特许合同的经营方式,是可口可乐的一种战略经营选择,有了这种抉择,可口可乐可以把有限的资金用在刀刃上,成为出色的广告商,将可口可乐推向市场。事实上,即使到了今天,可口可乐的广告仍然相当出色。

有了这种战略定位,可口可乐公司不遗余力地发展起1 200家装瓶商,这些装瓶商为可口可乐占领市场,立下汗马功劳,为可口可乐销售网络的建设,节约了大量的资金,正是有了装瓶商的密切合作,可口可乐才得以轻装上阵,迅速成长,成为软饮料市场的领导者。

二、控股经营方式的供应链管理策略

随着饮料市场竞争的加剧,竞争格局发生了微妙的变化,以百事可乐为代表的竞争对手,采取了咄咄逼人的竞争策略。一方面在新的饮料细分市场,如在大型连锁店、饭店等取得了竞争优势;另一方面又在想方设法地蚕食可口可乐的传统市场,竞争态势对可口可乐的发展极为不利。在这种情形下,可口可乐只有奋起反击,才能夺回失去的市场份额,扭转销售增长缓慢的局面。

面对不利竞争,可口可乐所采取的策略是向装瓶商施加压力,要求其加大对现代化生产过程的投入,以强化可口可乐的市场竞争地位。但装瓶商也有自己的如意盘算,他们认为饮料市场已趋于饱和,是回收资金而不是增加投资的时候。由于装瓶商有长期合同作后盾,并

控制着可口可乐的营销网络,又锁定了可口可乐的进货成本,因此,对任何改变现状的举措,要么否决,要么怀疑而不积极配合。就这样,可口可乐的战略意图受到了重挫,供应链的管理面临严峻挑战。

为了改变这种被动的局面,可口可乐利用其开发的新品种,高糖玉米浓缩液上市的契机,同装瓶商展开了艰难的谈判。一方面,如果新品种能够顺利替代原有浓缩液,就可以为可口可乐节约20%的生产成本,但可口可乐不是独享其成,而是与装瓶商分享获利的机会,条件是装瓶商同意修改合同条款,并在部分条款上做出让步,这样在调整供应链管理方面,可口可乐就有了更大的回旋余地。另一方面,可口可乐通过特许权回购,购买控股的方式和提供中介和融资的策略,对装瓶商的经营活动施加影响,使装瓶商接受可口可乐的管理理念,支持可口可乐的供应链管理战略。而那些不愿意接受可口可乐所提条件的装瓶商,因得不到可口可乐在融资和管理资源方面的支持,随着市场竞争的加剧而江河日下。

但是,对装瓶商绝对控股的策略,又使得可口可乐提高了公司的资本密集程度,扩大了公司的资产规模,增加了公司的经营风险。这样,改变公司的资本结构,并能控制供应链管理的谋略,又摆在了公司面前。

三、持股方式的供应链管理策略

公司的经营目标是股东财富最大化,但供应链中的不同链节,其赢利能力是有差别的,大量资金投入获利能力不强的环节,将导致股东收益的下降。于是,改善公司资本结构、资产结构就成了可口可乐必须做出的抉择。

在供应链管理上,可口可乐可谓游刃有余。为了对付众多曾经为可口可乐开拓市场建立过功勋的小型装瓶商,公司在采用特许权回购的收购战略之后,面临的是如何将"烫手的山芋"转手出去。在经过精心策划和充分准备之后,可口可乐公司成立了装瓶商控股股份公司,由装瓶商控股公司控制装瓶商的经营活动,通过装瓶商控股公司,可口可乐可以实现对整个供应链的战略调控,这只是可口可乐剥离绝对控股权的第一步战略计划。

在成立装瓶商控股公司后,可口可乐根据资本市场发展情况,审时度势,抓住有利时机,让装瓶商控股公司上市交易,利用资本市场,将51%的控股权转手出货,保留49%的相对控股权。通过这一系列策略选择,最终实现公司资本结构的改善,资本密集程度的下降。

有了国内供应链管理的成功经验,并成为国内饮料市场的领导者之后,可口可乐修正了它的战略目标,成为全球知名的跨国公司。早在第二次世界大战期间,可口可乐就伴随着美军漂洋过海,在欧洲登陆。国际饮料市场的巨大潜力吸引着可口可乐,在这些陌生而又新鲜的市场上,可口可乐有着悠久的历史,只是公司的销售渠道不畅,没有较完善的经营网点而迟迟不能进攻到位。

销售渠道和网点的建设同国内一样,需要大量资金,国际营销环境又不同于国内营销环境,可口可乐意识到:可口可乐只有融入当地文化和环境中,与当地文化打成一片,才能减少经营风险。穿旧鞋走新路,是再好不过的进攻策略了。就这样,可口可乐又使出了在国内惯用的招数,与国外大型骨干装瓶商密切合作,由可口可乐控制广告宣传和浓缩液的生产,由装瓶商为其所在地区或国家提供可乐饮料。随着时间的推移,在全球饮料市场上,可口可乐公司以计划周密,控股或持股收购装瓶商的模式,再现了在美国市场上供应链管理那惊人相似的一幕。

四、可口可乐供应链管理的启示

管理供应链的企业要有核心竞争力和秘密武器，否则对供应链的管理和影响就会显得苍白无力，更不会有什么战略构想和调整。可口可乐的核心竞争力就在于它的秘密配方、知名品牌和管理资源的与众不同。

公司不可能在所有链节上都有竞争优势，只有同其他公司实现优势互补，才能在效率和规模经营上取得成效。当可口可乐还处于起步和成长阶段的时候，借助于装瓶商的力量，建立营销渠道，节约了大笔资金。可口可乐控制着广告宣传，实现了规模效应，这两方面的有效结合，使可口可乐以较低成本运行着营销网络。

供应链管理要有接口管理技术，对接口的管理直接关系到公司经营战略设想和实施能否有效实现。针对不同营销环境，可口可乐采用了不同的接口管理策略：在起步与成长阶段，公司以长期合同的方式对接口进行管理；在成熟阶段，则通过收购装瓶商管理接口，根据经营环境的变化，再剥离装瓶商，实现公司的战略意图。

供应链管理调整要始终围绕"以用户为中心"展开。当市场领先地位开始受到威胁时，可口可乐敏锐地感觉到饮料市场的悄然变化。"以用户为中心"的管理理念要求可口可乐将销售渠道重心由传统的家庭零售店转向大型区域性超级市场连锁店，但这需要大笔资金的投入。装瓶商不愿意这么做，可口可乐采取收购装瓶商的策略，对供应链进行了卓有成效的调整。

合作竞争是供应链管理的主旋律，合作是供应链管理的精髓，是达到"双赢"的基础。在供应链上，不同的公司要扮演不同的角色，建立彼此间的长期伙伴关系。可口可乐以长期合同、控股或持股的方式管理供应链，就是致力于建立长期的伙伴关系，有了这种长期伙伴关系，就可以提高供应链的生产力和附加价值，改善供应链的获利能力。可口可乐就是通过一套严格的供应链管理制度和服务规范，执行对装瓶商、经销商、零售商各个环节的服务和监控，通过定期审查各经销商和零售商，收集有关产品信息，并根据审查的结果和反馈的情况，指导经销商、零售商的经营服务，实现合作竞争的优势。

案例分析

(1) 结合案例，绘制出可口可乐供应链的结构图。

(2) 结合案例，可口可乐与装瓶商各自的优势是什么？

(3) 结合案例，相比于传统的"纵向一体化"管理思想，可口可乐的经营策略有哪些优势？

案例三：宝洁与沃尔玛的供应链协同商务模式

20世纪80年代，宝洁与沃尔玛这两家公司开始合作之前，美国零售商和制造商分享的信息很少，双方总是围绕着商品价格和货架位置争夺控制权。随着宝洁与沃尔玛的供应链协同管理模式的确立，美国零售商和供应商的目光开始转向如何加强供应链管理以降低综合运营成本，如何提高顾客的满意度，而不再仅仅盯住渠道控制权，全面实施供应链全过程的商务协同运作，把整个产业的蛋糕做大，实现双赢。

一、"宝洁-沃尔玛协同商务模式"的形成

"宝洁-沃尔玛协同商务模式"的形成其实并不复杂。最开始时，宝洁开发并给沃尔玛安装了一套持续补货系统，该系统使双方通过EDI（电子数据交换）和卫星通信实现联网。

借助于信息系统,宝洁公司能迅速知晓沃尔玛各分店的销售及存货情况。这样不仅能使宝洁公司及时制订出符合市场需求的生产和研发计划,同时也能对沃尔玛的库存进行单品管理,做到连续补货,防止滞销商品库存过多,或畅销商品断货。

此项措施很快在客户服务水平的提升和双方库存的下降方面取得了显著的效果,并迅速地恢复了双方的信任关系。沃尔玛也从原来繁重的物流作业中解放出来,只要通过 EDI,沃尔玛就可以从宝洁公司获得信息,及时决策商品的货架和进货数量并由 MMI(制造商管理库存,Manufacturer Managing Inventory)系统实行自动进货。沃尔玛将物流中心或者仓库的管理权交给宝洁公司代为实施,这样沃尔玛就不用从事具体的物流活动,而且由于双方不用就每笔交易的条件(如配送、价格问题)等进行谈判,大大缩短了商品从订货、进货、保管、分拣到补货销售的整个业务流程的时间。

持续补货系统的具体作业流程是:沃尔玛的各个店铺都制定了一个安全库存水平,一旦现有库存低于这个水平,设在沃尔玛的计算机就会通过通信卫星自动向宝洁公司的工厂订货。宝洁公司在接到订货后,将订购商品配送到各店铺,并实施在库管理。与整个商品前置时间缩短相适应,两个企业之间的结算系统也采用了 EFT(电子基金转换)系统,通过这种系统,企业之间的财务结算就不需要用传统的支票形式来进行,而是通过计算机以及 POS 终端等电子设备来完成。

二、"宝洁-沃尔玛协同商务模式"的发展

在持续补货的基础上,宝洁又和沃尔玛在 1999 年合力启动了 CPFR 流程。这是一个有 9 个步骤的流程,它从双方共同的商业计划开始,到市场推广、销售预测、订单预测,再到最后对市场活动的评估总结,构成了一个可持续提高的循环。流程实施的结果是双方的经营成本和库存水平都大大降低。沃尔玛分店中的宝洁产品利润增长了 48%,存货接近于零。而宝洁在沃尔玛的销售收入和利润也增长了 50% 以上。

基于以上成功的尝试,宝洁和沃尔玛接下来在信息管理系统、物流仓储体系、客户关系管理、供应链预测与合作体系、零售商联系平台以及人员培训等方面进行了全面、持续、深入而有效的合作。宝洁公司甚至设置了专门的客户业务发展部,以项目管理的方式加深与沃尔玛的关系,以求最大限度地降低成本、提高效率。

灵活高效的物流配送使得沃尔玛在激烈的零售业竞争中技高一筹。沃尔玛可以保证:商品从配送中心运到任何一家门店的时间不超过 48 小时,沃尔玛的分店货架平均 1 周可以补货两次,而其他同业商店平均两周才补 1 次货。通过维持尽量少的存货,沃尔玛既节省了存储空间又降低了库存成本,最终使得沃尔玛的销售成本比行业平均标准低了近三个百分点。另外,这一模式带来的更大利益其实是软性的。持续补货系统的合作已经超越了单纯的物流层面,它们开始共享最终顾客的信息和会员卡上的资料。宝洁可以更好地了解沃尔玛和最终客户的产品需求,从而更有效地制造产品。

宝洁与沃尔玛创造了制造商与零售商紧密合作的样板,越来越多的制造商与零售商都在努力学习这一模式,如:全美最大的仓储零售商好市多量贩店(Costco Wholesale)、塔吉特(Target Corp.)还有法国的家乐福(Carrefour)都在努力朝这一模式努力。

案例分析

(1) 宝洁和沃尔玛的协同商务包含哪些内容?

(2) 结合案例,持续补货系统的实施取得了哪些好的效果?

（3）宝洁与沃尔玛的协同商务模式给供应链上的企业合作带来了哪些启示？

案例四：蒙牛借天猫新零售重塑供应链，物流成本下降40%

2017年6月，蒙牛就与菜鸟达成了全品入仓的协议，将线上销售所有的仓储、配送都交由菜鸟智能供应链负责。2018年6月，蒙牛就已稳居线上销售的行业第一，这个新型的供应链体系起到了重要作用，而且成本居然下降了40%。

蒙牛正在打通线上和线下渠道，通过供应链的创新，收获了数量惊人的"回头客"。

一、重塑供应链，物流成本下降40%

一年前，蒙牛还在使用传统的物流体系，所有的线上发货基本都由一到两个仓库完成。全国不管哪里的订单，均由该仓发出。

在与菜鸟达成合作后，蒙牛的旧方法被迅速革新，所有用于线上销售的商品都被分布到菜鸟位于全国各地的仓储中心，蒙牛只需将货送到这些仓库，就能惬意地当个"甩手掌柜"。

这样的改变看似简单，但凭借强大的数据能力，天猫和菜鸟在短时间内就重塑了蒙牛的整条供应链。

最直接的变化来自配送模式。在此前的传统模式中，无论地理距离多远的订单，蒙牛都从全国的一个仓库发货，这使其物流成本一直居高不下。使用菜鸟提供全国分仓的解决方案后，蒙牛的商品便由工厂或经销商提前送到菜鸟在各地的大仓，这样商品就能从距离消费者最近的仓库发出，大幅缩短了流转距离。

"配送距离的缩短直接带来了成本的下降，我们做了统计，截至2018年上半年，蒙牛的物流成本已经比去年降低了40%。"蒙牛电商总经理郭锐表示。

对保质期限较短的乳制品来说，物流效率显得更为重要，否则将会有大量商品因为过期、破损而不得不面临销毁的命运。

在以往的体系里，蒙牛一般只能依据经验将商品发给各地经销商，一旦出现断货的情况，就只能从全国各个地方来回调货，频繁的调拨次数不仅导致大量商品过期，更平添了高额的运输成本。

而在进入菜鸟仓后，天猫和菜鸟会根据消费数据、库存数据及大促等内容进行提前预警。负责蒙牛与阿里合作的张汀对此感触颇深："阿里能够提前告知我们哪款商品最近销售火爆，需要提前准备，哪款商品又有些滞销，需要进行促销处理，我们的过期商品也因此大量减少。"

科学的仓储模式也在进一步压缩蒙牛的仓储费用，现在，即使是"双十一"这样的超级狂欢，蒙牛也能从几百倍的订单暴增中高效完成，告别了压货、退货造成的巨额浪费。

二、按按手指，订奶也是"朝发夕食"

许多中国家庭普遍有着订奶习惯。如今，蒙牛也通过一套新型供应链完成当代的订奶革新。

通过天猫超市与菜鸟联盟提供的直送服务，消费者只需要早上下单，便能在下班前收到购入的牛奶，这样的便捷程度甚至超过了逛超市。

"在这之前，蒙牛的商品会进入天猫超市的仓库，随即我们发现在天猫超市的销售业绩明显提升，于是品牌旗舰店等其他渠道也全面参与进来了。"尝到甜头的张汀与同事迅速完成了和菜鸟的深度合作。现在，蒙牛在阿里全平台的订单几乎都能在24小时内送抵消费者手中,而在2017年,这个数字还是4到5天。

高效便捷的购物体验也为蒙牛的线上店铺带来大批回头客。一日深夜,阿里负责服务蒙牛的小二项炜突然接到张汀打来的电话,电话那头的张汀激动地说:"我刚看了消费者的复购率,这个数字简直吓人。"

现在,蒙牛在阿里平台上的店铺物流评分都稳定在4.8以上,这在对物流要求极高的乳制品类目里几乎是一个满分的褒奖,优质的供应链也使蒙牛收获了这批新式订奶的死忠粉。

三、新零售加快落地,未来远不止于线上

除了奶制品外,蒙牛另一项为人熟知的就是冰淇淋。

随着战略协议的签署,蒙牛与天猫在2018年9月全面展开冰品的销售,将冰淇淋做成一门线上生意。

线上冰品目前还是尚待开垦的处女地,如何利用好电商资源释放更大的消费潜力,对蒙牛来说是一个不小的诱惑,但怎样保障冰品的线上供应链体系,也成了随之而来的巨大难题。

同时,因为线下店铺周围的顾客人数相对稳定,备货送货比较容易预测,相较之下,由于缺乏数据,开设线上店铺的初期对配送的挑战就更大。

"届时,线上冰品的所有配送都将由菜鸟和合作伙伴安鲜达一起完成。"郭锐介绍,"冰品因为需要保证新鲜,必须每天即时配送,前期尤其需要结合行业数据及平台数据做出预测,这样高的要求基本也只能由天猫、菜鸟的供应链完成。"

在双方的合作协议中,蒙牛的冰品将不再通过快递寄到消费者的手中,代之以同样的仓配模式。这样,所有冰品距消费者更近,配送时间也被大幅缩短,在加强冷链包材的管理后,消费者就能在一天左右收到最新鲜的冰品。而这样的服务,耗费的成本比冷链快递还要低。

天猫对蒙牛供应链的重塑还延伸到了线下。通过菜鸟为零售通开设的前置仓,蒙牛的爆款商品能够以最快的速度、最短的距离送入600万家天猫小店,这样的新模式为蒙牛省去了两道经销商环节,节省了大量的管理成本。

通过技术减少分销环节后,蒙牛不仅解决了串货、重货等常年不胜其扰的难题,还能更直观地掌握商品的销售数据,再结合天猫的线上数据更精确地指导生产计划,避免了多项不必要的浪费。

"双方的合作不光是为蒙牛带来价值,更多的也是为行业进行新零售的探索。总结以前,展望未来,两家企业能碰撞出更多的火花。"郭锐表示。

(资料来源:http://www.chinawuliu.com.cn/xsyj/201807/16/332951.shtml,资料经笔者整理)

案例分析

(1)结合案例,绘制出蒙牛供应链重塑前后的发货流程图,并分析重塑前后的优劣。

(2)结合案例,天猫超市与菜鸟联盟采取了哪些措施来实现蒙牛产品的直送服务?

(3)结合案例,相比于一般的乳制品,天猫应采取哪些措施来保证线上冰品的物流?

供应链设计、构建与协调

案例导入

戴尔公司的"直销模式"

供应链管理已经在很多世界级的大企业中实施应用,计算机产业中的戴尔公司在供应链上采取了极具创新的方法。为了使自己有别于其他电脑厂商,戴尔公司设立了免费电话,让顾客能够详尽陈述具体的、个性化的要求,公司随后进行生产并迅速交货。戴尔公司敏锐地洞察到为个别需求定制产品以及简化物流流程的机遇,并相应地设计了相关的运营系统,其供应链结构可简化为如图2-1所示。

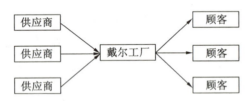

图2-1 戴尔的供应链结构

戴尔公司的成功为其他电脑厂商树立了榜样,他们目睹了戴尔公司的飞速成长过程。为了提高自己的销量,这些公司的供应链改造势在必行。作为戴尔的竞争者之一,IBM过去倾向于根据库存来生产计算机,由于制造的产品型号众多,常常发现有的地区存储的产品不合适,引起销售时机的丧失。计算机技术上的日新月异,意味着库存会很快过时并造成浪费。为解决这些问题,IBM等众多计算机厂商也着手改变其供应链,使之能够实现大规模定制,这样可以避免或减少工业垃圾和制造过程对环境的破坏。

与传统供应链相比,戴尔供应链中的一个明显特点是:它的下游链条里没有分销商、批发商和零售商这样的传统角色,戴尔直接把产品卖给了顾客。戴尔通过电话、面对面交流、互联网订购直接拿到客户的订单,客户的准确需求直接反馈到设计、制造等整个运营过程里,而传统的渠道所提供的订货信息往往含混不清。可以说,直销帮助戴尔准确地收集到最终用户的需求信息。

在戴尔的供应链蓝图上,还有一个特别之处,就是多出了"代理服务商"这一环节。这些代理服务商并不是向顾客提供产品,而是提供服务和支持,这意味着戴尔把服务也外包了。采用外包的服务策略使得戴尔既能够提供售后服务支持,又避免了公司组织结构"过度庞大"。2001年,戴尔在中国近1 700个城市都建立了售后服务,戴尔把服务外包给合作伙伴,用户70%的问题可以通过电话从各地的客户服务中心工程师那里得到解决,这样节省了客户的时间,剩下30%通过合作伙伴在当地的工程师解决,这一点同样离不开直销模式,并且与客户关系管理进行了有效配合。

直销的好处在于每一台电脑是直接到用户手里的,戴尔记录了产品的每一个环节,服务和质量很容易控制,而这一点单依靠代理商是做不到的。当一个用户买了电脑之后,戴尔会一直关注用户的发展,每隔一段时间,销售人员就会主动询问用户是否有新的需求。

案例总结

戴尔公司的供应链管理成功的关键是其供应链管理始终以渠道流程优化为核心,具体表现在以下三个方面:

第一,直销原则。直销(Direct Business Model)在戴尔公司具体体现为基于最终客户需求的模式,就是由戴尔公司建立一套与客户联系的渠道,由客户直接向戴尔公司发送订单。订单中可以详细列出所需的配置,然后戴尔公司会"按单生产"。

第二,以信息代替存货。戴尔公司为什么敢提出"零库存"这个大胆的理念?主要就是因为公司基于其强大的渠道流程优化能力,通过处理信息资源创造价值。传统分销代理渠道是存储货物的水渠,厂商的库存是压在分销渠道中的,这样一来很难做到"零库存"。

第三,价值整体创造。价值整体创造在戴尔公司被具体化为"与客户结盟"的战略,戴尔公司打破了传统意义上"厂家"与"供应商"之间的供需配给,始终保持与客户的实时互动,及时得到第一手的客户反馈和需求,然后根据客户需求接受订单,再进行以客户需求为导向的产品制造。这样就能保证按照客户需求提供产品,而且是一个良性循环的过程。

任务一 设计供应链

任务目标

- 理解供应链设计的基本思想
- 理解供应链设计的基本原则
- 理解供应链设计的影响因素,并会分析各个因素对供应链设计产生的影响
- 理解供应链设计的评价指标

任务描述

不同的产品或服务需要不同的供应链环节,需要对其进行科学的供应链设计。供应链设计是供应链管理中一个重要的战略决策问题,会直接影响到供应链的运行效果。目前很多企业都有这样的误解:仅仅去模仿那些成功企业的供应链模式,或者是采用被认为是"最成功的供应链模式"。只有设计出适合企业发展的供应链,才能让企业获得成功。那么,什

么是供应链设计呢？在进行供应链设计时，需要遵循哪些原则呢？还应当考虑哪些影响因素呢？

知识链接

想一想 市面上有两种产品，一种产品要求在60小时之内满足90%以上的客户的95%的需求，而另一种产品要求在24小时之内满足90%的客户的97%的需求。那么，这两种产品供应链的设计会有哪些不同？

一、供应链设计的基本思想

供应链设计是指从更广泛的思维空间、企业整体角度去勾画企业蓝图。有效的供应链设计可以改善客户服务水平、降低系统成本、提高竞争力，而无效的供应链设计则会导致浪费和低效。供应链设计的基本思想包括以下四个方面。

（一）供应链设计与物流系统设计

物流系统是供应链的物流通道，是供应链管理的重要内容。物流系统设计是指原材料和零部件所经历的采购入厂—存储—投料—加工制造—装配—包装—运输—分销—零售等一系列物流过程的设计。

物流系统设计也称通道设计（Channel Designing），是供应链系统设计中最主要的工作之一。设计一个结构合理的物流通道对于降低库存、减少成本、缩短提前期、实施JIT生产与供销、提高供应链的整体运作效率都是很重要的。但供应链设计不等同于物流系统设计，它既包括物流系统，还包括信息和组织以及价值流和相应的服务体系建设。在供应链的设计中，创新性的管理思维和观念极为重要，要把供应链的整体思维观融入供应链的构思和建设中，企业之间要有并行的设计才能实现并行的运作模式，这是供应链设计中最为重要的思想。

（二）供应链设计与环境因素的考虑

一条设计精良的供应链在实际运行中并不一定能按照预想的那样，甚至无法达到设想的要求，这是主观设想与实际效果的差距，原因并不一定是设计或构想得不完美，而是环境因素在起作用。因此，在设计一条供应链时，一方面要考虑供应链的运行环境（地区、政治、文化、经济等因素），另一方面还应考虑未来环境的变化对实施供应链的影响。因此，我们要用发展的、变化的眼光来设计供应链，无论是信息系统的构建还是物流通道设计都应具有较高的柔性，以提高供应链对环境的适应能力。

（三）供应链设计与企业再造工程

从企业的角度来看，供应链的设计是一个企业的改造问题，供应链所涉及的内容，任何企业或多或少地都在进行。供应链的设计或重构不是要推翻现有的企业模型，而是要从管理思想革新的角度，以新的观念、新的思维和新的手段（比如精细生产）来武装企业。

（四）供应链设计与先进制造模式的关系

供应链设计既是从管理新思维的角度去改造企业，也是先进制造模式的客观要求和推动的结果。如果没有全球制造、虚拟制造这些先进制造模式的出现，集成化供应链的管理思想是很难得以实现的。正是先进制造模式的资源配置使得企业的组织模式和管理模式发生了相应的变化,从制造技术的集成演变为组织和信息等相关资源的集成。供应链管理适应了这种趋势,因此,供应链的设计应把握这种内在的联系,使供应链管理成为适应先进制造模式发展的先进管理思想。

总之,供应链设计就是以用户需求为中心,运用新观念、新思维、新手段,从企业整体角度去勾画企业蓝图和服务体系。

二、供应链设计的基本原则

在供应链的构建过程中,首先应遵循一些基本的设计原则,以保证供应链管理思想得以实施和贯彻。

(一)供应链设计的宏观原则

从宏观角度分析,供应链的设计应遵循如下原则:

1. 自顶向下和自底向上相结合的原则

自顶向下指的是从全局走向局部,自底向上指的是从局部走向全局;自顶向下是系统分解的过程,而自底向上则是一种集成的过程。在设计一个供应链系统时,往往是先由主管高层做出战略规划与决策,规划与决策的依据来自市场需求和企业发展规划,然后由下层部门实施决策过程,因此供应链的设计是自顶向下和自底向上的综合。

2. 简洁性原则

为了能使供应链具有灵活快速响应市场的能力,供应链的每个节点都应是精简、具有活力的,能实现业务流程的快速组合。比如,供应商的选择就应以少而精为原则,有的企业甚至遵循单一供应商原则(即一种零件只由一个供应商供应)。通过和少数的供应商建立战略伙伴关系,有利于减少采购的成本,有利于实施 JIT 采购和准时生产。

> **知识拓展**
>
> **P&G 在中国的分销优化策略**
>
> P&G(宝洁公司)在中国曾经建立过庞大的分销网络,分销商数量众多,但最大的经销商年销售额不超过 3 亿元,覆盖范围不超过半个省。于是,优化分销商成为 P&G 向供应链整合迈出的第一步。经过优化之后,P&G 全国的分销商数量从 380 家精简至 180 家,但总销售额从 66 亿元上升到 80 亿元;平均每个分销商的销售额从原来的 1 700 万元上升到 4 400 万元。

3. 集优原则

集优原则,也叫互补性原则,指的是供应链的各个节点的选择应遵循"强—强"联合的原则,达到实现资源外用的目的,每个企业只致力于各自核心的业务过程,就像一个独立的制造单元,这些所谓单元化企业具有自我组织、自我优化、面向目标、动态运行和充满活力的特点,能够实现供应链业务的快速重组。

4. 协调性原则

供应链业绩的好坏取决于供应链合作伙伴关系是否和谐,因此建立战略伙伴关系的合作企业关系模型是实现供应链最佳效能的保证。和谐是指系统能够充分发挥系统成员和子系统的能动性、创造性及系统与环境的总体协调性,只有和谐而且协调的系统才能发挥出最佳的效能。

5. 动态性原则

动态性原则,也叫不确定性原则。不确定性在供应链中随处可见,由于不确定性因素的存在,导致需求信息的扭曲,因此要预见各种不确定因素对供应链运作的影响,减少信息传递过程中的信息延迟和失真。增加信息的透明性,减少不必要的中间环节,提高预测的精度和时效性才能有效地降低不确定性因素对供应链系统的影响。

6. 创新性原则

没有创新性思维,就不可能有创新的管理模式,因此在供应链的设计过程中,创新性是很重要的一个原则。进行创新设计,要注意几点:① 创新必须在企业总体目标和战略的指导下进行,并与战略目标保持一致;② 要从市场需求的角度出发,综合运用企业的能力和优势;③ 发挥企业各类人员的创造性,集思广益,并与其他企业共同协作,发挥供应链整体优势;④ 建立科学的供应链和项目评价体系及组织管理系统,进行技术经济分析和可行性论证。

7. 战略性原则

供应链的构建应有战略性观点,通过战略的观点考虑减少不确定的影响。从供应链的战略管理的角度考虑,供应链建模的战略性原则还体现在供应链发展的长远规划和预见性上,供应链的系统结构发展应和企业的战略规划保持一致,并在企业战略的指导下进行。

(二)供应链设计的微观原则

从微观角度分析,供应链的设计应遵循的原则包括:

1. 成本控制原则

供应链管理中常出现成本悖反问题,即各种活动成本的变化模式常常表现出相互冲突的特征。解决冲突的办法是平衡各项成本使其达到整体最优,供应链管理就是要进行总成本分析,判断哪些因素具有相关性,从而使总成本最小。

2. 多样化原则

供应链设计的一条基本原则就是要对不同的产品、不同的客户提供不同的服务水平,要求企业将适当的商品在恰当的时间、恰当的地点传递给恰当的客户。一般的企业生产多种产品,因此要面对各种产品的不同的客户要求、不同的产品特征、不同的销售水平,也就是意味着企业要在同一产品系列内采用多种战略,比如在库存管理中,要区分出销售速度不一的产品,把销售最快的产品放在位于最前列的基层仓库。

3. 推迟原则

推迟原则就是运输的时间和最终产品的加工时间应推迟到收到客户订单之后。这一思想避免了企业根据预测在需求没有实际产生的时候运输产品(时间推迟)以及根据对最终产品形式的预测生产不同形式的产品(形式推迟)。

4. 合并原则

战略规划中,将小批量运输合并成大批量运输具有明显的经济效益。但是需要平衡由于运输时间延长而可能造成的客户服务水平下降与订单合并的成本节约之间的利害关系。

5. 标准化原则

标准化原则的提出解决了满足市场多样化产品需求与降低供应链成本的问题。生产中的标准化可通过可替换的零配件、模块化的产品和给同样的产品粘贴不同的品牌标签而实现,这样可以有效地控制供应链渠道中必须处理的零部件、供给品和原材料的种类。服装制造商不必去存储众多客户需要的确切号码的服装,而是通过改动标准尺寸的产品来满足消费者的需求。

三、供应链设计的影响因素

在设计供应链时,应考虑到市场覆盖率、产品特性、客户服务、盈利能力和风险防范等五个因素的影响。

(一) 市场覆盖率

为了建立市场覆盖范围目标,管理层必须考虑顾客的购买行为、分销类型、供应链结构、供应链控制程度等因素的影响。

(二) 产品特性

产品特性是供应链设计中的一个主要考虑事项,应该分析9个产品特性:产品的价值、产品的技术性、市场接受的程度、可替代程度、产品大小、产品易变质性、市场集中程度、季节性、产品系列的宽度和深度。

(三) 客户服务

客户服务可以用来区分产品或影响市场价格,而且供应链的结构也会决定某个特定客户服务水平的成本。对客户服务的衡量通常是根据产品的可供性、客户订单周期的速度和一致性、销售方和客户之间的信息沟通进行的。在进行供应链设计时,应仔细研究客户需求后再确定客户服务水平。

(四) 盈利能力

盈利能力就是指供应链在一定时期内赚取利润的能力,利润率越高,盈利能力就越强。对于供应链经营者来说,通过对盈利能力的分析,可以发现经营管理环节中出现的问题。对供应链盈利能力的分析,就是对供应链利润率的深层次分析。

(五) 风险防范

供应链风险是指供应链各节点企业在生产经营过程中由于各种事先无法准确预测的不确定因素带来的影响,造成供应链效率下降和成本增加,使供应链实际绩效与预期目标发生偏差,甚至造成供应链的失败和解体,从而给供应链系统整体造成损失的可能性。供应链的风险可分为三大类,即自然环境风险、社会环境风险、经济环境风险。自然环境风险主要有水灾、火灾、地震、雷击、风暴、海啸、冰雪损害、火山爆发、山体滑坡、外界物体倒塌及其他各种不可抗拒的原因所造成的损失等,这些风险一般都是难以控制和预测的;社会环境风险主要有经济政策变化、地区文化冲突、政治事变、恐怖事件、危机事件、战争、公共紧急事件等,这些不可预料的突发事件会给供应链系统带来难以防范的风险;经济环境风险主要有供应链企业之间的信任风险、单一上游或下游企业带来的风险、供应链企业的财务风险、市场波动的风险、供应链上下游合作企业的链接风险、利润分配的风险、信息系统的可靠性风险。

想一想　　罢工属于供应链中的哪一种风险?

四、供应链设计的评价指标

一条供应链的设计是否合理并能有效运营,可以从以下几个方面进行考察:灵敏度、应变能力、精简、柔性、协调、智能。

(一)灵敏度

灵敏度是企业通过供应链运营了解市场变化的敏锐程度,是供应链系统灵巧地运用和重组内外资源的速度。面对越来越短的产品生命周期和日益苛刻而无法预期的需求,企业必须具备敏锐地感知市场变化的能力,具有革新的能力,对自己能够进行增值服务和评估,从而达到一个最佳的成本结构。

(二)应变能力

仅仅提前察觉客户的需求,对未来想要成功的企业来说是不够的,它必须要比竞争对手做出更快的反应。未来盈利的企业应该具备对现实和潜在客户提前采取行动的能力,市场一旦有蛛丝马迹出现,便能立即洞察客户的需求变化,并试图满足他们期待之外的需要。优秀的供应链不仅能够适应可预测的环境,而且还能够适应难以预测的环境。

> **案例衔接**
>
> **一代"鞋王"达芙妮轰然倒塌!**
>
> 达芙妮2017年全年亏损8亿港元,近三年平均每年关店1 000家,市值从当初的170亿港元跌到只有8亿多港元——这还是那个我们熟悉的"大众鞋王"吗?
>
> 2012年,正是达芙妮春风得意的时候,那时达芙妮在全国有4 600家直营店和1 000家加盟店,光是2012年上半年就马不停蹄地开了411家直营店。2012年上半年,达芙妮的营业额直逼51亿港元,同比增长近29%。当时内地每卖出5双女鞋中,就有一双是达芙妮的!
>
> 谁扔下了达芙妮?
>
> 此前,达芙妮称,飘忽反常的天气包括延迟的夏季及异常温暖的冬季,都是造成业绩达不到预期的原因。
>
> 这样的"反省"显然缺乏足够的诚意,因为反常的天气不只是对达芙妮有影响。
>
> 一代"鞋王"达芙妮这么快就被甩下,原因到底在哪里?
>
> (1)转型太慢,还转得这么漫不经心。
>
> 事实上,这些年鞋类品牌有一个很明显的发展趋势:很多人正在扔掉皮鞋,改穿运动鞋等更时尚的鞋品,但达芙妮的核心业务仍是皮鞋,但主攻皮鞋也就罢了,有时号称皮鞋却没有见到真皮。
>
> (2)"漂亮不打折,美丽100分"的达芙妮,却成为打折狂人。
>
> 打折,打的是品牌自信,打的是用户认同。当初达芙妮喊出不打折,而现在自己却成为大路货,完全忽略了当初那些喜欢过达芙妮的用户的感受。
>
> (3)"人人都是设计师"的达芙妮不在了。
>
> 很多人喜欢达芙妮,很大程度上是爱上了它设计上的创新。但是近年来,即使抄外国牌子,即便花了大价钱请来谢霆锋担任创意总监,达芙妮的设计也还是那么老气。

（4）打败达芙妮的不是电商，而是创新思维。

早在2006年，达芙妮就预见到电商勃发，并开始进军电商，但直到2009年，其电商业务还处在试水阶段，到2013年电商业务才第一次进入财务报表。2015年，达芙妮准备抓住电商这根救命稻草，开始关店止损，但是发现线上已经出现很多对手，想加把力突出重围时，电商红利说没就没了！

所以，扔下达芙妮的，不是别人，正是自己的保守思维和迟缓的应变能力。

（资料来源：https://www.cifnews.com/article/40010，资料经笔者整理）

（三）精简

供应链必须有一个绝对高效的"物质交换"系统——用最小的投入赢得最大的产出。这就要求系统地防范各种形式的浪费，设计出低成本的程序和结构，实现最小的资源耗费、最小的环境破坏以及最佳的绩效。好的企业能善于利用自身的能力，设计和进一步发展自己的核心竞争力，以便提高供应链的整体效益。在保持一个高服务水准的同时，不仅削减了成本，而且还提供了一个高效运作的物流服务。

（四）柔性

系统应始终具有良好的柔性（即灵活性）。在竞争激烈的市场竞争中，使供应链能够依靠Internet、Intranet和EDI等信息技术的支持，保持链中各企业的响应速度，满足客户多样化和个性化的需求，如交货期、交货数量、商品质量和用户对产品的某些特殊要求。柔性的高低是评价供应链组织结构合理性的重要因素。

（五）协调

供应链是多个企业的集成网链，每个企业又是独立的利益个体，所以它比企业内部各部门之间的协调更加复杂，也更加困难。供应链的协调包括利益协调和管理协调，利益协调必须在供应链组织结构设计时将链中各企业之间的利益分配加以明确；管理协调则是按供应链组织结构要求，借助信息技术的支持，协调物流和信息流的有效流动，以降低整个供应链的运行成本，提高供应链对市场的响应速度。

（六）智能

由于企业服务的市场单元越来越小，所以要求企业应有关于用户愿望和需求的最详尽的信息，并利用现有的供应链资源来满足这些需求。要想具有满足客户需求和愿望的能力，所有组成部分之间顺畅的信息交换就是一个前提条件。因此，智能成为发现客户需求和赢得客户满意所必需的基础，同时，也成为将各种供应链管理的原则、策略有效集成起来的关键。也就是说，面对企业和供应链中的事件，能够迅速及时地把握并能正确决策，有效地集成各种资源予以解决，是供应链智能化的表现。

案例衔接

菜鸟"智能供应链大脑"为雀巢打造可以看见的供应链

曾经看到过这样一句话：越是大牌的企业，供应链管理越是不咋地。为什么要这么说？因为越是大的企业，供应链管理面临的不同渠道信息割裂、库存难以共享的问题就越严重。

就拿雀巢来说，天猫、天猫超市、淘宝、盒马等多个零售终端以及不同国家（地区）同时销售，要想获得准确的数据，就必须要消耗大量人力、时间进行调研。

更何况，近几十年来，企业的供应链管理能力甚至已经成为与产品同样重要的成功因素。如何打通在不同平台上的不同库存，掌握这些商品的全链路信息并及时完成调拨，是一门大学问，也是许多 CEO 管理层的心病。

但从 2019 年 2 月 21 日开始，品牌供应链管理将迎来新的革命性产品，菜鸟打造的全新数据供应链产品——智能供应链大脑荣耀上线！雀巢成了第一个使用该产品的品牌。

菜鸟的这个听起来很牛的产品，用起来更牛！智能供应链大脑全面打通了雀巢在各平台的管理数据，并进行实时监控与分析，在产品上展示各渠道的即时指标和需求，节省了大量数据获取及分析时间！

现在，只要打开手机，品牌负责人就能掌握产品供应链的各项需求，随时随地进行管理。并且 1 秒就可展示所有数据并生成智能报告。吃个早餐、上个洗手间的工夫，就能做出一项精细科学的决策！而且每月底，智能供应链大脑还将为品牌提供数据报告，以助品牌了解自己在行业内的各种指标，进行策略调整。面对如此强大的数据分析能力，雀巢大中华区电商副总裁王雷更是欣喜表示："我们很期待未来在该产品的助力下，雀巢在新零售的竞争力不断增强。"

如今我们想要购买一个商品，渠道简直不要太多。但多渠道虽然方便了不同消费者的需求，却着实增加了企业收集数据的困难。在数字经济的大时代，企业要走向数字化经营，就需要一个全数字化的供应链管理系统。菜鸟"智能供应链大脑"应运而生，不仅增强了全链路运营数据的透明度，更驱动大数据成为商业决策的引擎。

（资料来源：https://baijiahao.baidu.com/s?id=1626074908841083310&wfr=spider&for=pc，资料经笔者整理）

总之，一条全新的、反应能力强的、灵敏的、精简的、协调的和智能型的供应链应该是供应链设计所追求的目标。

任务拓展

以农产品、服装、机械产品中的任何一个为调查对象，分析其供应链设计时的影响因素，并说明理由。

项目二 供应链设计、构建与协调

任务二 构建供应链

 任务目标

- 了解基本的产品分类
- 理解不同类别产品的特点
- 理解供应链构建的基本步骤

 任务描述

构建一条有效的供应链对于每一个企业都至关重要,因为它可以提高用户服务水平、达到成本和服务之间的有效平衡、提高企业竞争力、提高柔性、快速进入新的市场、通过降低库存来提高工作效率。那么,构建供应链的基本策略是什么呢?其基本的构建步骤又是怎样的呢?

 知识链接

案例衔接

惠普打印机供应链的构建

惠普的台式打印机,1988年开始进入市场,此后成了惠普最成功的产品之一,销售量稳步上升,1990年销售量达到60万台(销售额达4亿美元)。

惠普当时在全球有5个位于不同地点的分支机构负责该打印机的生产、装配和运输;生产周期为6个月,成品装配厂直接进行客户化包装;销售地包括美国、欧洲、亚洲;三个成品配送中心保有大量安全库存(各成品配送中心需要保证7周的安全库存),保证了98%的订单满足。惠普打印机的供应链如图2-2所示。

分销商希望降低库存,快速满足客户需求,结果导致惠普公司供货压力增大,从而不得不采用备货生产(Make to Stock)模式,分销中心成为有大量安全库存的库存点,占用了大量的流动资金。为了扭转这种局面,惠普公司决定构建新的供应链,以减少库存和提高服务质量。

因此,惠普公司提出了两类解决方案:短期解决方案、长期解决方案。短期解决方案就是在各地间进行存货的调配。长期解决方案又分为五套具体方法,即①从温哥华空运产品至各分销中心;②在欧洲和亚洲当地建立新工厂;③提高总机装配厂的库存水平;④使用更好的预测方法;⑤在分销中心完成各个型号打印机的最终装配。

经过各个方案的综合比较后,惠普公司最后选择了"在配送中心完成各个型号打印机的最终装配"这一方案,即欧洲、亚洲的分销中心的打印机产品,不再在温哥华完成装配,而是直接将各配件送往欧洲、亚洲的分销中心来完成最后的装配任务。这一新的供应链如图2-2所示。

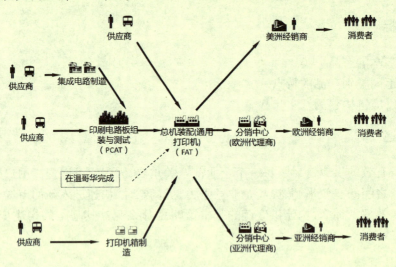

图2-2　惠普打印机的供应链

惠普公司构建新的供应链以来,将原来需要7周的成品库存量降低至只需要5周的库存量,一年大约可以节约3 000万美元,电路板组装与总装厂之间也基本实现无库存生产。通过供应链的合理构建,惠普公司实现了降低库存、提高服务水平的目标。

企业应根据实际情况选择一条适合自己发展的供应链,其基本策略就是结合企业所经营产品的特点来进行构建。

供应链的构建首先要明白用户对企业产品的需求是什么,因为产品生命周期、需求预测、产品多样性、提前期和服务的市场标准等都是影响供应链构建的重要因素。供应链的构建必须与产品特性一致,不同的产品特性,所选择的供应链会有所不同。

想一想　太阳镜与方便面这两种产品,其需求特点有何不同?

一、产品类型

不同的产品类型对供应链的设计有着不同的要求。根据产品的客户需求模式,可以把产品分为两类:功能型产品和创新型产品。

（一）功能型产品的特点

（1）能满足基本需要,因而需求稳定且可以预测,从而使供求可以达到近乎完美的平衡,这使市场调节变得很容易。但是,稳定性会引起竞争,进而导致利润率较低。

（2）生命周期长。

（3）生产这种产品的企业可以集中几乎全部的精力去使物质成本最小化。在大部分功能型产品的价格弹性给定的情况下，最小化物质成本是一个极重要的目标。

对于功能型产品，在设计供应链时，整个供应链中的供应商、制造商和零售商要协调他们的活动以便能以最低的成本满足预测的需求。

（二）创新型产品的特点

（1）需求不可预测。创新型产品能使公司获得更高的利润，但是创新型产品的新颖却使得需求变得不可预测。如图 2-3 所示，自 iPhone 5s 和 iPhone 5c 进入市场后，iPhone 5 的销售情况远远好于 iPhone 5c。

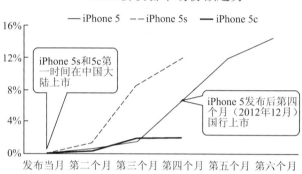

图 2-3　iPhone 三款产品的市场份额图

（2）生命周期短（通常只有几个月）。这是因为仿制品大量的出现，使得创新型产品的竞争优势丧失，从而使公司被迫进行一连串更新颖的创新。生命周期缩短和产品的多样化使得需求更加具有不可预见性。

（3）高边际利润、需求不稳定。对创新型产品而言，市场调节成本是主要的。在设计供应链时，最重要的就是要仔细研究新产品在整个周期内的销售量或其他市场信号，并快速做出反应。

功能型产品和创新型产品的比较如表 2-1 所示。

表 2-1　功能型产品和创新型产品的比较

比较项目	功能型产品	创新型产品
需求方面	可预测需求	很难预测需求
产品寿命周期	大于 2 年	3～12 个月
边际贡献率	5%～20%	20%～60%
产品种类	少（每类产品有 10～20 个）	多（每类产品有上千个）
平均预测失误率	10%	40%～100%
平均缺货率	1%～2%	10%～40%

续表

比较项目	功能型产品	创新型产品
季末降价率	0	10%～25%
按订单生产需求的提前期	6～12个月	1～14天
市场竞争程度	竞争激烈	因创新而有竞争优势

> **案例衔接**
>
> **上海通用汽车根据产品特点构建多态供应链**
>
> 上海通用汽车的业务构成为：(1) 整车业务，整车配送的供应链包括将成品车发送给全国各地的经销商；(2) 向经销商及维修中心发送汽车零配件；(3) 泛亚汽车设计中心。
>
> 对整车业务，考虑到整车的库存、发送、运输等环节经过多年的发展已经比较成熟，而汽车制造的利润日趋降低，因此从提高效率、降低成本的角度出发，公司对整车物流采用了高效率的供应链，将这一块业务主要外包给安吉天地汽车物流有限公司。
>
> 在汽车维修零部件的配送方面，考虑到售后服务的质量不仅直接影响自己的品牌形象，而且也是可持续性提高营收的新渠道，对于客户要求一定要做出快速、准确的反应，因而将零部件的供应链采用快速反应供应。
>
> 最后，设计中心是企业取得市场领先地位的灵魂，如何根据市场变化进行及时灵敏的反应是供应链的关键，因而需要创新供应链。
>
> (资料来源：https：//www.sohu.com/a/214462678_698206，资料经笔者整理)

二、基于产品的供应链构建

当熟悉了产品的特点后，就可以选择与产品特点一致的供应链类型，即功能型产品适于选择有效性供应链，创新型产品适于选择反应性供应链。

如图2-4所示，基于产品的供应链构建步骤可以归纳如下：

第一步，分析市场竞争环境。这一步骤的目的在于找到针对哪些产品市场开发供应链才有效，为此，必须知道现在的产品需求是什么，产品的类型和特征是什么。分析市场特征的过程要向卖家、用户和竞争者进行调查，提出诸如"用户想要什么？""他们在市场中的分量有多大？"之类的问题，以确认用户的需求和因卖家、用户、竞争者产生的压力。

第二步，总结、分析企业现状。这一步骤主要分析企业供需管理的现状（如果企业已经有供应链管理，则分析供应链的现状），其目的不在于评价供应链设计策略的重要性和合适性，而是着重于研究供应链开发的方向，分析、找到、总结企业存在的问题及影响供应链设计的阻力等因素。

第三步，针对存在的问题提出供应链设计项目，分析其必要性。

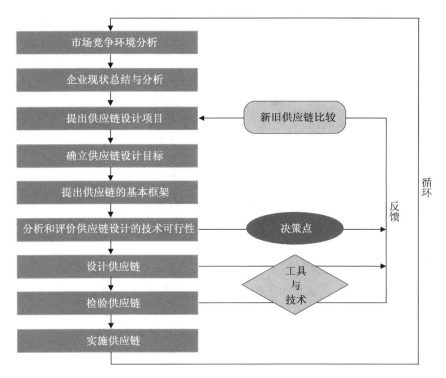

图 2-4 基于产品的供应链构建步骤

第四步,是根据基于产品的供应链设计策略提出供应链设计的目标。这一步骤的主要目标在于获得高用户服务水平和低库存投资、低单位成本两个目标之间的平衡(这两个目标往往有冲突),同时还应包括以下目标:(1)进入新市场;(2)开发新产品;(3)开发新分销渠道;(4)提高用户满意程度;(5)降低成本;(6)通过降低库存来提高工作效率等。

第五步,分析供应链的组成,提出供应链组成的基本框架。供应链中的成员组成分析主要包括制造工厂、设备、工艺和供应商、制造商、分销商、零售商及用户的选择及其定位,以及确定选择与评价的标准。

第六步,分析和评价供应链设计的技术可能性。这不仅仅是某种策略或改善技术,更是开发和实现供应链管理的第一步。它在可行性分析的基础上,结合本企业的实际情况为开发供应链提出技术选择建议和支持。这也是一个决策的过程,如果认为方案可行,就可进行下面的设计;如果不可行,就要进行重新设计。

第七步,设计和产生新的供应链。主要要解决以下问题:(1)供应链的成员组成(供应商、设备、工厂、分销中心的选择与定位、计划与控制);(2)原材料的来源问题(包括供应商、流量、价格、运输等问题);(3)生产过程设计(需求预测、生产什么产品、生产能力、供应给哪些分销中心、价格、生产计划、生产作业计划和跟踪控制、库存管理等问题);(4)信息管理系统设计;(5)分销任务与能力设计(产品服务于哪些市场、运输、价格等问题);(6)物流管理系统设计等。

在供应链设计中,要广泛用到许多工具和技术,如归纳法、动态规划、流程图、模拟和设计软件等。

第八步,检验新供应链。供应链设计完成以后,应通过一定的方法、技术进行测试检验或试运行。如有不行,返回第四步进行重新设计;如果没有什么问题,就可以实施供应链管理。

案例衔接

三星电子的创新供应链

根据 IDC 的数据显示,2012 年第二季度,三星智能型手机销量超过 5 000 万部,季增长 22%,超越苹果 iPhone 持续蝉联全球智能型手机冠军宝座。在 GARTNER 发布的 2012 年全球供应链 25 强中,三星电子位居全球 13,亚洲第一,其最为人称道的是其卓越的 S&OP 能力,不断满足客户变化的需求。

三星 CEO 坐在首尔办公桌前,看全世界销售和库存的信息如同视自己的手心,随时随地了解全世界销售网和工厂的异动情况,并指挥销售、生产、采购和计划部门紧密合作。

1. 供应链全程信息可视化

三星电子的全球供应链管理系统从 ERP(企业资源计划)、MES(生产管理)、PDM(产品数据管理)、APS(生产计划)等各个系统收集所需要的数据,然后通过 BUSINESS INTELLIGENCE(BI) PROJECT,全世界各相关企业的供应链信息都能得到集中呈现。召开 S&OP 会议时,直接通过画面能看到销售、生产、库存数据的匹配,数据差值异常时能马上启动"紧急"事态的决策议程。

2. 以日为单位落实供给计划

三星电子各事业部主管每周召开 S&OP 会议,确定一周的销售供给计划,该周供给计划与反映日销售和供给差的 NET Change Planning 接轨。接下来 DMC(SET)部门每日落实供给计划,安排销售和生产,并在每日结束时收集全世界市场信息更新,确认 24 小时内销售计划对比销售实际、生产计划和生产实际间的差值,反映到供给计划中,并将日计划和周计划比较,差值超标即刻与市场部联系。

三星通过"1 日确定体制"保证一定区间的生产计划不会发生变动。由于每日制定并修订计划,这样就摒弃了生产和销售部门相互推诿库存和缺料责任的坏习惯。销售部门以正确的生产现状数据和库存为基础做决策;生产部门也依靠正确的销售现状数据来调整日程;供应商根据确定的采购计划备料;物流企业准时正确地将产品送达,减少销售机会损失;流通卖场也给三星电子提供更宽广的面积,助力销售提升。

3. 信息预警管理产品上市退市

三星电子现在用全球供应链管理系统不仅可以计划销售、生产,甚至用来管理产品研发,共享新品上市预示和淘汰预示管理等,成为新产品销售计划、开发信息的基础。

4. 建立工业园区实现自动补货

一部手机,用到的零配件有几千个,模块则有数百个。自 2003 年开始,三星集团主动召集供应商和自己毗邻而居,建立三星工业园区,简化原来需要空运、海运等方式才能实现的原料和零部件的采购,节省了以前耗费很多的高端运输成本。

项目二　供应链设计、构建与协调

　　同时,三星工业园区内企业实现信息共享达成全园"零"库存的目标。园内各相关企业之间都设有网络连线,以保证物流和信息流的即时连接和直接沟通,有的配套厂商甚至专门建造直接通向三星电子公司组装厂厂房的超大型传送带。通过自动补货系统模块,供应商还可以直接了解到自己提供的货品目前在三星电子公司组装厂厂房的库存,可随时根据生产情况补货。

　　整条供应链的可视性效果大大增强,总库存下降,供应链总体成本降低,三星电子的竞争力也随之提高。

　　(资料来源:https://www.sohu.com/a/214462678_698206,资料经笔者整理)

　　总之,供应链的设计与构建没有一个标准的模式可参考,只有适合企业发展的才是最好的。

　任务拓展

　　查阅资料,查找供应链构建的其他策略,谈谈其基本做法并结合案例加以说明。

任务三　协调供应链

　任务目标

- 了解供应链中常见的失调现象
- 能分析供应链中失调现象所产生的危害
- 理解牛鞭效应、曲棍球棒效应、双重边际效应的定义
- 理解牛鞭效应、曲棍球棒效应、双重边际效应的产生原因,并能提出相应的应对措施

　任务描述

　　在供应链的运作过程中,各企业之间发生着频繁的物流、资金流、信息流交换,彼此间难免会存在不协调的现象,从而降低了供应链的运作效率。但是,由于供应链上的各企业是平等的,它们之间并不存在隶属关系,因此只能通过"和谐运营、利益共享"的原则来协调,从而提高客户满意度。那么,你知道供应链中有哪些失调现象吗?这些现象会造成什么样的影响呢?又该如何消除这些失调现象呢?

　知识链接

　　供应链协调是指供应链的各成员为了提高供应链系统的整体绩效以及自身效益而采取的各种行动。供应链协调需要具备两个基本条件:(1)供应链成员之间的协调必须能够使供应链的绩效提高,如订货提前期缩短、对客户的响应时间缩短,而且绩效提高的收益必须

55

大于协调所付出的成本；(2) 协调后必须保证供应链成员的绩效能够维持不变或做得更好，这同样要求协调付出的成本要低于所取得的收益。

想一想 供应链中企业的哪些行为会降低供应链的运作效率？

在供应链的运作过程中，各成员企业都应该考虑自身的行为对其他成员的影响。当供应链成员企业的目标不一致或者成员企业之间的信息传递发生延误和扭曲时，就产生了供应链的失调现象。这些失调现象主要有：牛鞭效应、曲棍球棒效应、双重边际效应。

一、牛鞭效应

20世纪90年代中期，宝洁公司的一位工作人员对他们最畅销的婴儿尿布产品的订单模式进行检查时，发现了一个奇怪的现象：该产品的零售数量是比较稳定的，波动性不大，但在考察分销中心的订货情况时，就惊讶地发现波动性明显增大了。其分销中心说，他们是根据汇总的零售商的订货需求量订货的。她在进一步研究后就发现，零售商往往会根据历史销量及对现实销售情况的判断，预测一个较客观的订货量，但为了保证这个订货量是及时可得的，并且能够适应顾客需求增量的变化，他们通常会将预测订货量作一定放大后向批发商订货，批发商出于同样的考虑，也会在汇总零售商订货量的基础上再作一定的放大后向分销中心订货。这样，虽然顾客需求量并没有大的波动，但经过零售商和批发商的订货放大后，订货量就一级一级地放大了。在考察相关供应商，如3M公司的订货情况时，她也惊奇地发现订货的变化更大，而且越往供应链上游其订货偏差越大。这就是所谓的"需求变异放大"现象，也称牛鞭效应(Bull Whip Effect)，或长鞭效应。

（一）牛鞭效应的定义

"牛鞭效应"是对需求信息在供应链传递中被扭曲现象的一种形象描述，其基本含义是：当供应链的各节点企业只根据来自其相邻的下级企业的需求信息进行生产或供应决策时，需求信息的不真实性会沿着供应链逆流而上，使订货量产生了逐级放大的现象，到达源头供应商时，其获得的需求信息与实际消费市场中的顾客需求信息存在着很大的偏差，需求变异将实际需求量放大了。由于这种需求放大效应的影响，上游供应商往往维持比下游销售商更高的库存水平，如图2-5所示。由于图2-5中的曲线很像一根甩起的牛鞭，所以被形象地称为"牛鞭效应"，最下游的消费者相当于牛鞭的根部，最上游的供应商相当于牛鞭的梢部。

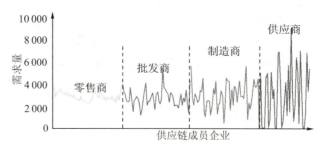

图2-5 牛鞭效应示意图

（二）牛鞭效应的危害

（1）增加了生产成本。公司及其供应商为了满足由于"牛鞭效应"而产生的具有变动性的订单流，公司要么扩大生产能力，要么增加库存量。但这两种做法都会加大单位产品的生产成本。

（2）增加了库存成本。为了应付增大了的需求变动性，上游企业不得不保有较高的库存水平。同时，高水平的库存还增加了必备的仓储空间，从而导致了库存成本的增加。

（3）延长了供应链的补给供货期。由于"牛鞭效应"增加了需求的变动性，与一般需求相比，公司及其供应商的生产计划更加难以安排，往往会出现当前生产能力和库存不能满足订单需求的情况，从而导致供应链内公司及其供应商的补给供货期延长。

（4）提高了供应链的运输成本。公司及其供应商在不同时期的运输需求与订单的完成密切相关。由于"牛鞭效应"的存在，运输需求将会随着时间的变化而剧烈波动。因此，需要保持多余的运力来满足高峰的需求，从而增加了劳动力总成本。

（5）提高了供应链和送货与进货相关的劳动力成本。公司及其供应商送货的劳动力需求将随着订单的波动而波动，分销商和零售商进货的劳动力需求也存在类似的波动，为了应付这种订单的波动，供应链的不同阶段有不同的选择，或者保有多余劳动力，或者实行变动劳动力，但是无论是哪种选择，都会增加劳动力总成本。

（6）降低了供应链内产品的供给水平，导致更多的货源不足现象发生。订单的大幅波动使得公司无法及时向所有的分销商和零售商供货，从而导致零售商出现货源不足的频率加大，供应链销售额减少。

（7）给供应链每个结点企业的运营都带来负面影响，从而损害了供应链不同结点企业之间的关系，供应链内的每个结点企业都认为自己做得尽善尽美，而将这一责任归咎于其他结点企业。于是，"牛鞭效应"就导致供应链不同结点企业之间的互不信任，从而使潜在的协调努力变得更加困难。

（三）"牛鞭效应"产生的原因

产生"牛鞭效应"的原因有很多，具体包括如下八个方面。

（1）供应链的组织结构。一般来说，供应链越长，处于同一节的企业越多，供应商离消费者越远，对需求的预测越不准。同时，经过各环节的传递及各企业安全库存的多层累加，需求资讯的扭曲程度越大，"牛鞭效应"越明显。另外，由于供应链的各个企业是独立的个体，存在各自的利益目标，使得下游企业会按照对自己最优的标准进行信息传递。

（2）需求预测的不准确性。企业一般都利用过去的市场需求来预测未来的市场需求，供应链上成员采用不同的预测模型作各自的预测，所采用的数据仅限于下游客户的直接订单，对未来的掌握度极小，供应链中任何一个买方发现产品需求量在某个时期增加时，就会认为这是未来需求增加的预兆，从而就会大幅度地增加订货量，这样就很容易导致需求信号被不断放大。在传统的运作模式中，上游企业一般依靠下游企业所提供的信息和数据做出预测和决策，因此上游企业的库存控制将受到扭曲信息的损害，这样重复下去，就呈现逐步放大的趋势，不断的重复预测将导致"牛鞭效应"的不断恶化。

（3）价格波动。价格波动是由于零售商和分销商面对价格波动剧烈、促销与打折活动、供不应求、通货膨胀、自然灾害等情况，预先采购的订货量大于实际的需求量，导致在这些情况过后的一段时间内，零售商和分销商由于充足的备货而在一定时期内无须向生产商订货，导致生产商生产的波动性,由此产生"牛鞭效应"。

(4) 订货批量决策。在供应链中,每个企业都会向其上游订货,一般情况下销售商并不会来一个订单就向上级供应商订货一次,而是在考虑库存和运输费用的基础上在一个周期或者汇总到一定数量后再向供应商订货;为了减少订货频率,降低成本和规避断货风险,销售商往往会按照最佳经济规模批量订货。同时,频繁的订货也会增加供应商的工作量和成本,供应商也往往要求销售商在一定数量或一定周期订货,此时销售商为了尽早得到货物或全额得到货物,或者为备不时之需,往往会人为提高订货量。这样,订货策略的不当就导致了"牛鞭效应"。

(5) 环境变异。这是由于政策和社会等环境的变化所产生的不确定性,造成了订货需求放大。环境的突变,链上各个企业不能得到有效的信息交流,导致信息扭曲,从而导致了"牛鞭效应"。

(6) 配给博弈。配给博弈是指当顾客预测供给将短缺时所采取的战略性订货行为。当产品由于产能限制或产量的不确定使得需求大于供给时,生产商的理性决策是按照订货量比例来分配现有供应量。此时,销售商会为了获得更大份额的配给量,而故意夸大其订货需求;当需求降温时,订货又突然消失。于是,这种配给博弈就产生了需求信息扭曲,最终导致"牛鞭效应"。

(7) 缺少协作。由于缺少信息交流和共享,企业无法掌握下游的真正需求和上游的供货能力,只好自行多储备货物。同时,供应链上各企业无法实现存货互通有无和转运调拨,只能各自持有高额库存,这也会导致"牛鞭效应"。

(8) 补货提前期。提前期越长,对企业的订购点和安全库存的影响越大,也会降低需求信息的时效性,从而引起"牛鞭效应"。

案例衔接

特斯拉直销+订制,为何还有高库存?

高调进入中国的特斯拉汽车,在经历初期的"热销"后,销售遇到困难,内部人员调整不断,裁员消息不断。对此,在博鳌论坛期间,马斯克接受媒体采访时表示,在刚刚进入中国市场时,投机者和"黄牛党"造成了市场需求"极其高"的假象。后来,当投机者们取消了订单,库存就增加了。同时他表示,"中国是特斯拉在全世界范围内唯一有多余库存的市场。我们现在还在消化库存中"。

特斯拉汽车作为汽车行业直销加订制模式的采用者,出现高库存是罕见的,但是事实却是如此。为什么直销加订制的销售模式会产生如此大的库存?马斯克自己感觉很无辜:是投机者和"黄牛党"惹的祸?市场经济环境下,供不应求的情况下,必然出现的"牛鞭效应",特斯拉也不例外。

特斯拉的销售模式是这样的:顾客只要交付 15 000 元人民币的订金便可以通过官网或门店预定,特斯拉根据用户的预定需求安排车辆生产。从模式上看,特斯拉按需生产的模式避免了库存,从而省掉了中间代理、销售商的介入,给自己留出了足够的利润空间。

但是特斯拉的交货期比较长,从预定到交付用户使用的周期,虽然从早期的10个月已缩短为现在的4个月左右。在这么长的时间里,足够改变消费者的消费决策,能花60~100万元购买特斯拉的消费者也不会在乎那15 000元的订金,因此出现了大量退订客户。退订客户中不单单是马斯克口中的投机者和"黄牛党",也有曾经的老客户。

（四）牛鞭效应的缓解措施

在目前的经济环境中,"牛鞭效应"是不能消除的,只能用相应的措施来进行缓解,具体包括：

（1）优化供应链结构,合理确定供应链的层次。供应链中的参与者越多,信息被加工的次数就越多,需求信息逐层传递后被扭曲的程度就越深,因此,缓解"牛鞭效应"的一个有效策略就是使销售渠道下沉,发展直销或连锁经营,以及开展网络化销售。例如,戴尔工厂的直销模式,能在第一时间掌握实时的客户信息;七匹狼的批发转零售策略,消除了批发商这一环节,能够通过各零售店面直接获取客户的信息。

（2）实行信息共享,提高预测的精确度,减少需求信息的不确定性。供应链中的企业应加强信息共享,以减少需求信息的扭曲程度;供应链中的企业还应采用科学的预测方法和手段,以提高预测的精确度。

（3）提高运营管理水平,缩短补货提前期。通过引入第三方物流的高效配送系统,可以为供应链提供及时、准确的配送服务,使供应链节点企业得以实现最低库存,甚至零库存,从而大大降低成本。

（4）规避短缺情况下的博弈行为。面临供应不足时,供应商可以根据顾客以前的销售记录来进行限额供应,而不是根据订购的数量,这样就可以防止销售商为了获得更多的供应而夸大订购量。

（5）形成战略伙伴同盟。从供应链的整体出发,通过建立战略联盟,共担风险、共享利益,能极大地缓解供应链中各节点企业独自决策所导致的信息不真实性。

案例衔接

走进东鹏,见证"牛鞭效应"破解之成效

深圳市东鹏饮料实业有限公司(以下简称东鹏),始创于1987年,是著名的饮料品牌,在南方市场具有较强的影响力,主要生产各类饮料,现有"东鹏"牌产品：东鹏特饮维生素功能饮料、广东岭南特色食品、非物质文化遗产饮品、茶饮料、果蔬汁饮料、清凉饮料、植物浸提饮料、果味饮料、植物蛋白饮料、饮用纯净水等十大类、三种包装形式、六种包装规格、二十六个产品品种,年销售业绩近20亿元。

东鹏在全国拥有1 000多家经销商和分销商,20 000多家批发商,近100万家终端门店。庞大的分销渠道客户数量让供应链负重累累,再加上传统的订单管理模式,订单的协同效率低下，订单信息难于共享，使得分销供应链上各级客户的需求信息失真、需求不断变异放大，最终导致生产预测有所失误，造成供大于求的现象，在流通渠道中积存大量的产品，一定程度上扰乱了东鹏的计划安排与营销管理秩序，导致生产、供应、营销的混乱。

面对如此严峻的营销管理难题，东鹏经过仔细研究，最终将目光投向了移动信息化方案解决市场。原因是：通过移动信息化管理手段，能够实现分销供应链上各级客户的高效协同，还能进一步实现订单信息和库存信息的共享，从而掌控分销渠道客户的真实需求，为生成预测提供科学合理的依据。经过严格选型，从需求匹配程度、行业经验、系统成熟度、开发能力、售后服务反应及行业排名口碑等几个方面综合考量，东鹏选择了玄武科技旗下的玄讯，通过"玄讯快销100移动营销管理平台"构建创新型的分销渠道订单管理模式。

玄讯快销100为东鹏提供了以下解决方案：

首先，玄讯快销100帮助东鹏建立电子订单管理模式，规范下单行为，提升下单效率。通过规范终端店面工作，制定与业务紧密关联的拜访八步骤，其中就包括电子订单管理。通过终端订单自动关联产品、自动关联搭赠、自动关联供货商，销售人员基于手机端即可快速完成订单的录入和在线提交，从而规范销售人员的下单行为，避免并单偷吃产品的现象，并且大大简化销售人员的录单工作量，提升下单效率，日均下单门店量从15家提升到30家，终端订单量日均提升15%。

其次，玄讯快销100帮助东鹏建立了订单协同管理模式，提升订单流转效率，掌控经销商进销存。通过建立经销商管理平台，经销商能够在线处理来自终端的订单，及时配送发货，使得终端订单的流转周期从五天缩短到一天。通过经销商管理平台，东鹏还能对经销商的采购订单与分销订单信息进行整合，从而了解经销商的实时库存情况，掌控经销商的进销存。

最后，玄讯快销100帮助东鹏建立了订单闭环管理模式，实现终端下单到终端收货的完整闭环。通过实现终端订单的全过程跟踪，实时查看终端订单的审核状态、确认状态、发货状态、收货状态，形成从终端下单到终端收货整个过程的闭环管理，避免渠道截流，确保终端到货的有效性。

通过行之有效的移动信息化解决方案，玄讯快销100帮助东鹏全面升级了分销渠道订单管理模式，摆脱了传统订单管理模式的枷锁，实现了录单效率的提升。通过上下游订单高效协同，订单信息和库存信息实时共享，还原分销渠道各级客户的真实需求，最终为东鹏的生产预测提供了科学合理的依据，为东鹏的计划安排与营销管理秩序保驾护航。

二、曲棍球棒效应

（一）曲棍球棒效应的定义

在供应链的供需活动过程中，存在着这么一种现象：在某一个固定的周期（月、季或年），前期销量很低，到期末销量会有一个突发性的增长，而且在连续的周期中，这种现象会周而复始,其需求曲线的形状类似于曲棍球棒,因此在供应链管理中被称为"曲棍球棒效应"(Hockey Stick Effect)。

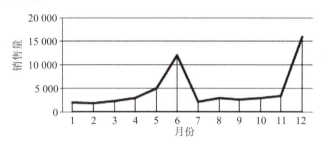

图2-6 某公司某年的销售情况

以某公司某年的销售情况为例。在图2-6中,可以明显地发现:在该公司上、下半年各六个月时间里,前五个月的销量都比较低,而在最后一个月里呈现猛烈的增长。在许多公司里面,这种现象非常明显,其管理者甚至认为这是他们的供应链所面临的最大问题。这种现象对公司的生产和物流运作都非常不利,在期初生产和物流能力被闲置,但是在期末又会形成能力的紧张甚至短缺现象。

(二)曲棍球棒效应的危害

1. 销量不增加,奖金支出增加

这主要是因为销售薪酬会引起销售中的"曲棍球棒效应",这个危害最大,主要表现为销售队伍与公司玩起了数字游戏,销售队伍不用心踏实做事,却挖空心思多拿奖金。

想一想 蝴蝶花公司销售员工的薪酬由底薪、基本佣金、销售奖金三部分组成,规定如下:

(1)底薪:与销售额无关。

(2)基本佣金:达到每月3万元的销售额(2.8~3万元之间都算完成任务),给予500元/月。

(3)销售奖金:超出3万元的,按照超出部分的10%给予提成。

(4)每月考核一次,下月发放。

假如某一个销售员工能在两个月完成6万元的销售额,有如下两个方案可供他选择:

(1)每个月都完成3万元的销售额;

(2)第一个月完成1万元的销售额,第二个月完成5万元的销售额。

如果你是这个销售员,你会选择哪一个方案?为什么?这会对该公司造成哪些影响?

2. 管理成本增加,浪费严重

订单提前或滞后问题频繁发生,必然会带给渠道网络出现信息与物流的"牛鞭效应",从而给生产和物流运作带来很多浪费,如会增加生产企业与经销商的库存及库存管理的费用,导致支出大幅度增加。因为公司必须按照最大库存量建设或租用仓库,某几个月订单处理员、物流作业员和相关设备闲置,而在期末,大家手头的工作又太多,拼命加班也处理不完,错误率与送货延误率增加。

3. 会带来虚假销量,导致下一个周期制定的销售指标偏高

不论是什么原因,为了抢占经销商库存和资金也好、为了年关冲销量也好,很多企业都喜欢想方设法地给经销商压货,而这种压货的销量,对企业而言只是库存的转移并不是实际的销售,但从销售数据上它会增加当年的销量,会让领导"有信心"给下一个周期下达更多的任务。

(三) 曲棍球棒效应的产生原因

1. 销售人员的周期性考核

如按照月考核,销售人员总是在月末想方设法达成最终目标,所以到月末总是疲于奔命地忙订单。

2. 财务的关账

实施 ERP 之后,财务按月汇报财务成果,需要每月关账一次,导致销售队伍在关账前赶着处理销售业务。而且财务部会出现期头期末非常繁忙,而期中却空闲,在繁忙之际容易出现差错,结果增加了销售人员与财务的沟通时间,减少了销售人员的销售时间。如果企业对销售人员的费用发票是按照销售额来进行的,销售人员为了本月多报销费用,他就会提前要客户进货,为了下个月多报销费用发票,他就会把客户的订单推迟,从而加剧销售量的"曲棍球棒效应"。

(四) 曲棍球棒效应的缓解措施

1. 减少销售指标分配中的棘轮效应,科学制定销售指标

所谓棘轮效应,是指人的消费习惯形成之后有不可逆性,即易于向上调整,而难于向下调整,尤其是在短期内消费是不可逆的,其习惯效应较大。这种习惯效应,使消费取决于相对收入,即相对于自己过去的高峰收入。消费者易于随收入的提高增加消费,但不易于随收入降低而减少消费,以致产生有正截距的短期消费函数。因此,在销售中,管理者应科学地制定销售指标,而不能片面地以过去某一个高峰销量为参照。

2. 科学地制定浮动薪酬条例,并为发放奖金制定约束条件

如某公司采取季度考核,奖金发放时,前两个月的销售额不得低于季度的一定比例,如不得低于 40%,下个季度第一个月的销售额不得少于上个季度最后一个月的 40%,违反者扣除奖金的 60%。

3. 设立团队奖金

如果团队没有完成计划,团队成员每人的奖金将扣除一定的比例,防止个别成员为了奖金而利用"曲棍球棒效应",从而设置团队压力。

三、双重边际效应

1950 年,美国经济学家斯宾格勒(Spengler)在研究中发现:当市场上的产业链存在单个上游卖者(如制造商)和单个下游买者(如分销商)时,上、下游企业为实现各自利益的最大化而使整个产业链经历两次加价(边际化)。这就是供应链中的双重边际效应。

双重边际效应(Double Marginalization Effect),也称双重边际化或双重加价,指的是供应链上、下游企业为了谋求各自收益最大化,在独立决策的过程中确定的产品价格高于其生产边际成本。也就是说,当供应链各节点企业都试图最优化自己的利润时,供应链整体的利润不可避免地受到损害。

企业个体利益最大化的目标与供应链整体利益最大化的目标不一致,是造成"双重边际效应"的根本原因。因此,为了减弱这种效应,就要努力实现供应链的协调性,在保证供应链整体利益最大化的基础上,合理分配利益,实现供应链各企业的多赢。

总之,在供应链的运作过程中,会产生很多失调现象。除了牛鞭效应、曲棍球棒效应、双重边际效应这三种现象以外,供应链企业的很多行为都会导致供应链失调现象的发生,从而导致供应链各企业收益的下降。因此,供应链各企业需要目标一致、行动一致,实现供应链系统的协调运作。

想一想　在矿泉水这一产品的供应链中,批发商如果想通过提高产品价格的方式来提高自身的利益,这会对这条供应链产生什么影响?

任务拓展

查阅资料,查找供应链中的其他失调现象,谈谈其基本内涵、危害、产生原因及缓解措施。

项目练习

一、判断题

1. 要减少对顾客的响应时间,供应链的设施数量应增加。　　　　　　　　(　　)
2. 有效的供应链设计可以改善客户服务水平、降低系统成本、提高竞争力,而无效的供应链设计则会导致浪费和低效。　　　　　　　　　　　　　　　　　(　　)
3. 设计一条供应链,需要考虑当前地区、政治、文化、经济等因素对供应链的影响,但可以忽略未来环境的变化对实施供应链的影响。　　　　　　　　　　　　(　　)
4. 供应链风险会使供应链实际绩效与预期目标发生偏差。　　　　　　　　(　　)
5. 在激烈的市场竞争中,供应链中需要借助多种技术来获取客户的需求信息,从而作出灵活的应对措施。　　　　　　　　　　　　　　　　　　　　　　　(　　)
6. 构建一条有效的供应链可以提高用户服务水平,并且能实现成本和服务之间的有效平衡。　　　　　　　　　　　　　　　　　　　　　　　　　　　　　(　　)
7. 供应链的构建必须与追求的服务目标一致,这就是所谓的基于产品的供应链设计策略。　　　　　　　　　　　　　　　　　　　　　　　　　　　　　　(　　)
8. 功能型产品需要构建一条反应性供应链,创新型产品需要构建一条有效性供应链。
　　　　　　　　　　　　　　　　　　　　　　　　　　　　　　　　　(　　)
9. 在构建供应链时,企业应优先选择当前被认为是"最成功的供应链模式"。(　　)
10. 不同的产品特点,应构建不同的供应链。　　　　　　　　　　　　　　(　　)
11. 牛鞭效应反映了终端消费者需求信息的真实性越来越低的一种现象。　(　　)
12. 牛鞭效应,是把消费者比作梢部,把原材料供应商比作根部。　　　　(　　)
13. 曲棍球棒效应的一个特点就是:在某一个固定的周期,前期销量很高,到期末销量会有一个突发性的降低。　　　　　　　　　　　　　　　　　　　　　　(　　)
14. 曲棍球棒效应会造成销售人员的投机行为。　　　　　　　　　　　　(　　)
15. 双重边际效应的产生原因就是企业个体利益最大化的目标与整体利益最大化的目

标不一致。( )

16. 产生供应链失调现象的一个主要原因就是信息不共享。( )

17. 供应链各节点企业都试图最优化自己的利润时,供应链整体的利润不可避免地得到了很大提升。( )

18. 销售人员的周期性考核是引发"曲棍球棒效应"的一个主要原因。( )

19. 供应链中各企业的行为或多或少地会对供应链的整体运作产生影响。( )

20. 将分散的订单集中后一起向供应商集中订货,不仅可以有效地降低采购成本,而且还能有效地抑制"牛鞭效应"。( )

二、单选题

1. 关于"自顶向下和自底向上相结合"的这一原则,下列说法错误的是( )。
   A. 自顶向下指的是从全局走向局部　　B. 自底向上指的是从局部走向全局
   C. 自顶向下是系统分解的过程　　　　D. 自底向上是一种精细化的过程

2. 下列选项中,体现了"简洁性原则"的是( )。
   A. 选择较少的供应商
   B. 沃尔玛的自动补货系统
   C. 苹果公司将装配任务外包给其他企业
   D. 针对不同的情形作出不同的处理措施

3. 每个企业只集中精力致力于各自核心的业务过程,这是供应链设计时的( )。
   A. 战略性原则　　B. 创新性原则　　C. 集优原则　　D. 动态性原则

4. 运输的时间和最终产品的加工时间应推迟到收到客户订单之后,这是供应链设计时的( )。
   A. 多样化原则　　B. 推迟原则　　C. 合并原则　　D. 标准化原则

5. 下列选项中,属于供应链社会环境风险的是( )。
   A. 地震　　　　　　　　　　　　　　B. 政治事件
   C. 供应链企业的财务风险　　　　　　D. 利润分配的风险

6. 下列属于"牛鞭效应"的是( )。
   A. 在各地禽流感流行期间,零售商甲听说醋可以预防流感,他将此视为不错的商机,大量囤积袋装醋,以待未来高价销售
   B. 某新产品上市,供不应求,零售商甲根据产品的销售情况临时增加向批发商乙的订货量,乙根据不同零售商提交的订货量向商品销售中心订货
   C. 零售商甲根据上月销量估算出一个订货量,为保证该订货量及时可得,在稍微增加订货量之后提交给批发商乙,乙出于同样的考虑向某商品销售中心订货
   D. 某商品销售中心根据市场动向和年销售目标,加大该商品投放市场的力度,越来越多的零售商选择了该商品

7. 引起"牛鞭效应"的最根本原因是( )。
   A. 信息不共享　　B. 供应链坏节多　　C. 大批量订购　　D. 短缺博弈

8. 下列选项中,属于"曲棍球棒效应"的是( )。
   A. "双11"当天某一电商店铺的销量激增
   B. 企业制造部门每天的生产量恒定

C. 批发商在零售商订货的基础上,扩大了一定比例的订单
D. 零售商通过提价的方式来获得利润的提高

9. "双重边际效应"产生的根本原因是( )。
A. 供应链各环节信息不共享   B. 供应链环节太多
C. 供应链上下游企业的目标不一致   D. 价格波动大

10. "牛鞭效应"也叫作( )。
A. 物料配套比率差现象   B. 需求变异放大现象
C. 精益生产   D. 延迟制造

三、多选题

1. 下列选项中,属于供应链设计的宏观原则的是( )。
A. 简洁性原则   B. 集优原则   C. 成本控制原则   D. 战略性原则

2. 下列选项中,属于供应链的经济环境风险的是( )。
A. 供应链企业之间的信任风险   B. 地区文化冲突
C. 山体滑坡   D. 信息系统的可靠性风险

3. 供应链设计的微观原则包括( )。
A. 多样化原则   B. 推迟原则   C. 合并原则   D. 标准化原则

4. 为了建立市场覆盖范围目标,供应链设计时需要考虑的因素有( )。
A. 顾客的购买行为   B. 产品的价值   C. 分销类型   D. 供应链结构

5. 供应链是否高效,可以从( )这些方面进行评价。
A. 灵敏度   B. 协调   C. 精简   D. 智能

6. 下列选项中,属于功能型产品的是( )。
A. 方便面   B. 大米   C. 时装   D. 太阳镜

7. 下列选项中,属于创新型产品的是( )。
A. 网络游戏   B. 铅笔   C. 手机   D. 食用油

8. 下列选项中,属于功能型产品的特点的是( )。
A. 满足用户的基本需要   B. 毛利高
C. 生命周期长   D. 款式少

9. 下列选项中,属于创新型产品的特点的是( )。
A. 需求不稳定   B. 毛利高   C. 生命周期长   D. 款式多

10. 在分析市场竞争环境时,需要考虑的问题有( )。
A. 用户的需求   B. 供应商的选择和评价标准
C. 用户的市场份额   D. 企业的生产过程设计

11. 在设计和产生新的供应链时,需要解决的问题有( )。
A. 供应链的成员组成   B. 原材料的来源问题
C. 信息管理系统设计   D. 开发新产品

12. 下列选项中,属于"牛鞭效应"引起的危害的是( )。
A. 导致上游供应商库存增多   B. 增加了制造企业的无效生产
C. 阻碍供应链各环节的关系发展   D. 保证了消费者的需求

13. 下列选项中,属于"曲棍球棒效应"引起的危害的是( )。
   A. 销量不增加,奖金支出增加　　　　B. 管理成本增加,浪费严重
   C. 会带来虚假销量　　　　　　　　　D. 导致下一周期制定的销售指标偏高
14. 下列选项中,可以缓解"牛鞭效应"的有( )。
   A. 提高季度销售指标　　　　　　　　B. 减少供应链环节
   C. 加大信息共享力度　　　　　　　　D. 科学制定薪酬制度
15. 下列选项中,可以缓解"曲棍球棒效应"的有( )。
   A. 设立团队奖金　　　　　　　　　　B. 减少供应链环节
   C. 设定奖金发放的约束条件　　　　　D. 科学制定薪酬制度

四、案例分析

案例一:秦淮电厂燃煤库存优化与风险控制

秦淮电厂是一个中型规模的电厂,位于南京市附近的长江边,每年发电消耗燃煤近 80 万吨。其燃煤的来源主要是从苏北和鲁南的煤矿直接采购,少部分来自山西。其燃煤的运输方式以运河水运为主,水运的成本较低,但运输时间较长,受天气、洪水等的影响较大。相比之下,用铁路或公路运输的成本要高一些,但运输时间较有保障。

燃煤采购费用及相关的物流费用是火力发电厂的主要成本。火电厂的特点是燃煤绝对不能断档,这既是电力系统稳定运行的起码要求,也是火力发电厂动力设备运行的基本要求。因此,一方面,为了绝对保证燃煤供应不中断,应对不确定性因素的影响,必须保持一定的库存水平;另一方面,传统的粗放式的不计成本的经营方式,以持有大量的燃煤库存为特征,巨大的库存造成巨大的成本。燃煤库存优化与风险控制的任务是,既保证燃煤供应,又要合理降低库存水平,有效控制成本。

案例分析

(1) 设计出秦淮电厂的供应链环节,并注明各个环节的角色。
(2) 秦淮电厂燃煤供应阶段存在的供应链风险包含哪些?
(3) 你认为秦淮电厂应采取什么样的供应风险防范策略?

案例二:A 公司备件部门的专用仓库

A 公司是一家设备生产制造商,自己负责产品设计,由其供应商按图加工,生产零部件。供应商生产的零部件中,一部分用于生产部门制造新产品;另一部分则用于备件部门,满足设备售后维修阶段的备件需求。设备制造行业大多数周期性很强,会产生典型的供应链牛鞭效应,处于这一行业的制造厂商通常位于供应链的末端,远离最终用户,最终市场的小变动通过几级供应链伙伴的放大到达设备制造商时已经变得很大。生意好起来的时候,订单可以在几个月内翻倍,供应商产能瓶颈和供货不足的情况比比皆是。于是,在零部件数量有限的情况下,备件部门在与生产部门的争夺战中自然落了下风。

为解决这个问题,该公司设计了一条备件专用供应链,成立备件专用仓库。备件部门给供应商提供预测,下订单,然后按订单量收货,归入备件专用库,并不与生产部门共享。由于备件需求量相对稳定,比较容易预测,所以专用仓库大幅降低了备件部门的缺货率,从而提高了客户的满意度。但是对于生产部门来说,订单变动幅度非常大,以前出现短缺可以暂时调用备件部门的零件,但现在只能通过大幅提高安全库存,加大向供应商的催货力度来解决

缺货的问题。

这种供应链的设计虽然解决了备件部门的问题，却带来新的问题。

第一，生产部门和备件部门采用两套预测系统，提高了公司的安全库存水平，从而提高了总体的库存量。熟悉库存控制的人都知道，整合多方需求进行预测，预测精度高且安全库存水平较低，因为不同方的需求变动可能互相抵消。对一个年销售额一二十亿元的公司来说，库存升高动辄就以百万元和千万元计。

第二，交易成本提高。采用两套仓库系统，供应商送来的货要多经过一道手续，即由总库转入备件分库或转入生产分库，仓库管理的相关工作全部加倍。例如盘点，同一零件号的零件需要做两次盘点。如果将仓库管理外包第三方物流服务（3PL）公司负责，3PL公司按交易次数进行收费，仅这一项一年就增加运营费用几十万元。

案例分析

（1）A公司在设计备件部门的专用仓库时，存在什么局限性？造成了哪些危害？

（2）结合案例，谈谈供应链在设计与构建时应考虑哪些因素？并说明理由。

案例三：吉列公司的配送网络改进

一、吉列配送网络的问题及改进目标

吉列有限公司（Gillette）是一家生产剃须刀等个人护理品、电池和其他消费品的制造企业。当吉列开始启动它的北美网络研究项目时，目标是很明确的，即确定一个最佳的配送网络，通过这个网络实现以最小的成本提供最好的客户服务的目的。Knabe是负责该项目的经理，他的任务就是要确定吉列应该有多少配送中心以及各配送中心应该位于什么位置。

吉列研究选址最佳方案时，目标非常明确，即开发一个使配送中心临近顾客所在地并尽可能采用整车送货的网络结构。

二、成本与服务水平

为了弄清楚到底需要多少个仓库以及各仓库的地理位置等问题，吉列首先进行了系统的理论分析。公司一方面考虑生产工厂和采购点的位置分布因素，另一方面，吉列还考虑了它的客户分布，弄清楚哪些客户订购了哪些产品、订购批量等重要因素。接下来，他们考虑如何将这两个方面的情况结合起来，来解决仓库应该选在什么位置的问题。

吉列利用最优化软件工具来评估每个可能的方案并提出了问题，例如：如果有三个仓库，应该将它们安置在哪里可以使运费最少？公司在分析时还考虑了其他配送成本，包括不动产、人工费、税收以及公共费（如电费）、库存搬运费等。

在服务水平方面，吉列要解决的问题是：配送网络的规划将如何影响客户服务水平？据Knabe所说，可以从两个方面进行分析。第一个途径如前面所述，通过完善配送网络，使所有仓库储存所有产品，从而能充分利用整车送货，降低运输成本，缩短运输时间，提高送货的可靠性。第二个途径是通过缩短订货周期提高服务水平。Knabe已经认识到仓库的数量及位置分布将影响货物运达的时间。他们通过设置一系列不同的服务水平，然后分析寻找与各服务水平相应的仓库数量。例如：如果要求货物在48小时之内送达每个顾客手中，需要多少仓库？如果只保证85%的客户在48小时之内获得货物，又需要多少个仓库？通过这样的分析，项目组从服务成本和服务水平两个角度进行权衡，综合考虑网络结构，最终从理论上找出了最合适的方案。

三、将配送网络与企业的战略相匹配

然而，出于实际问题的考虑，受目前过高的仓库租赁费用的限制，且吉列利用这些仓库仅仅是为了包装和整理货物，最后，吉列公司不得不将理论分析结论放在了次要位置。这样，网络规划的问题就变成了"如何在不改变其基础设施的情况下，提供更好的客户服务"。

"我们的目标是，在东海岸至少有一个储存吉列所有产品的仓库"，Knabe 说。最终，吉列公司保留了位于马萨诸塞州和田纳西州的两个配送中心，但是对配送中心储存的货品、各配送中心服务的客户群及运作方式进行了改变。现在，两个配送中心都储存了吉列所有的产品。

最后，吉列在配置配送网络中坚持了最佳的实践方案，既能够最大限度利用整车送货，同时又提高了准时交货能力，从而实现了公司"以最低的成本提供最佳的客户服务"的目标。

案例分析

（1）结合案例，分析：配送网络对企业经营成本有什么影响？
（2）结合案例，讨论：配送网络的规划是如何影响客户服务水平的？
（3）结合案例，讨论：如何根据企业的不同战略设计与之相适应的网络结构？

案例四：高库存与缺货，两病齐发！

郑毅是一家以生产女鞋为主的鞋业企业老总。该公司一直致力于皮鞋产品的技术开发和市场开拓，产品坚持以创立品牌为目标，使企业走上了一条质量名牌效益型的发展之路，早在 90 年代初公司就设立了自己的女鞋品牌。现在，公司的主打品牌已经成为业内和消费者心目中的知名品牌。公司在全国各重点城市分别设立了分公司、办事处等销售网点，现已成功开设了 200 多间连锁专卖店，年营业额超过 4 亿元，每年开发近 30 多个新品种。

但是随着大规模经营而来的一个负面效应就是居高不下的库存量和旺季时节的大量断货现象，让郑总有苦难言。按照公司的经营模式，公司拥有的成品仓库、分公司的仓库、代理商的仓库以及零售店里的鞋子都是公司自己的库存。单是总公司的成品仓库中就有将近 50 000 双，这还只是总库存量中的一小部分，散布在分公司和零售店的库存总额竟然高达 1 亿元人民币，占到了年营业额的将近 25%！更奇怪的是，虽然企业拥有这么多库存，但是依然满足不了各代理商和零售店的订货需求，旺季时节经常出现断货现象。

一、会议上的"战争"

郑总认识到这是一个严峻的问题，如果解决不好会严重影响企业的发展，于是决定召集各部门负责人开个会，一起讨论一下这个事情。但是会还没有开始，大家却已经在会议室吵起来了……

只见销售部经理气冲冲地走进会议室，冲着采购部经理和物流部经理说："近期接到很多来自各大区经理的电话，跟我抱怨最多的就是各门店的订单满足率越来越低了，而且根据我们部门对订单数据和发货数据的统计分析，发现各门店的商品到货率确实存在下降的趋势，这将直接影响我们的销售额。完不成销售，谁来负责？我认为你们物流部和采购部的同事应该为我们各门店的销售考虑一下，我心里着急啊！难道物流部这段时间就不能稍微加加班，争取早一点时间发货？采购部订货能不能及时一点，每次就不能多订一点？"

采购部经理一听销售经理要把责任推到自己的头上，马上急了："怎么没有为你考虑？

我们不是在加大订货量吗?但是供应商一直在抱怨仓库不收货。仓库不收货,怎么会有货给你们送啊?再说了,我们采购部的主要职责是根据计划部发出来的采购指令,寻找合适的供应商,然后根据采购指令上的商品和数量完成采购任务,我们又不能决定采购量的大小!"

物流经理一脸苦相:"唉,我也知道要满足门店的要货要求,但是仓库里没有你要的商品,怎么给你?我又没有权力订货!说我不收货,那真是冤枉好人。你去仓库看看,那里还有地方收吗?我都申请好几次增加仓库了,没有人理我,那么小的仓库能装多少货?再说了,供应商卸货那叫一个慢,没办法,只能让他们慢慢排队等。总之,我是尽量想办法收货,实在收不进来,我也没办法。销售部经理怪我们没有及时发货也是没有道理的,难道我们愿意把货留在仓库里,关键是我们发多少货,发往哪个地方都是计划部下的指令,我们只负责发货而已。"

"再说了,门店的订单满足率下降,也有可能是分公司的发货不及时造成的,凭什么一定说是我们这边的问题?再说,也不是所有的商品都是我们采购来的,还有一半以上的商品是我们自己的工厂生产的,如果硬是要怪罪下来,那生产部门也要承担一定的责任……"采购部经理补充说。

生产部经理看见有人把责任推到自己的身上,也耐不住性子了:"我也不是没有依据安排进行生产,我们所有生产计划都是根据计划部下达的计划进行的。再说我们要的原材料,你采购部迟迟不能采购进来,我们拿什么进行生产?俗话说:巧妇难为无米之炊!很多时候就因为某一种原材料没有进来,我们的一大批货物都要在生产线上搁置,导致其他的安排不能按计划进行生产。"

计划部的经理慢条斯理地说:"大家也知道我们计划部做计划是按照三种依据进行的,根据每年四次的订货会确定各季度的生产计划,再根据分公司的日报表和月报表调整生产计划。这种计算方法大家以前都参与讨论过了。如果我们不按照订货会的订货安排生产的话,分公司提货提不到时,他们又要抱怨。但是每次开订货会的时候,各分公司的人不根据自己的实际需求情况下单,而是看别人对某种样式的产品下单较多,大家一窝蜂都去下单,一方面导致我们的计划预测不准确,另一方面导致现在很多分公司的仓库里还存放着三年前没有卖出去的产品。而且分公司对日报表和月报表的反馈不及时又不准确,再加上我们靠手工计划,计划当然不可能很细化和准确。"

这下矛头指向了分公司经理,华南地区分公司经理沉声道:"信息反馈的速度慢和不准确,这是手工操作造成的必然后果。现在都是靠人工盘点,数据靠人工输入,而且再订货的方式是通过传真、打电话等方式,确实很难控制。"

会议室里的火药味越来越浓。真是"公说公有理,婆说婆有理"。这下郑总糊涂了:"仓库里的货越来越多,而门店的订货满足率却越来越低,到底谁说的有道理呢?现在公司的库存这么高,占据了大量的资金,每月还要向供应商付款,现金流压力非常大。门店在叫没货卖,那我们库里、店里堆的都是什么呢?"

二、到仓库一探究竟

近年来,由于各种原因,企业决策层发现产品渠道正在受着各种各样的冲击,经销商的销售热情也不令人满意,忠诚度也越来越低。如果鞋业生产企业的服务不到位,特别是在很难按时到货的情况下,那些好一点的经销商肯定会转向其他品牌的鞋业企业,到时候产品的销售就更难做了。于是,郑总决定带领大家去仓库看看。

"为什么我们的货卖不出去?"望着仓库里的一大堆货品,大家也是一头雾水。

"其实这个仓库里有1/4的鞋都是前年生产的。您知道鞋的样式变化多样,每年流行的款式都不相同,像这些前年流行的款式现在根本就不会有代理商或门店下单。"物流经理指着仓库左边的好几"垛"鞋,很无奈地说道。

"为什么前年的鞋还剩这么多?"

"每一次的生产和采购计划都是根据各分公司报上来的计划加上总部的少量预测制订的,一部分因预测生产的鞋会被分公司重新下单订走,但是还有一部分也只能存放在仓库里。"

"既然仓库里这么多货,为什么你们总不能按时发货呢?要知道你这边晚发货一天,我们的门店就少卖好几千双鞋呢?"销售部经理的气还没有消。

"我们的仓库是按'垛'来进行管理的,当我们接到发货单后就会到指定的'垛'去寻找发货单上对应的款式,很多时候我们为了把'垛'底下的产品找出来,不得不再找人来倒'垛',特别是在旺季时,浪费了我们很多时间和精力。甚至有的时候会出现找不着货品的现象,所以不能及时把产品发运出去。"

"............"

案例分析

(1) 面对堆积如山的货物,郑总隐隐地感觉到这已经不是哪个部门的问题了,那问题的症结究竟是什么呢?

(2) 案例中反映了供应链中的哪些失调现象?

(3) 你能给郑总提些建设吗?

项目三 供应链管理的方法

供应链管理的方法

上新搭建快速反应的线上供应链

中国的服饰零售市场是一个万亿元级的市场,根据国家统计局数据显示,2015年全国服饰社会零售总额13 484亿元。其中,以街边时装店、网店形式存在的小型B端商户扮演了一个重要的角色,他们约占总体市场份额的40%,零售总额达到了5 000亿元。

可采购价格高、款式迭代速度慢、易有库存积压、缺乏稳定的供应链体系等问题,却让这些小B商户越来越缺乏竞争力,难以和线上、线下的大零售平台抗衡。

看到这些小B商户的痛点之后,服装B2B平台"上新"就希望能通过买手制上款、限时拼货(聚单、缩短供应链、降低价格)、以销定采+中转仓的模式,来解决上述小B商户的痛点需求。

买手制上款是这三点当中的核心——通过聚拢"买手"这批原来线下就存在的代理人角色,"上新"可以保证平台在早期就能找到优质的供给。因为在原有的线下交易生态中,拥有好款式的供应商一般都会先把新款预留给自己熟悉的买手,他们是不愿意一开始就将自己最新的款式放到一个公开平台上的(以避免"抄板"发生)。

所以,在冷启动阶段,"上新"团队必须通过找到市场上好的买手,让他们来上款,才能克服供给端不愿意主动上好款的困难,同时又能解决平台前期匹配效率的问题——买手所拥有的好款是采购方更愿意要的。

而除了"上新"以外,其实就有不少平台先后进入了服装B2B市场:从最早期的1688,到后来起步于2003年的衣联网,再到获得源码和吴宵光注资的批来批往,以及获得了IDG和华创注资的一起火等,但"上新"解决问题的思路会和现有平台都有所不同,这些差异化体现在:

(1)"上新"团队认为,目前大多数平台采用的都是简单的信息撮合的模式。撮合模式只能收获大量劣质供给(因为优质供给会担心"抄板"问题不愿意把好货放上来),优质供给缺乏入驻意愿,而买手上款制则可以解决这一问题,所以选择从买手制切入是"上新"团队和其他平台很大的不同;并且,只有在第一阶段中先拉动优质供给,逐渐先成为一部分优质供应商的大客户,才能在这些供应商面前得到话语权(包括留货、排单、退换货等方面的优先权),形成自身的第一层壁垒。

(2)和其他平台对接多地批发市场不同,"上新"选择了从一开始就只对接广州的十三行服装批发市场,在一处做深入。为何做此选择呢?这里要介绍下十三行的背景。

作为一个线下服饰交易的市场,在2015年一年中,十三行最核心的市场"新中国大厦"就实现了楼内流水约700亿元、年租金收入近50亿元的规模,而这个租金水平是其周边物业价格的十倍之多。

之所以能有如此强的收入能力,是因为十三行相当于众包了供应链(利用了其档口及档口背后的服装加工厂的出款及生产能力),形成了一个优胜劣汰、自我要求极高的供应商集群,而这之下带来的供应链能力,是像Zara这种集中管理、大机器生产的组织方式做不到的。

具体来讲,十三行模式的优势体现在:一手优质货源(十三行三千多家档口的95%都是一手货源,也是中国及周边国家实体销售主流货的源头)、出款能力强(中国女装散货中70%~80%出自十三行,旺季每天最高可更新一万个新款,款式与韩国东大门款式同步更新甚至更快)、供应链速度快(十三行背靠有超过3万家档口的中大面料城,以及超过8万家服装加工厂,从设计、打板、生产到档口上货,可以在两到三天内天完成,反应速度快于Zara供应链)。

然而,虽然线下的十三行具备这么多的优势,但是在线上交易越来越普遍的今天,其劣势也明显可见——比如它的空间接待能力有限,档口不得不提高起批量,主动放弃了中小客户。另外,采购方跑到广州一趟进货不方便,大部分交易额被各地的二批分走了,还有就是匹配买卖双方的效率低——因为档口太多,款式繁杂难选,外地采购者基本都要在广州待上一周。

所以,"上新"看到的机会是:他们很有可能再造一个线上版的十三行,通过平移十三行的供应链能力,再对其低效的部分进行改造、提升,从而实现最终十倍于线下交易量的线上十三行。

要实现这一点,除了上述的几点模式以外,下一个阶段最重要的是打通上下游行业的数据,通过数据分析给出相应的销售指导,让零售终端能有计划地备货,从而降低整个行业的库存率。

这一点则要通过面向上下游的ERP系统来做到。ERP可以采集并打通上下游的采销数据,某种意义上来说,打通了上下游采销的数据,就相当于建立起了一条快速反应链,因为ERP可以捕捉到市场原本就潜在的试销数据,及时将那些货品好卖的数据反馈给上游,从而促进生产商加快生产,并能为终端零售店提供更多货源。

所以长远来看,"上新"创始人周渊认为,这一模式的未来想象力在于所有不自建供应链(设计/生产)的零售终端,未来都可以成为其客户。并且,他认为买手组货制会是未来最主流的供应链形式,并能匹配到大的连锁店、小零售店、网店等各种终端业态,因此"上新"对标的不是5 000亿元的服装批发市场,而是包含批发市场在内的买手组货制供应链市场,其规模大约为一万多亿元。

至于盈利模式方面,现阶段"上新"的收入主要来自拼货的服务费,现阶段利润是5%,而未来通过规模化的服务和增值服务,"上新"还有10%~20%的毛利空间,比如数据化可以带来上下游库存率的降低,未来也可以为双方提供金融服务。

截至2016年10月,"上新"已有100多家核心供应商,每日上新500款左右,复购客户超过2 000名,目前平均每月GMV(一定时间段内的成交总额)数百万元。在2016年8—10月,"上新"收入保持着每月200%的增长,通过稳定服务获取的客户次月留存超过70%。

(资料来源:http://www.ebrun.com/20161013/196406.shtml,资料经笔者整理)

项目三 供应链管理的方法

 案例总结

"你可以瞄准一只野鸭子,使它处在猎枪的瞄准线上,但野鸭子随时在动。为了击中野鸭子,你必须随时移动你的枪才行。如果面对变化的形势不能作出迅速反应,那么当你准备射击时,野鸭子已经飞掉了。"

市场的游戏规则已经改变,以前是"大鱼吃小鱼",现在是"快鱼吃慢鱼"。如丰田汽车公司从 20 世纪 80 年代中期开始安装灵活生产线,在这条灵活生产线上可以生产出 20 种不同型号的汽车,可以一分钟更换一种车型,如第一分钟生产的是卡姆里牌,第二分钟可改产勒克休斯牌,第三分钟可改产皇冠牌,生产线上作业从不间断。

任务一 认知快速反应

 任务目标

- 了解 QR 的产生背景
- 理解 QR 的内涵
- 理解 QR 的实施条件与实施步骤
- 理解 QR 给制造商和零售商带来的好处

 任务描述

QR 是快速反应(Quick Response)的简称。

世界经济论坛主席克劳斯·施瓦布曾说:"未来不会是一个大鱼吃小鱼的世界,而是游得快的鱼会吃掉游得慢的鱼。这意味着,迅速拥抱新技术的公司和企业家会成为赢家。"比尔·盖茨也曾说过:"如果微软不能对市场变化给予快速反应,那么微软离倒闭就只有 18 个月。"那么,快速反应究竟是什么呢?它需要具备哪些条件呢?它能够给供应链的各企业带来哪些利益呢?

 知识链接

> **案例衔接**
>
> **戴尔——构建一条快速反应供应链**
>
> 当供应链遇到灾难事件或其他突发性障碍,供应链程序应该怎样应对呢?"9.11"和"SARS"等一系列危机不但没有给戴尔公司带来重大损失,反而孕育了无限的商机,这主要归功于戴尔所构建的一条快速反应供应链。
>
> 1. 计划先行,临危不乱
>
> 戴尔公司的全球供应链监督小组时刻关注全球动向,一旦意外发生,立即组织危

73

机处理小组,减小或转移危机。

"9.11"事件后,美国立即封锁各机场,并暂停接纳所有飞入美国的飞机。戴尔的危机处理小组及全球供应链监督小组立即发挥计划作用,与加工厂商密切合作,找出绕道飞行的货运飞机,将笔记本电脑等以空运为主的产品,先运至美洲其他国家,再以货运方式拉进美国。"9.11"事件中,恐怖分子破坏的是美国的金融中心,不少遭到波及的金融业者紧急向 PC 制造商下订单。交货速度最快的戴尔电脑,便成了其中最大的赢家。

2. 战略合作,上下协同

在供应链中,战略伙伴关系就意味着,厂商与供应商不仅仅是买家和卖家的关系,更重要的是一种伙伴甚至是朋友关系。戴尔供应链高度集成,上游和下游联系紧密,围绕客户与供应商建立了自己完整的商业运作模式,以至于在危难时能很快地做出反应。如在"9.11"事件之后,戴尔立即就能调整公司的运营,找出哪些供应商可能会出现中断,并迅速调动和加大在欧洲和亚洲工厂的生产能力,满足订单的需求。

3. 直销模式,贴近用户

戴尔的直销模式确保戴尔能够快速了解危机中客户的实际需求,获得来自客户的第一手反馈信息,并按需定制产品。产品的直接递送,让产品直接从工厂送到客户手中,由于消除了流通环节中不必要的步骤,缩短了流通时间,帮助客户及时解决困难,减少危机造成的损失。

SARS 肆虐期间,戴尔通过平均 4 天一次的库存更新,及时把最新相关技术带给客户,并通过网络的快速传播特点和电子商务的便利,为客户搭起沟通桥梁。虽然在 SARS 期间不少客户推迟了他们购买产品的计划,但电话咨询明显增多,这也培养了不少潜在客户。所以当戴尔在制定 2004 年第二季度的销售计划时,发现与市场的变化是保持一致的。根据相关的统计数据显示,SARS 风暴并未对戴尔上半年的业绩造成什么影响。戴尔 2004 财年第一季度营业额为 95 亿美元,比上财年同期增长 18%;出货量同比增长 29%;公司第一财季运营利润占总收入的比例为 8.5%,是两年半以来的最高纪录;而运营支出占总收入的比例却从一年前的 9.9% 降低到 9.8% 的历史性新低。

(资料来源:https://www.sohu.com/a/214462678_698206,资料经笔者整理)

一、QR 的产生背景

20 世纪 70 年代后半期,通货膨胀导致价格上涨,纺织品的大量进口使美国纺织业出现快速萎缩。1985 年,纺织与服装协会委托咨询公司 Kurt Salmon 进行了供应链分析,结果发现:尽管系统的各个部分具有高运作效率,但整个系统的效率却很低。于是,纤维、纺织、服装以及零售业开始寻找那些在供应链上导致高成本的活动,发现供应链的周期是影响其运作效率的主要因素。据统计,从原材料采购到消费者购买,时间为 66 周的供应链(11 周在制造车间、40 周在仓库或转运、15 周在商店)不仅各种费用庞大,而且建立在不精确需求预测上的生产和分销,因数量过多或过少造成的损失非常大,每年可达25亿美元,其中2/3的损失来自零售商或制造商对服装的降价处理以及零售时的缺货。通过进一步的调查发现:消费者离开商店不购买的主要原因是找不到合适尺寸和颜色的商品,而并不是对商品款式不满。

这项研究导致了快速反应策略的应用和发展。实施快速反应,供应商、制造商和零售商可以通过POS系统信息,联合预测未来需求变化,共同开发新产品和分析新产品的营销机会,对消费者的需求作出快速反应。从运作角度看,供应链上的贸易伙伴需要通过EDI加快信息的流动,并共同重组他们的业务流程,以便使订货提前期缩短和成本最小化。纺织服装业快速反应的应用,使其供应链周期从66周下降到45周,交货提前期从62天下降到15天。

想一想 结合上述背景分析:快速反应给服装行业整条供应链带来了哪些好处?

二、QR的定义

2001年,《中华人民共和国国家标准·物流术语》(GB/T 18354—2001)对快速反应做出了如下定义:物流企业面对多品种、小批量的买方市场,不是储备了"产品",而是准备了各种"要素",在用户提出要求时,能以最快速度抽取"要素",及时"组装",提供所需服务或产品。

2021年,《中华人民共和国国家标准·物流术语》(GB/T 18354—2021)重新对快速反应做出了定义:供应链成员企业之间建立战略合作伙伴关系,利用电子数据交换(EDI)等信息技术进行信息交换与信息共享,用高频率小批量配送方式补货,以实现缩短交货周期,减少库存,提高顾客服务水平和企业竞争力为目的的一种供应链管理策略。

QR战略所贯彻的原则是:为了快速反应顾客的需求,供应商、制造商和分销商应该紧密合作,通过共享信息来共同预测未来的需求并且持续监视需求的变化以获得机会。

要准确理解QR的内涵,必须把握以下5个方面:

(1) QR是一种战略,要求企业以快速满足动态的市场和客户需求为目的,以追求企业运作所有方面效率的提高为核心。

(2) QR强调的不仅仅是供应链上各环节(供应商、制造商以及分销商)反应速度的提高,更是供应链整体反应速度的提高。

(3) QR不仅关注时间的减少,同时也注重产品质量的改进、库存成本和运作成本的降低以及快速、高质量的业务流程。

(4) QR强调系统的响应速度和柔性,以满足不同客户在品种、数量、时间方面的不同要求。

(5) QR需要依托快速的信息传递以及信息和利益的共享,通过管理变革和先进技术的应用来实现。

简单地说,QR就是要求供应链各环节协调预测客户需求,缩短将客户需求变成现实的时间。

> **知识拓展**
>
> **海澜之家——高效的补货机制,供应链快速反应**
>
> 海澜之家在江阴建设了大型储运中心作为全国物流中心,供应商的产品先发送到储运中心,再发送到各地加盟店。公司实现了储运中心与各门店的直线联系,节约了中间环节的资源投入,做到了对现有门店铺货、补货、退货的快速反应。海澜之家通过覆盖所有门店的销售管理系统,对门店销售情况及时掌握,并根据门店的需求和门店的地理位置,精确计算运输路线,达到了单线运输的最大效用。
>
> 通过高效的信息系统和科学的线路设计,海澜之家能够保证旺季时每周对每一家门店进行两次补货。高效的补货机制,一方面使门店的库存水平可以保持在相对较低水平,从而提高了公司的存货周转率,另一方面提高了供应链的快速反应能力。

三、QR 的实施条件

(一)改变传统的经营方式,改革企业的经营意识

要成功实施 QR,企业必须树立与供应链各方合作的思想,明确 QR 系统内各个企业之间的分工协作范围和形式,消除重复作业,建立有效的分工协作框架,保证整个供应链的协调行动,共同利用各方资源。由于零售商是 QR 系统中的起点,也是终点,因此应明确零售店铺在 QR 系统中的主导作用。通过相互公开和交换零售店铺 POS 数据等销售信息和成本信息,来提高各个企业的经营效率。

(二)应用现代信息处理技术,实现信息共享

这是成功进行 QR 的前提条件。现代信息技术有:商品条形码技术、电子订货系统(Electronic Order System,EOS)、POS 数据读取系统、EDI 系统等。广泛而有效地应用这些信息处理技术,能充分地实现供应链各企业的信息共享,实现快速而持续的生产和补货。

(三)与供应链相关方建立战略伙伴关系

在共同的战略目标基础上,与合作伙伴分工协作,尽可能减少作业人员,简化事务性作业,将销售信息、库存信息、生产信息和成本信息等与合作伙伴交流分享,与合作伙伴一起发现问题、分析问题和解决问题。

(四)供应方必须缩短生产周期,降低商品库存

缩短商品的生产周期,进行多品种少批量生产和多频度小批量配送,降低零售商的库存水平,提高顾客服务水平,在商品实际需求将要发生时采用 JIT 生产方式组织生产,减少供应商自身的库存水平。

> **案例衔接**
>
> **"货迟发一天"所带来的思考**
>
> 货迟发一天看上去司空见惯,不值得什么大惊小怪,但后面隐藏的问题实在不少。
>
> 一、问题描述
>
> 有个跨国公司,总部在美国,在世界主要工业地区(日本、中国台湾、韩国、中国大

陆、新加坡、欧盟）都有分部。分部不但要为客户及时提供技术支持,而且要提供零配件,因为缺料会导致客户机台停转,损失动辄几十万。该公司的零配件的储备是典型的多阶段仓储模式,即在美国有主仓库,各地区有分仓库,在一些重要客户处有寄售点。零配件体积小,价值高,客户对时效性要求高,国际货运都采取空运。几年来,该公司推行外包战略,整条供应链从仓库到运输到报关、清关,都由第三方物流公司负责。

最近日本分部发现：总部从发出配货命令到配货完毕待运,原来在24小时内即可完成,现在却动辄得两天,有时候甚至更长。别的地区也发现类似的问题：原本应该已经在飞机上的货,现在却经常还待在总部。空运又不是天天有,因为货量较低,为节省运费,公司的航运只定在一、三、五。这意味着总部迟配货一天,分部可能迟拿到货3天。如果适逢周末,便可能迟拿到货5天。难怪分部怨声载道。

二、造成影响

货迟发一天给该公司造成了很多不必要的成本。假定该公司的库存周转率为10,这意味着公司保持36天的库存(365除以10)。货每迟发一天,分部就得多备一天的货,总库存即增加2.8%(1除以36)。假定各分部总库存为3 000万美元,库存增量为84万美元(3 000万乘以2.8%)。假定库存成本为25%(包括仓库成本、人工费、保险费、折旧费等),那么,迟发一天的代价就是21万美元一年。这还不算客户因缺料带来的损失,而且这仅仅是理论计算。

在实际的操作中,分部会产生过激反应,要求多备一周的货。那么,整个供应链条的总成本就超过百万美元。货迟发一天给库存造成的影响如此,质量问题、断货、运输延迟、清关延误等对库存的影响就更大。这些因素一起导致供应链库存居高不下。

三、原因分析

该公司的工作人员经过深层次的发掘,发现造成这个问题的原因有如下三个方面：

(1) 第三方物流操作人员不清楚绩效期望。原来的指标是当天发配货指令,当天配货完毕。但是,由于人员变动、培训等问题,这个指标就走了样,变成只要在运输公司提货前完成配货就行。因为不是每天提货,有些员工就搞不准哪天提货,例如想的是周三来提货,就计划在周三配货；但实际上是周二提货,于是这批货就得耽搁几天。

(2) 指标没有书面化。当天配货只是双方达成的口头期望,实际中并没有人统计是否达到这个指标。既然没人统计,执行人员就不注意是否达标,直到问题严重,分部频频举报。

(3) 第三方物流的管理问题。他们严重依赖于个别人,结果这个人去度假,运作就出现问题。反映在供应商管理上,就是小供应商的流程可以建立在人的基础上,但不能建在个别人上。这说的是流程都得由人来驱动,但不能围绕几个别人来设立。要不,这些人不在了,整个流程就会出现问题。

四、解决措施

因此,该公司要求第三方物流公司提出相应的应对措施:

(1) 第三方物流公司每天跑两次报表,看当天发指令的货是否配齐;每周指标会议上,第三方物流汇报上周的表现。这样,配货延迟的问题得到了控制。

(2) 流程过于依赖个别人的问题,一方面通过健全指标系统来缓解,另一方面要培养后备人员。

解决了第三方物流的问题,问题还没完:如何恢复各分部的信心?一方面是沟通,给他们解释总部所采取的行动;另一方面是用数字说话,展示采取行动以来的进步。

四、QR 的实施步骤

实施 QR 需要六个步骤,每一个步骤都以前一个步骤为基础,具体如图 3-1 所示。

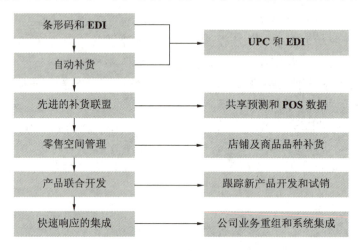

图 3-1 QR 的实施步骤

(一) 运用条形码和 EDI

零售商首先必须安装条形码、POS 扫描和 EDI 等技术设备,以加快 POS 机收款速度、获得更准确的销售数据并使信息沟通更加通畅。

(二) 建立固定周期的自动补货系统

基本商品每年的销售模式一般不会受流行趋势的影响,它们的销售量是可以预测的,所以不需要对商品进行考查就可确定重新订货的数量,所以补货周期也是可以确定的。为了满足零售商多次、重复的订货要求,能够更快更频繁地获得新订购的商品,以保证店铺不缺货,供应商可以建立固定周期的自动补货系统。零售商通过对商品实施 QR 并保证这些商品能满足顾客需求,加快商品的周转,为消费者提供更多可供选择的品种。

(三) 建立先进的补货联盟

为了保证补货业务的流畅,零售商和制造商联合起来检查销售数据,制定关于未来需求的计划和预测,在保证现货和减少缺货的情况下降低库存水平。同时,还可以进一步由制造商管理零售商的存货和补货,以加快库存周转速度。

(四) 进行零售空间管理

根据每个店铺的需求模式来规定其经营商品的花色品种和补货业务。一般来说,对于花色品种、数量、店内陈列及培训或激励售货员等决策,制造商也可以参与甚至制定决策。

(五) 进行联合产品开发

这一步的重点不再是一般商品和季节商品,而是生命周期很短的商品(如服装、太阳镜)。制造商和零售商联合开发新产品,其关系的密切程度超过了购买与销售的业务关系,这样可缩短从新产品概念到新产品上市的时间,而且可经常在店内对新产品进行试销。而且,还可准确把握消费动态,根据消费者的需要及时调整设计和生产。

(六) 实施 QR 的集成

通过重新设计业务流程,将前五步的工作和公司的整体业务集成起来,以支持公司的整体战略。通过集成的信息技术,使零售商和制造商可以密切合作,加快完成产品从设计、生产、补货到销售的整个业务流程。

五、QR 的作用

(一) QR 对制造商的作用

案例衔接

友达光电的 QR 应用

一、背景介绍

友达光电是全球第三大的 TFT-LCD 制造商,可以完成从小尺寸到大尺寸 TFT-LCD 各种面板的生产。在未进行供应链管理之前,友达光电利用一套传统的 ERP 系统进行日常财务、订单、库存和产品出货的管理,公司内部的信息收集基本可以实现。但由于严重缺乏各种计划能力和执行能力,供应链的各个环节无法进行有效整合,友达对客户的响应能力非常薄弱,对客户的"响应周期"大约在 4 天左右。但是,电子制造行业的市场需求几乎每天都在变,通常是还未等到友达的这个响应周期完成,市场又发生变化了。如此恶性循环,友达无法有效控制市场的不确定性,结果造成大量产品的库存积压,资金损耗巨大。

二、QR 的实施过程

起初,友达将管理重点放在"准确性"上,从预测的准确到计划的准确、采购的准确。

但是,友达很快发现电子行业市场需求的变化实在太快,要得到准确的市场需求几乎是不可能的事情。而且,纵然有了准确的预测数据,如果后端的计划和采购无法快速跟上和配合,也是于事无补的。

因此,提升供应链的"QR"能力成了解决问题的关键。从 2000 年起,友达着手构建极速供应链管理系统,以提升响应能力。

三、构建极速供应链的三要素

1. 信息收集(ERP)

它可以完成库存、订单、财务等信息的收集。

2. 计划

针对提高公司计划能力的相关 IT 系统有 APS(高级计划与排程)、DP(需求计划)和 SCP(供应链计划)等工具。

3. 执行

针对采购端的 SRM(供应商关系管理)系统和针对生产制造端的 MES(制造执行系统)是目前提高执行能力的主要 IT 系统。

四、QR 的应用成效

借助极速供应链的实施,友达光电将"响应周期"由原来的 4 天缩短到 1 天以内,同时所有关键零部件的库存都维持在 1 天甚至更低的水平。

对于制造商来说,QR 改善了它的顾客服务,这种改善从根本上来说来自同零售商的良好合作关系。

(1) 长期的良好顾客服务会增加制造商的市场份额。实施 QR,制造商可以及时从零售商那里直接得到市场需求信息,根据客户需要及时设计并生产出适销对路的产品,并与物流企业等合作伙伴密切合作,及时将产品送抵目的地。零售商可以率先将热门产品推向市场,从而扩大销售,增加市场份额。

(2) QR 能降低流通费用。由于将对顾客需求的预测和生产规划集成到了一起,就可以缩短库存周转时间,减少需要处理和盘点的存货,从而降低了流通费用。

(3) QR 能降低管理费用。管理费用可以从三个方面得到降低:因为不需要手工输入订单,所以提高了采购订单的准确率;减少了额外的发票;货物发出之前,仓库扫描运输标签并向零售商发出提前运输通知。

(4) 可以制订出更好的生产计划。由于可以对销售进行预测并能够得到准确的销售信息,制造商可以准确地安排生产计划。

(二) QR 对零售商的作用

案例衔接

沃尔玛公司的 QR 实践

在 QR 的初级阶段,沃尔玛公司与 Seminole Manufacturing Co. 公司以及 Milliken 公司合作的领域是订货业务和付款通知业务。通过电子数据交换系统发出订货明细清单和受理付款通知,来提高订货速度和准确性,以及节约相关事务的作业成本。

在 QR 的发展阶段,沃尔玛公司基于行业统一标准设计出 POS 数据的输送格式,通过 EDI 系统向供应方传送 POS 数据。供应方基于沃尔玛公司传送来的 POS 信息,可及时了解沃尔玛公司的商品销售状况,把握商品的需求动向,并及时调整生产计划和材料采购计划。供应方利用 EDI 系统在发货之前向沃尔玛公司传送预先发货清单 ASN(Advanced Shipping Notice)。这样,沃尔玛公司事前可以做好进货准备工作,同时可以省去货物数据的输入作业,使商品检验作业效率化。沃尔玛公司在接收货物时,用扫描读取包装机器读取包装箱上的物流条形码SCM(Shipping Carton Marking),从而简化检验作业。同时只要把ASN数据和POS数据进行比较,就能迅速知道商品库存的信息。这样做的结果使沃尔玛不仅节约了大量事务性作业成本,而且还能压缩库存,提高商品周转率。

在QR的成熟阶段,沃尔玛公司把零售店商品的进货和库存管理的职能转移给供应方(生产厂家),由生产厂家对Wal-Mart公司的流通库存进行管理和控制。由于采用VMI(Vendor Managed Inventories)和CRP(Continuous Replenishment Program),供应方不仅能减少本企业的库存,还能减少Wal-Mart公司的库存,实现整个供应链的库存水平最小化。

从沃尔玛公司的实践来看,QR是一个零售商和生产厂家建立(战略)伙伴关系,利用EDI等信息技术,进行销售时的信息交换以及订货补充等其他经营信息的交换,用多频度小批量配送方式连续补充商品,以缩短交纳周期、减少库存、提高顾客服务水平和企业竞争力为目的的供应链管理方法。

对于零售商而言,QR的意义主要表现在顾客服务水平和获利能力的显著提高。

(1)制定合理的订货策略。QR利用条形码和POS扫描,使零售商能够跟踪各种商品的销售和库存情况,这样就能准确地跟踪存货情况,在库存真正降低时才订货。

(2)加快库存周转。零售商能根据顾客的需要进行频繁的小批量订货,随时随地补充库存,加快了库存的周转速度。

(3)减少削价损失。由于拥有了更准确的顾客需求信息,零售商能把握畅销商品和滞销商品,同时店铺可以多频率、小批量地订购顾客所需要的商品,需求误差率得到了有效的降低,这样就能减少因商品积压而被迫削价的损失。

(4)降低采购成本。QR使采购的业务流程大大简化,从而降低了采购成本。

总之,采用了QR的方法后,虽然零售商的单位商品采购成本会增加很多,但通过频繁地小批量采购商品,顾客服务水平就会提高,零售商就更能适应市场的变化,同时其他成本也会降低,最终提高了利润。

实施QR,零售商与制造商之间进行通力合作,提高了库存周转速度,满足了顾客的购买需求。零售商可通过EDI将订单传送给制造商,制造商立即以最有效的方法安排生产和发货。这种操作连续不断地进行,就可加快货物周转速度,降低物流成本,提高销售额。因此,对于需求变动大、生命周期短、款式多、毛利高等特点的创新型产品来说,更应选择一条快速的供应链。

任务拓展

以某超市为调查对象,完成如下任务:(1)收集该超市的主要经营商品;(2)从供应到销售,还通过了哪些措施来提高这些商品的反应速度。

任务二 认知有效客户响应

任务目标

- 了解 ECR 的产生背景
- 理解 ECR 的内涵
- 理解 ECR 的构建要素、技术与原则
- 理解 ECR 给供应链带来的好处
- 正确区分 ECR 与 QR 的不同

任务描述

ECR 是有效客户响应(Efficent Customer Response)的简称。

纺织服装业经营的产品多属创新型产品,每一种产品的寿命相对较短,但毛利润非常高,产品脱销或滞销的代价是非常高的,因此需要一条快速的供应链来应对需求的不确定性。那么,对于方便面、洗衣粉等日杂用品来说,每一种产品的寿命相对较长,但毛利润非常低,所以无法承受快速反应的成本。因此,对于日杂用品来说,需要选择一条以最低成本来满足客户需求的供应链,这就是有效客户响应。那么,有效客户响应究竟是什么呢?它应该如何构建呢?它能够给供应链带来什么样的利益呢?

知识链接

案例衔接

宜家——构建一条高效率供应链

宜家家居的口号是"为大多数人创造更加美好的日常生活",其产品一般比竞争对手便宜 30%~50%,便宜但不劣质且保持时尚感。宜家物美价廉的核心是其深入到供应链每一个环节的低成本设计和衔接。

通过图 3-2 的宜家活动系统图可以看见:宜家的低价战略主题(深灰色圆圈)通过一系列紧密相连的活动得以显现和实施。

在宜家,一个新产品开始孕育的时候就会压低成本,并在整个供应链过程中严格执行。曾经有一种 50 美分的咖啡杯被重新设计了三次,目的是能在运输托盘上放进尽量多的杯子。一开始,托盘上只能放 864 只杯子。一次设计在杯子上加了一个圈,类似于花盆上的那种,这样一个托盘上就能装 1 280 只杯子。还有一次设计是做了一种矮一些的、带杯柄的杯子,这样一个托盘上便能塞下 2 024 只杯子。通过这些改变,使得运输费用降低了 60%。

同样,宜家的全球采购执行策略以低价为核心(但必须保证在认可的质量和环境与社会责任基础上),包括最佳采购实践、竞争性竞价和创造最优条件以节省成本。

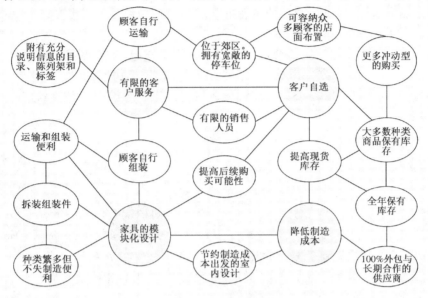

图 3-2　宜家活动系统图

(1)最佳采购实践包括:① 详尽的采购准则;② 关注产品到岸价格;③ 严格的供应商评估,包括新的生产工艺的采用、国家退税政策的改变等都会列入评估讨论范围。

(2)竞争性竞价包括:① 全球型采购策略和全面的报价系统;② 前瞻性报价准备;③ 原材料区域采购;④ 透明公开的竞价模式。

(3)创造最优条件以节省成本包括:① 集中采购策略;② 低成本国家业务开发;③ 与供应商签订长期产能合约;④ 帮助供应商对原材料议价;⑤ 帮助供应商提高生产率;⑥ 对供应商进行财务支持;⑦ 提供更有效/稳定的采购订单操作系统以及物流选择。

(资料来源:https://www.sohu.com/a/214462678_698206,资料经笔者整理)

一、ECR 的产生背景

有效客户响应的产生可归结于 20 世纪商业竞争的加剧和信息技术的发展。20 世纪 80 年代特别是 90 年代以后,美国日杂百货业零售商和生产厂家的交易关系由生产厂家占据支配地位转换为零售商占主导地位。在供应链内部,零售商和生产厂家为取得供应链主导权,为商家品牌(PB)和厂家品牌(NB)占据零售店铺货架空间的份额展开激烈的竞争,使得供应链各环节间的成本不断转移,供应链整体成本上升。

从零售商的角度看,新的零售业态如仓储商店、折扣店大量涌现,日杂百货业的竞争更趋激烈,它们开始寻找新的管理方法。从生产商角度看,为了获得销售渠道而直接或间接降价,牺牲了厂家自身利益。生产商希望与零售商结成更为紧密的联盟,这对双方都有利。从消费者角度看,过度竞争忽视了消费者的需求:高质量、新鲜、服务好和价格合理。

由于食品种类和品种日益增多,消费者很少再像以前那样去反复购买同一种食品。消费者对商品价格、品质日益敏感,原有营销方法已不再适用,上游供应企业得到的往往是失真、过时的市场需求信息,供应商与消费者的需求相离越来越远。零售商在与供货商打交道时煞费心机,仍不能改变销售利润率下降的趋势。

在此背景下,美国食品营销协会(FMI)成立特别工作组,研究商品供应新体制,具体作业分析由 KSA 公司执行。该公司对食品行业展开调查,提出物流、品种、促销和新商品的引入四大需要改革的领域。KSA 公司针对四大领域提出了一种综合运作系统,这就是有效客户响应系统。

知识拓展

ECR 的成功实践

1989 年,美国食品杂货零售业中的哈特杂货公司(H. E. Butt Grocery Co.)正式导入了连续补货和商品分类管理制度。1991 年,罕纳福特兄弟公司(Hannaford Brothers Co.)开始实施商品分类管理。这两家零售企业在实施 ECR 后,效果十分明显,有力地提高了市场竞争力。在它们的带动之下,美国各食品杂货零售企业开始竞相从事 ECR 的实践。

二、ECR 的定义

《中华人民共和国国家标准·物流术语》(GB/T 18354—2021)对有效客户响应作出了如下定义:以满足顾客要求和最大限度降低物流过程费用为原则,能及时做出准确反应,使提供的物品供应或服务流程最佳化的一种供应链管理战略。

ECR 是一个由物流商、制造商、零售商和供应商组成的体系,通过相互协调合作,以最低的成本,更快、更好地实现消费者需求。ECR 的特征主要包括:

(1)管理意识的创新。传统产销双方的交易关系是彼此对立的,在经济利益上此消彼长、非赢即输。ECR 则要求产销双方建立合作伙伴式的交易关系,即交易各方通过相互协调合作,实现以低的成本向消费者提供更高价值服务的目标,在此基础上追求双方的利益,所以这是一种双赢(Win-Win)型关系。

(2)供应链整体协调。传统流通活动缺乏效率的原因主要有两点:一是制造商、批发商和零售商间联系的非效率性;二是企业采购、生产、销售和物流等部门或职能之间存在部门间联系的非效率性。传统的组织是以部门或职能为中心进行经营活动,以各个部门或职能的效益最大化为目标。这样虽然能够提高各个部门或职能的效率,但容易引起部门或职能间的冲突。因而在厂家、批发商和零售商之间,以及在采购、生产、销售和物流等部门或职能之间存在非效率性。ECR 要求各部门、各职能和各企业之间消除隔阂,进行跨部门、跨职能和跨企业的管理与协调,使商品流和信息流在企业内和供应链内畅通地流动。

(3)涉及范围广。既然 ECR 要求对供应链整体进行管理和协调,ECR 所涉及的范围必然包括零售业、批发业、制造业等相关的多个行业。为了最大限度地发挥 ECR 所具有的优势,必须从供应链整体甚至供应链以外,对相关联的行业进行分析研究,对参与供应链的各类企业进行管理和协调。

京东蝉联中国ECR大会优秀案例白金奖，携手雀巢打造零供协同智慧供应链

2017年6月7日，由中国ECR委员会主办的"2017年第十五届中国ECR大会"在浙江杭州盛大举行，会上公布了"2016中国ECR优秀案例"评选结果，其中"京东、雀巢联合预测补货"项目获得2016年中国ECR优秀案例最高规格奖项白金奖。雀巢与京东此次联合预测项目，在更加精准反馈市场需求、降低运营成本这条路上迈出了坚实的一步，作为全球零售业供应链领域突破创新性的合作，对全球零售业供应链管理有引领性的意义，这也是继"京东和美的协同型计划、预测及补货"项目荣获"2015年中国ECR优秀案例"供应链优化方向白金奖之后，京东智慧供应链再次获得行业的高度肯定。

三、有效客户反应的构建

案例衔接

华联超市登高"ECR计划"

一、品类管理科学优化

上海华联超市在品类管理方面的实践主要包含品类优化和货架管理两部分。

（1）品类优化是通过数据评估卖场中某个品类下各规格单品的销售业绩，比照市场数据，作出品类规格决策。

（2）货架管理则是在各规格销售份额的基础上，合理安排货架。

早在2000年，华联超市和宝洁公司就通力合作实施了品类管理项目。他们根据门店规模及现有货架的不同，对众多门店进行了分类，并针对不同类型的门店进行了品类的优化和货架图纸的制作。

在对洗发水品类的测试与推广中，这一合作取得了十分明显的效果。据对50家测试门店的统计，品类管理成功地降低了品类的总脱销率（由11%降至5%），洗发水品类销量当月提高了7%。

获得以上成效的经验就是：考虑到连锁超市企业各单体门店位置、经营面积的差异性，门店经营促销活动的频繁及门店执行质量的控制等因素之后，华联超市对门店品类优化、货架管理、商品组织表及配置表等方面进行了精细而深入的探索。具体包括：（1）相关管理部门利用不同渠道收集市场销售数据，对各品类内各规格进行排名，评估各规格商品对整个品类的意义和潜力，对消费者购买行为和决策进行研究，最后对各规格商品作出不同决策和结论。（2）在品类优化的基础上，华联根据商品的销量排行、二八法则下的20商品、对供应商的承诺三个因素，选择商品配置，并对每张配置表进行了排放试验，规定了每个商品的排面、高度和深度数量。

华联还将重点加强对大卖场系统的品类管理研究，作出更为细致的商品组织表，从商品分类抓采购业务和门店管理业务，以期取得更大成效。

二、库存管理快速响应

早在1996年，华联就在各个门店推行"零库存"管理，同时实行24小时的即时配销制度，取消店内小仓库后，大大降低了库存水平。华联超市公司还拥有一个"零库存"的生鲜食品加工配送中心，该配送中心实施一天24小时全天候的整箱和拆零商品的货物配送。

随着连锁经营规模的迅速扩大，华联超市对配送中心与各门店的库存管理提出了更高的要求，以期达到库存成本和服务水平的最佳平衡点。

从2000年开始，华联与供应商紧密合作，建立EDI自动补货系统。华联做了大量的动员工作，要求供应商全面配置电脑，并由华联超市安装EDI接口，实现华联超市与供应商网络库存信息的交换，实现"有效的顾客快速响应"，以削减整体成本，提升供给系统的整体效率。

目前已有千余家供应商与华联分享数据。实施EDI自动补货系统后，华联物流中心的库存周转天数从35天下降到15天左右，部分供应商充分地利用这一信息共享，在服务水平上有很大的提高，从而也提高了华联对门店服务的水平，最终提高了顾客的满意度。

（一）ECR的构建要素

ECR是一个体系，主要由快速产品引进、快速商店分类、快速促销、快速补充四大要素组成，如表3-1所示。

表3-1 ECR的四大要素内容

要 素	内 容
快速产品引进	最有效地开发新产品，快速完成产品的生产计划，以降低成本
快速商店分类	通过第二次包装（如为满足不同的订单需求，将一个运输包装中的产品进行不同的包装，并赋予不同的包装标识）等手段，提高货物的分销效率，使库存和商店空间的使用率最优化
快速促销	提高仓储、运输、管理和生产效率，减少预先购买、供应商库存及仓储费用，使贸易和促销的整个系统效率最高
快速补充	包括电子数据交换（EDI）以需求为导向的自动连续补充和计算机辅助订货，使补充系统的时间和成本最优化

（二）ECR的构建技术

构建ECR时，需要用到相应的信息技术、物流技术、营销技术和组织革新技术。

1. 信息技术

信息技术是实现ECR的重要手段之一。正是信息技术的发展促进了ECR的发展，使不可能的事情成为可能，使复杂的工作变得简单，高效实现业务伙伴间和企业内部各部门间的紧密合作，极大地提高效率和效益。

ECR 使用的信息技术包括：

（1）顾客导向的零售模式。该模式为了解目标顾客、顾客需求、客户关系管理，包括 POS 系统、市场/顾客调查数据库、会员数据库、团购数据库、购物篮分析。

（2）品类管理系统。品类管理系统包括跨品类分析、决策数据仓库、货架管理/商店布局管理、商品组合分析与优化、定价、促销分析、新品引进评估、利润/成本核算。

（3）供应链管理。供应链管理包括自动建议订单系统、供应商管理库存/联合管理库存系统、仓库/运输扫描技术、电子数据交换、电子商务等。

2. 物流技术

ECR 系统要求及时配送和货物顺畅流动，采用的主要物流技术包括：

（1）自动补货（Automatic Replenishment，AR）。自动补货是基于计算机信息技术，快捷准确地获取客户的需求信息，预测未来商品需求，并据此持续补充库存的一种技术。

（2）越库配送（Cross Docking，CD）。越库配送是物品在物流环节中，不经过中间仓库或站点存储，直接从一个运输工具换载到另一个运输工具的物流衔接方式。

（3）连续补货计划（Continuous Replenishment Program，CRP）。连续补货计划是利用及时、准确的销售时点信息确定已销售的商品数量，根据零售商获得的批发商库存信息和预先规定的库存补充程序确定发货补充数量和配送时间的计划方法。

（4）联合库存管理（Joint Managed Inventory，JMI）。联合库存管理是供应链成员企业共同制订库存计划，并实施库存控制的库存管理方式。

（5）配送资源计划（Distribution Resource Planning，DRP II）。配送资源计划是在需求配送计划的基础上提高配送各环节的物流能力，以达到系统优化运行目的的企业内物品配送计划的管理方法。

3. 营销技术

在 ECR 中，采用的营销技术主要包括商品类别管理和店铺空间管理。

（1）商品类别管理。商品类别管理是以商品类别为管理单位，寻求全部商品类别整体收益最大化。具体来说，批发商要对零售商经营的所有商品按类别进行分类，确定或评价每一类别商品的功能、作用、收益性、成长性等，在此基础上，考虑各类商品的库存水平和货架展示等因素，制订商品品种计划，对全部商品类别进行管理，以便在提高消费者服务水平的同时增加零售企业的销售额和收益水平。商品分类不应以是否方便企业为标准，而应按顾客的需要和顾客的购买方法进行分类。利用商品类别管理，批发商可以充分发挥服务优势，帮助零售商逐步成长。

（2）店铺空间管理。店铺空间管理是对店铺的空间安排、各类商品的展示比例、商品在货架上的布置等进行最优化管理。在 ECR 中，店铺空间管理和商品类别管理同时进行，相互作用。在综合店铺管理中，对于该店铺所有类别的商品进行货架展示面积的分配，对于每个类别下不同品种的商品进行货架展示面积分配和展示布置，以便提高单位营业面积的销售额和收益率。在图 3-3 中，优衣库的门店中，通过合理的规划与布局，使得有限的空间能展示出非常多的商品；耐克的鞋架上，不同类型的鞋子陈列在不同的鞋层，方便了消费者的选购。

图 3-3　优衣库(左)与耐克(右)的店铺陈列

案例衔接

零售商 A 的"婴儿护理中心"

制造商 B 是一家跨国公司,生产婴儿纸尿片,具有丰富的品类管理经验,一直为营业面积达 1 万平方米的大卖场 A 供货。

在制造商 B 的倡导和帮助下,大卖场 A 试图重点建立以 0~3 岁婴儿家庭为目标客户群的基于客户关系的解决方案,建立全新的品类结构,并提高婴儿护理品类的销售和毛利 30% 以上。

大卖场 A 与制造商 B 成立了联合项目小组,投入多个部门的专业人员,实施以下项目:

(1) 开展购物者研究。调研顾客对婴儿护理品类的需求,确定经营品类的定义及角色。

(2) 制定品类策略、战术和计划。

(3) 研究产品的深度及广度,确定商品结构、货架和关联性货架陈列方案。

(4) 确定"婴儿护理中心"的经营定位。

(5) 调整组织结构,采用工作绩效评估表,定期跟踪。

一、购物者研究的发现

通过对顾客的调查研究发现:有 0~3 岁婴儿的家庭是一个重要的目标客户群,他们对卖场的贡献率比其他客户群多一倍——新家庭占全体家庭户的 6%,带来了 13% 的卖场收入。所以这一目标客户群对商店很重要。

顾客购买婴儿护理产品时满意的地方:产品的质量、整洁的货架、价格。

顾客购买婴儿护理产品时不满意的地方:(1) 品项——缺细分类(产品的深度和广度);(2) 便利性——费时,不易找到所需商品,付款时间长;(3) 服务——信息和咨询等服务不够。

顾客认为婴儿护理中心必须陈列的品项依次为:纸尿裤、婴儿洗浴用品、婴儿用具、婴儿奶粉、婴儿玩具、婴儿内衣。

而过去的商品采购和销售是以产品特性(如纸尿片、洗浴用品、婴儿用具、奶粉等)为类别,而不是顺应婴儿需求的"一站式采购",因而缺乏许多婴儿用品的品类(如玩具、服装、育儿书籍等)和品牌。

因此，大卖场A决定引进新品，划分出一个区域设立店内的"婴儿护理中心"，进行婴儿用品大类（超级品类）的品类组合，然后优化组合品类内部的品牌和品项，并进行组合式的市场营销活动，给妈妈们提供"一站式购买"便利和其他服务（例如深度咨询服务）。

二、实施

根据国际性零售企业的品类管理经验，婴儿护理中心成功的五个步骤是：

（1）零售标准制定，包括配送、货架、助销、价格；

（2）婴儿护理产品联合陈列；

（3）店内销售区域装饰；

（4）专业咨询与消费者教育；

（5）联合市场促销活动。

大卖场A按照这五个步骤实施后，"婴儿护理中心"推行的结果超越了预订的目标，体现在：婴儿大类的整体生意提高了33%，利润整体提高了63%。根据实施后的调研发现，顾客的满意度得到了很大提升。

4. 组织革新技术

在ECR中，使用的组织革新技术包括企业内部革新技术和企业间的革新技术。

（1）企业内部革新技术。企业内部革新技术是在企业内部的组织革新方面，把采购、生产、物流、销售等按职能划分的横向组织形式，变成把企业经营的所有商品按类别分类，对应每一类商品设立一个管理团队，以这些管理团队为核心构成新的组织形式。

（2）企业间的革新技术。企业间的革新技术是指组成供应链的企业间需要建立双赢的合作伙伴关系。具体而言，供应链各成员需要在企业内部建立以商品类别为管理单位的组织。这样，双方相同商品类别的管理团队就可聚在一起，讨论从原材料采购、生产计划到物流配送、销售管理、消费者动向等有关该商品类别的全部管理问题。另外，需要在企业之间进行信息交换和信息共享。同时，摆在眼前的问题是在多品种、少批量定制化生产模式下，这种管理团队有可能增加企业内部的管理成本，从而影响供应链的整体效率。因此，这种合作伙伴关系的建立最终有赖于企业最高决策层的支持。

（三）ECR的构建原则

ECR是通过推进供应链各方间的真诚合作，来实现消费者满意和基于利益的整体效益最大化。因此，在ECR的构建过程中，需要遵循如下原则：

（1）ECR的目的是以低成本向消费者提供高价值服务。这种高价值服务表现在向供应链客户提供更优的产品、更高的质量、更好的分类、更好的库存服务和更多的便利服务等方面。ECR通过整个供应链的协调和合作来实现以低成本向消费者提供更高价值服务的目标。

（2）ECR要求供需双方关系必须从传统的赢输型交易关系向双赢型联盟伙伴关系转化。这需要企业的最高管理层对本企业的组织文化和经营习惯进行改革，使得供需双方关系转化为双赢型联盟伙伴关系成为可能。

（3）及时准确的信息在有效地进行市场营销、生产制造和物流运送等决策方面起重要作用。ECR 要求利用行业 EDI 系统在供应链上的各企业间交换和分享信息。

（4）ECR 要求从生产线末端的包装作业开始到消费者获得商品为止的整个商品移动过程产生最大的附加价值，使消费者在需要的时间能及时获得所需要的商品。

（5）ECR 为了提高供应链整体的效率（如降低成本、减少库存、提高商品的价值等），要求建立共同的成果评价系统，该系统注重整个系统的有效性，即通过降低成本与库存以及更好的资产利用，实现更优价值，清晰地标识出潜在的回报，并且要求在供应链范围内进行公平的利益分配。

四、ECR 的实施效果

ECR 的有效实施，能够减少不必要的活动，并节约相应的成本，包括直接成本的节约和财务成本的节约。节约直接成本，即通过减少额外活动和相关费用直接降低的成本；节约财务成本，即间接的成本节约，主要是因为实现单位销售额的存货要求降低了。

> **知识拓展**
>
> **某公司实施 ECR 后的成本下降情况**
>
> 某公司实现 ECR 之后，在整条供应链的总节约成本中，制造商节约的成本占 54%，其中 47% 来自直接成本的节约，7% 来自财务成本的节约；分销商节约的成本占 46%，其中 32% 来自直接成本的节约，14% 来自财务成本的节约。

具体来说，这些成本可分为六大部分，具体如表 3-2 所示。

表 3-2　ECR 的实施效果

费用类型	效　果
商品的成本	损耗降低，制造费用降低（包括减少加班时间、更充分利用生产力），包装成本降低（促销包装更少，品种减少），更有效地进行原材料采购
营销费用	贸易促销和消费者促销的管理费用降低了，产品导入失败的可能性减少
销售和采购费用	现场和总部的资源费用降低（包括合同的减少、自动订货、减少降价），简化了管理
后勤费用	更有效地利用了仓库和卡车，跨月台物流，仓库的空间要求降低了
管理费用	减少一般的办事员和财务人员
店铺的经营费用	自动订货，单位面积的销售额更高

五、ECR 与 QR 的比较

ECR 主要以食品行业为对象，其主要目标是降低供应链各环节的成本，提高效率；而 QR 主要集中在服装纺织行业，其主要目标是对客户的需求做出快速响应，并快速补货。这是因为食品杂货业与纺织服装行业经营的产品特点不同，食品杂货业经营的产品多数是一些功能型产品，每一种产品的寿命相对较长（生鲜食品除外），因此订购数量的过多（或过少）的损失相对较小；纺织服装业经营的产品多属创新型产品，每一种产品的寿命相对较短，因此订购数量过多（或过少）造成的损失相对较大。两者的共同特征表现为超越企业之间的界限,通过合作追求供应链整体效率的提高。

任务拓展

以某超市为调查对象,完成如下任务:(1)收集该超市的主要经营商品;(2)谈谈该超市在商品类别管理和店铺空间管理两方面的做法。

任务三 认知协同规划、预测与补货

任务目标

- 了解 CPFR 的形成
- 理解 CPFR 的内涵
- 正确区分 CPFR 的四种类型
- 理解 CPFR 的实施原则、步骤,并能理解 CPFR 实施过程中的风险与障碍

任务描述

CPFR 是协同规划、预测与补货(Collaborative Planning,Forecasting and Replenishment)的简称。

沃尔玛和宝洁这两家公司使得"供应链"这个词走向了全球,那么,是什么奠定了沃尔玛和宝洁在供应链发展中的地位呢? 这就是 CPFR。CPFR 在两家公司的成功运用,使得美国零售商和供应商的目光开始转向如何加强供应链管理以降低综合运营成本,以及提高顾客的满意度,而不再仅仅盯住渠道控制权。那么,CPFR 是什么呢? 它又是如何实施的呢?

知识链接

一、CPFR 的形成

宝洁,全球最大的日用品制造企业;沃尔玛,全球最大的商业零售企业。它们之间的合作并非一帆风顺。曾几何时,宝洁与沃尔玛经历过长时间的"冷战"。宝洁总是企图控制沃尔玛对其产品的销售价格和销售条件,而沃尔玛也不甘示弱、针锋相对,威胁要终止宝洁产品的销售,或把最差的货架留给它。

当然,双方很快认识到深度合作的好处。1987 年,为了寻求更好的手段以保证沃尔玛分店里"帮宝适"婴儿纸尿裤的销售,宝洁负责客户服务的副总裁 Ralph Drayer 和沃尔玛的老板 Sam Walton 终于坐到了一起。那个时刻,被认为是协同商业流程革命的开始。

"宝洁—沃尔玛模式"的形成其实并不复杂。最开始时,宝洁开发并给沃尔玛安装了一套"持续补货系统",具体形式是:双方企业通过 EDI(电子数据交换)和卫星通信实现联网,借助于这种信息系统,宝洁公司除了能迅速知晓沃尔玛物流中心内的纸尿裤库存情况外,还能及时了解纸尿裤在沃尔玛店铺的销售量、库存量、价格等数据,这样不仅能使宝洁公司及

时制订出符合市场需求的生产和研发计划,同时也能对沃尔玛的库存进行单品管理,做到连续补货,防止出现商品结构性机会成本(即滞销商品库存过多,而畅销商品断货)。

而沃尔玛则从原来繁重的物流作业中解放出来,专心于经营销售活动,同时在通过 EDI 从宝洁公司获得信息的基础上,及时决策商品的货架和进货数量,并由 MMI(制造商管理库存)系统实行自动进货。沃尔玛将物流中心或者仓库的管理权交给宝洁公司代为行使,这样不仅沃尔玛不用从事具体的物流活动,而且由于双方企业之间不用就每笔交易的条件(如配送、价格问题)等进行谈判,大大缩短了商品从订货经过进货、保管、分拣到补货销售的整个业务流程的时间。事情正如 Sam Walton 对 Ralph Drayer 所说的:"我们的做事方式都太复杂了。事情应该是这样的:你自动给我送货,我按月寄给你账单,中间的谈判和讨价还价都应该去掉。"

宝洁与沃尔玛的合作,改变了两家企业的营运模式,实现了双赢。据统计,在 2004 年,宝洁 514 亿美元销售额中的 8% 来自沃尔玛;沃尔玛 2 560 亿美元的销售额,就有 3.5% 归功于宝洁。与此同时,他们合作的四个理念,也演变成供应链管理的标准。这四个理念可以用四个字母代表:C(Collaboration,协同)、P(Planning,规划)、F(Forecasting,预测)和 R(Replenishment,补充)。

二、CPFR 的概念

北美行业间商业标准化委员会 VICS 对 CPFR 的定义如下:灵活运用因特网和 EDI 技术,大量减少供应链间的成本,并大幅度提高对消费者服务水平的服务模型。

《中华人民共和国国家标准·物流术语》(GB/T 18354—2006)对协同规划、预测与补货作出了如下定义:应用一系列的信息处理技术和模型技术,提供覆盖整个供应链的合作过程,通过共同管理业务过程和共享信息来改善零售商和供应商之间的计划协调性,提高预测精度,最终达到提高供应链效率、减少库存和提高客户满意程度为目的的供应链库存管理策略。

CPFR 的特点主要体现在这四个字母上,具体表现在:

(1)协同(Collaboration)。从 CPFR 的基本思想看,供应链上下游企业只有确立起共同的目标,才能使双方的绩效都得到提升,取得综合性的效益。因此,CPFR 要求合作双方长期承诺公开沟通、信息分享,从而确立其协同性的经营战略。因此,协同的第一步就是保密协议的签署、纠纷机制的建立、供应链计分卡的确立以及共同激励目标的形成。应当注意的是,在确立这种协同性目标时,不仅要建立起双方的效益目标,更要确立协同的盈利驱动性目标,只有这样,才能使协同性能体现在流程控制和价值创造的基础之上。

(2)规划(Planning)。包括合作规划(品类、品牌、分类、关键品种等)以及合作财务(销量、订单满足率、定价、库存、安全库存、毛利等)。此外,为了实现共同的目标,还需要双方协同制订促销计划、库存政策变化计划、产品导入和中止计划以及仓储分类计划。

(3)预测(Forecasting)。CPFR 强调合作双方必须做出最终的协同预测,同时也强调双方都应参与预测反馈信息的处理和预测模型的制定和修正,特别是如何处理预测数据的波动等问题,只有把数据集成、预测和处理的所有方面都考虑清楚,才有可能真正实现共同的目标,使协同预测落到实处。

(4)补货(Replenishment)。补货是供应链管理的重要程序。销售预测必须利用时间序列预测和需求规划系统进行订单预测。供货商的接单处理时间、待料时间、最小订货量等因素,都需要列入考虑范围之内。零售商订货,应包括存货比率、预测的准确程度、安全存量、交货时间等因素,而且双方要经常评估这些因素。在 CPFR 中,货物的运送,也由双方合作进行。在补货程序上,双方要维持一种弹性空间,以共同应对危机事宜。

CPFR 是一种协同式的供应链管理技术,其最大优势就是能及时准确地预测由各项促销措施或异常变化带来的销售高峰和波动,从而使销售商和供应商都能做好充分的准备,赢得主动。

知识拓展

CPFR 的实施效果

1. 小吃食品生产业的巨人纳贝斯克(Nabisco)与食品连锁店未格曼斯(Wegmans)成功地实施了 CPFR 导航项目,精明的促销使 Wegmans 的果仁小吃的销售额在其他零售商下降 9% 的情况下增加了 11%。通过战略的共享需求数据以及在促销和补货中的紧密协作,Nabisco 的供应商(坚果种植商)销售额增加了 40%,Nabisco 也极大地增加了其在 Wegmans 中的份额;此外,Nabisco 的仓库补充率从 93% 增加到 97%,而库存却下降了 18%。

2. 2000 年 4 月,强生(Johnson & Johnson)和英国连锁企业超级药物(Superdrug)开始为期 3 个月的 CPFR 试运行期后,Superdrug 发现配送中心的库存水平降低了 13%,而产品的可获得性却增加了 1.6%。

西尔斯(Sears)与米其林(Michelin)在 2001 年实施 CPFR 后也获得了巨大的好处:西尔斯的现货水平提高了 4.3%,配送中心到店铺的履约率提升了 10.7%,而整体库存水平则降低了 25%。

三、CPFR 的类型

常见的 CPFR 类型有四种,如表 3-3 所示。

表 3-3 四种常见的 CPFR 类型

类 型	应用领域	应用行业
零售活动合作	经常开展促销活动的渠道或种类	除实施每日低价策略外的所有行业
配送中心补货合作	零售配送中心或分销配送中心	药店、五金店和食杂店
商店补货合作	为商店直接送货或零售配送中心为商店送货	仓储式商店、会员店
合作分类计划	服装和季节性商品	百货商店、专业零售店

(一)零售活动合作

在很多零售环境中,超市、促销及其他零售活动对需求有着重要的影响。这些活动中的缺货、库存过剩和计划外物流成本对零售商和制造商的财务绩效都有影响。在这种情况下,零售商与供应商在计划、预测和补货促销等方面的合作非常有效。

零售活动计划要求双方确定合作中的品牌和具体的最小库存单元(SKU)。双方要共享诸如时间安排、持续时间、价格点广告和展示策略等活动细节。当发生变化时,零售商应当对信息进行更新。然后进行针对活动的预测并共享这一信息。接下来根据这些预测来计划订货和发货。在活动进行的过程中,对销售情况进行监控以发现任何变化或例外情况,然后由双方通过多次协商予以解决。

宝洁与包括沃尔玛在内的众多合作伙伴实施的就是这种类型的合作。

案例衔接

沃尔玛与萨拉利的 CPFR 合作

沃尔玛(Walmart)和萨拉利(Sara Lee Branded Apparel)公司的案例是沃尔玛与供应商共同成功的主要案例之一,与供货商进行信息交换使双方获得了成功。

1. 建立 CPFR 流程

两家公司应用 CPFR 主要有三个步骤,即① 制定销售预测;② 识别有关销售预测的例外情况;③ 销售预测例外情况的协作/解决问题。

两家公司按照行业模型所表示的商务流程和技术格式,确认了全部步骤的有效性。两家公司没有正式的形式,只是通过对共同商务计划的讨论,确认了是否主要的输入数据按照技术格式的要求,以及商业上的主要需求全部按照模型的要求。

2. 对象范围(实施阶段)

为了实验,双方选定了 23 款女性内衣品牌商品。其中,有 5 款是新产品,在小规模类型的门店配货;剩下的款式在全部 2 400 家连锁店和除了小规模门店以外的门店配货。

双方协作的目标重点是制定销售预测、识别例外情况和解决问题(销售预测按照原来的制定过程,制定销售预测的方法没有因为引入 CPFR 而改变)。适应信息交换和识别例外情况/解决问题,更新了销售预测并继续完善。协作架构讨论的有关成员职位包括:"门店补货的主管""销售部长""销售分析师""预测主管""销售系统、物流主管",最后调整了两家公司组织内部的人员配置。

3. 应用技术

两家公司协作的部分设置在沃尔玛原有的因特网平台的供应商通信系统内。两家公司确认行业模型格式的有效性,为合作提供了宝贵经验。

VICS-EDI830 处理单元(ANSI X.12 标准的子集)是企业之间为了传送销售预测所利用的数据手段。它使用的是原标准规格,能够迅速地确定协作体制,不需要花费太多的系统开发时间,能够管理多数的数据交换结构。

4. 评价标准

两家公司在合作中采用了以下评价标准:① 库存满足率;② 门店的库存天数;③ 预测的精度;④ 销售的机会损失。

开始实施了 24 周之后,两家公司目标对象项目的销售额提高了 32%。随着门店库存周转率提高 17%,门店的库存满足率提高了 2%,门店的库存减少了 14%。

5. 投入的经营资源

两家公司各个部门的成员都参加了合作，其中包含两家公司的"信息系统"部门、"销售/商品补充"部门的上级管理人员。最初的合作中需要的工作人员是："信息系统（多个应用开发团队）""预测/商品补充""物流""市场""供应链""销售"的各部门成员，但在实施过程却中却没有为了该项目而增加人员。

其次，两家公司增加了协作范围，并应用沃尔玛公司的零售链决策支持系统（Retail Link Decision Support System）进行详细的分析。

6. 案例效果总结

在案例的实现阶段，从最终利益改善判断，可以说是十分有效的。经过24周，成功地改善了下列指标：① 库存量：改善2%的店内库存；② 每周持有库存水准：改善14%的店内库存水准；③ 更准确的预测：反映在库存与销售的改善上；④ 降低缺货率：提升32%的销售量，增加17%的商品周转率。

（二）配送中心补货合作

配送中心补货合作可能是实践中最常见，也是最容易实施的合作形式。在这种类型下，交易双方合作预测配送中心的出货或者是配送中心对制造商的预期需求。这些预测被转化为配送中心向制造商发出的在某个时间段内承诺的或锁定的订单流。这一信息可以让制造商在未来的生产计划中考虑预期的订单，并根据需求完成承诺订单的生产。其结果是降低了制造商的生产成本，也降低了零售商的库存和缺货的概率。

配送中心补货合作相对容易实施，因为它需要的是综合预测合作，而不需要共享详细的销售点数据。因此，它往往是开始合作的最佳类型。随着时间的推移，这种形式的合作可以扩展到从零售商货架到原材料仓库的供应链的所有储存点。比如，百味来与分销商就开展过这种合作。

> **知识拓展**
>
> **百味来集团**
>
> 百味来集团（Barilla Group）成立于1877年，为意大利帕尔马的一家面包店。公司总部位于意大利帕尔马，在奥地利、比利时、法国、德国、希腊、荷兰、波兰、俄罗斯、斯洛文尼亚、瑞典、瑞士、土耳其、美国、墨西哥等多个国家设有办事处。
>
> 百味来集团旗下包括Barilla（跨国面食制造商）、Mulino Bianco、Pavesi、Voiello、Alixir和Academia Barilla（意大利）、Wasabröd（瑞典）、Misko（希腊）、Filiz（土耳其）、Yemina和Vesta（墨西哥）等品牌。
>
> 百味来集团生产多种面食，占意大利40%～45%的面食市场，占美国25%的面食市场，是全球领先的意大利面制造商。它生产120多种形状和大小不同的面食。

> **知识拓展**

百味来集团旗下意大利面在世界各地的众多餐馆中出售,包括百世达(Pastamania)连锁店。它也是意大利烘焙产品的主要销售商。

百味来集团在全球拥有多家生产工厂,包括:意大利、希腊、法国、德国、挪威、俄罗斯、瑞典、土耳其、美国和墨西哥。公司还在意大利、希腊、瑞典、土耳其和美国经营纸厂。

2015 年,百味来集团收入为 33.82 亿欧元,营业收入为 3.083 6 亿欧元,利润为 1.720 6 亿欧元,总资产为 27.97 亿欧元,总股本为 11.03 亿欧元。

(三)商店补货合作

在商店补货合作方式下,交易双方合作开展商店层面的销售点预测。这些预测将被转化为在某个时间段内承诺的一系列商店层面的订单。与配送中心层面的合作相比,这种形式的合作实施起来困难得多,特别是在商店的规模比较小的情况下。对于好市多和家得宝等大型商店来说,商店补货合作实施起来较为容易。商店补货合作的好处包括:制造商可以更好地了解销售情况、补货的准确性更高、产品的可获得性水平更高以及库存降低。这种形式的合作对于新产品的销售和促销都很有好处,制造商及其供应商可以利用这一形式来改善运作执行。

> **知识拓展**
>
> **好市多与家得宝**
>
> 好市多(Costco)是美国最大的连锁会员制仓储量贩店。它于 1976 年在加州圣迭戈成立,名为 Price Club,七年后,它在华盛顿州西雅图成立了好市多,2009 年,好市多成为美国第三大、世界第九大零售商。好市多是会员制仓储批发俱乐部的创始者,成立以来即致力于以可能的最低价格提供给会员高品质的品牌商品。目前,好市多在全球七个国家设有超过 500 家的分店,其中大部分都位于美国境内,加拿大则是最大国外市场。2017 年 6 月 7 日发布的 2017 年《财富》美国 500 强排行榜中,排名第 16;2017 年 6 月 6 日,《2017 年 BrandZ 最具价值全球品牌 100 强》公布,好市多名列第 68 位;2018 年 7 月 19 日,《财富》世界 500 强排行榜发布,好市多位列 35 位;2018 年 12 月,世界品牌实验室编制的《2018 世界品牌 500 强》揭晓,排名第 218 位。
>
> 家得宝是全球领先的家居建材用品零售商,美国第二大零售商,遍布美国、加拿大、墨西哥和中国等地区,连锁商店数量达 2 234 家。家得宝连续 9 年被美国《财富》杂志评为"最受欢迎的专业零售商"。2006 年,家得宝被美国《财富》杂志评为"最受仰慕的专业零售商"第 1 位及"最受仰慕的公司"第 13 位;2017 年 6 月 7 日,《财富》杂志发布了美国 500 强排行榜,家得宝排名第 23 位;2017 年 6 月,《2017 年 BrandZ 最具价值全球品牌 100 强》公布,家得宝排名第 24 位;2018 年 7 月 19 日,《财富》世界 500 强排行榜发布,家得宝位列 57 位;2018 年 12 月,世界品牌实验室编制的《2018 世界品牌 500 强》揭晓,排名第 209 位。

（四）合作分类计划

时装及其他季节性商品的需求遵循季节性模式。因此，这类产品的合作计划的时间期限是一个季节，依照季节交替。由于季节性特点，预测对历史数据的依赖较少，而更多地依赖对行业趋势、宏观因素和顾客偏好的合作分析。在这种形式的合作下，交易双方共同制订分类计划，最终生成含有款式/颜色/尺寸的计划采购订单。在时装表演会之前先通过电子方式共享计划采购订单，在时装表演会上展示时装样品并制定最终营销决策。计划订单有助于制造商采购提前期长的原材料和制订产能计划。如果产能具有足够的柔性，能够生产多种产品，而且最终产品所使用的原材料具有一定的共性，那么这种形式的合作的作用是最明显的。

四、CPFR 的实施

案例衔接

汉高集团的 CPFR 应用

汉高集团（Henkel），是西班牙大型清洁产品供应商。20 世纪 90 年代后期，公司深受订货预测和供应链管理实施乏力所困，存货水平高得无法接受，产品输出缓慢，运输效率低下。

通过分析，发现主要原因是公司没有连贯的系统，无法整合连续补充的预测计划，无法预测目标市场需求的确切数量，导致生产组织的盲目性。

1999 年，汉高集团与西班牙最大的零售连锁集团 Eroski 一起，共同实施了 CPFR。

Eroski 以 Consum 品牌经营着 47 个大卖场、800 个超级市场和 2 000 多个特许经营超市，且与汉高已有很多业务往来。但是，由于采用传统单打独斗的运作方式，汉高的销售预测中有 50% 的误差，缺货现象十分严重，而且在 Eroski 庞大的 500 家商店提供服务的中转仓库出货经常出错。实际上，这给两个企业都带来了不利的影响。

针对这种情况，两个企业决定实施 CPFR。为此，双方成立了一个小型的工作小组来开展工作。开始时，每周交换一次订货信息，每 15 天交换一次销售预测，每 4 个月交换一次促销计划表。为了提高合作效率，双方还开发了基于互联网的工作平台。

随着 CPFR 合作实验的进行，在 1999—2000 年度，平均错误从 50% 下降到 5%；控制在 20% 的合理误差率范围内的预测比率从 20% 上升到 75%；其他方面也取得了满意的效果，包括：98% 的客户满意度、5 天的供货期、2% 的缺货率、大于 85% 的预测可靠性、98% 的卡车满载率，等等。

汉高集团与 Eroski 的 CPFR 实践也并非一帆风顺。一开始面对的困难就是如何建立 CPFR 的复杂工作模式，如何打破双方保守的思维方式。其次是改变旧有的习惯，如何鼓励数据的自由流动。通过采取一系列措施，逐步解决了这些问题，CPFR 的实践取得了预期的效果。

（一）CPFR 的实施原则

CPFR 的实施原则包括以下三点：

（1）合作伙伴框架结构和运作过程以消费者为中心，面向价值链；

（2）合作伙伴共同负责开发单一、共享的消费者需求预测系统，这个系统驱动整个价值链的计划；

（3）合作伙伴均承诺共享预测，共担风险。

在 CPFR 的实施过程中，供应链各方从不同的角度收集不同层次的数据，通过反复交换数据和业务情报改善制订需求计划的能力，最后得到基于 POS 系统的消费者需求的单一共享预测。这个单一共享需求预测可以作为供应链各方与产品有关的所有内部计划活动的基础，换句话说，它能使价值链集成得以实现。以单一共享需求预测为基础能够发现和利用许多商业机会，优化供应链库存和改善客户服务，最终为供应链各方带来丰厚的收益。

（二）CPFR 的实施步骤

在合作的基础上，CPFR 的实施分为规划阶段、预测阶段和补给阶段，具体包括 9 个步骤，如图 3-4 所示。

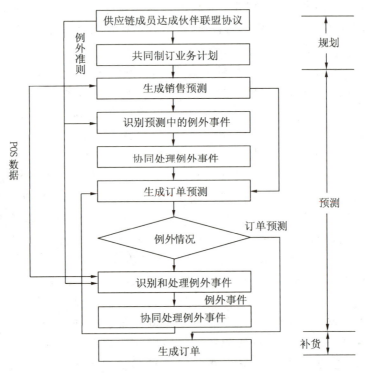

图 3-4　CPFR 的实施步骤

1. 签订业务框架协议

供应商、生产商、分销商和零售商等供应链上下游企业共同协商签订一个业务框架协议，主要内容包括：合作的发展战略、共同目标、任务与职责、业务规则、绩效评价、保密协议和资源授权等。这是一个实施 CPFR 所有业务活动的顶层设计。

2. 共同制订实施计划

由供应链各方基于业务框架协议拟定 CPFR 的实施计划，制定分类任务、各步骤目标、实施策略,以及合作项目的管理细节(比如订单最小批量、交货期、订单间隔和提前期等)。

3. 基于市场需求信息生成销售预测

基于分销商、零售商的 POS 系统或其他相关市场需求信息,对未来一定时期内单独或共同的业务进行分析预测,并据此对支持共同业务计划的市场销售作出预测。

4. 识别和判断分布在销售预测约束之外的事件

如果有销售预测的例外事件发生,那么就需要对销售预测作出调整或其他处理。任何一个事件是否为例外,都需要依据在步骤 1 中得到合作各方共同认定的准则来进行识别和判断。

5. 协同处理销售预测中的例外事件

如果发现销售预测中的例外事件,合作各方需要通过查询共享数据、采用各种交流方式协同解决和处理,并将由此产生的变化反馈给步骤 3,创建新的销售预测。

6. 生成订单预测

通过合并 POS 数据、因果关系信息与其他预测数据和库存策略,产生一个支持共享销售预测和共同业务计划的订单预测,提出分时段的实际需求数量,并通过产品及接收地点反映库存目标。订单预测周期内的短期部分用于产生订单,长期部分用于计划。

7. 识别订单预测中的例外事件

根据在步骤 1 中已建立的例外准则来识别和判断例外事件,如果是例外事件,进入步骤 8 去处理这些事件,否则进入步骤 9 生成订单。

8. 协同处理订单预测中的例外事件

如果发现订单预测中的例外事件,合作各方需要通过查询共享数据、采用各种交流方式进行调查研究,然后协同解决订单预测中的例外情况,并将由此产生的变化反馈给步骤 6,重新生成订单预测。

9. 生成订单并完成补货

将订单预测转变为已承诺的订单,订单生成可由生产商或分销商根据自己的资源、能力和系统来完成。此时,就完成了一次补货工作。

(三) CPFR 的实施风险和障碍

在 CPFR 的实施过程中,必须意识到 CPFR 所存在的风险和障碍。

CPFR 实施过程中的最大风险来自信息的大规模共享,因为 CPFR 的合作伙伴中的一方或双方往往与对方的竞争对手也有合作关系,所以会存在信息滥用的风险。另一个风险是如果合作双方中的一方改变其规模或技术,则另一方也将被迫进行改变以适应,否则就会失去合作关系。

另外,CPFR 的实施和例外情况的解决要求双方密切交流,然而双方的文化可能存在巨大的差异,无法在合作伙伴的组织内培育合作文化是 CPFR 成功实施的主要障碍。其次,合作伙伴往往试图在商店补货层面进行合作,而这需要组织和技术方面更多的投资。很多情况下,最佳的做法是从零售活动层面或配送中心层面着手进行合作,因为这样焦点更集中,更容易合作。再次,合作伙伴间共享的需求信息通常并未以整合的方式应用于组织内部。

想一想 CPFR 实施过程中的这些风险和障碍,会对供应链的运作造成哪些负面影响?应该如何避免这些风险和障碍呢?

因此,在实施 CPFR 时,需要把握住这三个关键要素:(1)慎重挑选合作伙伴;(2)明确 CPFR 模型运行的目标体系;(3)建立完善的 CPFR 运行机制。

 任务拓展

以某超市为调查对象,完成如下任务:(1)收集该超市的主要合作企业;(2)该超市与合作企业在哪些方面进行了协同化管理?取得了哪些成效?

任务四　认知企业资源计划

 任务目标

- 了解 ERP 的形成
- 理解 ERP 的内涵
- 理解 ERP 的各功能模块
- 理解 ERP 的特点
- 理解 ERP 的实施步骤、要点及效果

 任务描述

ERP 是企业资源计划(Enterprist Resourse Planning)的简称。

从以企业自身为中心到以客户为中心,是 20 世纪 90 年代企业经营战略上的重大转变。实施以客户为中心的经营战略,对客户需求做出快速响应,并在最短时间内交付高质量和低成本的产品,要求针对客户的需求快速重组业务流程以减少业务过程中的无用作业,要求流程中的任一环节都对增值有贡献。于是,企业资源计划逐渐取代制造资源计划,成为新的管理模式。那么,企业资源计划是什么呢?它又是如何优化供应链的呢?

 知识链接

一、ERP 的形成

与传统战略相比,以客户为中心的企业经营战略特点是:

(1)从组织形式上看,由按职能划分的层级结构转变为动态的、可组合的弹性组织结构。

(2)从管理方式上看,由纵向的控制和优化转变为按客户需求形成增值链的横向优化。

(3)从生产上看,由产品驱动转变为客户需求驱动,客户和供应商被集成在增值链中,成为企业受控对象的一部分。

(4)企业生产目标次序由"成本—质量—交货期"转变为"交货期—质量—成本"。

因此,以产品为中心的 MRP、MRPII 越来越不适应现在的企业经营战略。从 MRP 到如今的 ERP,大致经历了三个阶段。

（一）MRP 阶段

物料需求计划（Material Requirement Planning，MRP）是 20 世纪 60 年代为了解决库存管理中订购点法的不足而提出来的，它主要依据主生产计划、物料清单和库存信息对生产进行管理，目标是减少库存。20 世纪 70 年代，MRP 经过发展形成了闭环的 MRP 生产计划与控制系统，以物料为中心的组织生产模式体现了为客户服务、按需定产的宗旨，计划统一且可行，并且借助计算机系统实现了对生产的闭环控制，比较经济和集约化。

（二）MRPII 阶段

20 世纪 70 年代末和 80 年代初，美国企业管理人员在 MRP 管理系统的基础上，增加了对企业生产中心、加工工时、生产能力等方面的管理，实现了计算机生产排程，同时也将财务的功能囊括进来，形成了以制造资源为核心的企业管理信息系统——制造资源计划（Manufacture Resource Planning，MRPII），这种系统已能动态监察到产、供、销的全部生产过程。从 MRP 到 MRPII，在技术上只是一小步，而在观念和效果上却是一个较大的飞跃。

（三）ERP 阶段

20 世纪 90 年代以来，市场环境的变化促使企业调整经营战略，从而带来生产模式的变化，MRPII 已经不能满足企业全面信息集成的需要。在这个背景下，美国著名的计算机技术咨询和评估集团 Gartner Group Inc. 总结 MRPII 的发展趋势，提出了一整套企业管理系统体系标准，从而宣告了 ERP 的诞生。进入 ERP 阶段后，以计算机为核心的企业级的管理系统更为成熟，系统增加了包括财务预测、生产能力、调整资源调度等方面的功能，能配合企业实现 JIT 管理、质量管理和生产资源调度管理及辅助决策的功能，成为企业进行生产管理及决策的平台工具。

而现在，Internet 技术的成熟为企业信息管理系统增加与客户或供应商实现信息共享和直接的数据交换的能力，从而强化了企业间的联系，形成共同发展的生存链，体现供应链管理思想。ERP 系统相应实现这方面的功能，使决策者及业务部门实现跨企业的联合作战。

> **知识拓展**
>
> ### 实施 ERP 成功的企业
>
> 自 ERP 产生以来，越来越多的企业成功实施了 ERP，其中不乏全球知名的企业，包括：美铝公司（Alcoa）、德国巴斯夫公司（BASF）、第一资本金融公司（Capital One Financial Corp.）、高露洁—棕榄公司（Colgate-Palmolive）、戴姆勒—克莱斯勒（Daimler Chrysler）、德尔蒙食品公司（Del Monte Foods）、美国道康宁公司（Dow Corning）、联邦快递公司（FedEx）、家得宝公司（Home Depot）、惠而浦公司（Whirlpool）。

二、ERP 的概念

《中华人民共和国国家标准·物流术语》（GB/T 18354—2021）对企业资源计划作出了如下定义：在制造资源计划（MRPII）的基础上，通过前馈的物流和反馈的信息流、资金流，把客户需求和企业内部的生产经营活动以及供应商的资源整合在一起，体现按用户需求进行经营管理的一种管理方法。

ERP 的核心管理思想就是实现对整个供应链的有效管理,主要体现在以下三个方面。

(1) 体现对整个供应链资源进行管理的思想。

在当前的经济时代下,仅靠自己企业的资源已不足以在市场竞争中取得优势地位,还必须把经营过程中的有关各方如供应商、制造工厂、分销网络、客户等纳入一个紧密的供应链中,才能有效地安排企业的产、供、销活动,满足企业利用全社会一切市场资源快速高效进行生产经营的需求,以期进一步提高效率和在市场上获得竞争优势。换句话说,现代企业竞争不是单一企业与单一企业间的竞争,而是一条企业供应链与另一条企业供应链之间的竞争。ERP 系统实现了对整条企业供应链的管理,适应了企业在知识经济时代市场竞争的需要。

(2) 体现精益生产和敏捷制造的思想。

ERP 系统支持对混合型生产方式的管理,其管理思想表现在两个方面。

其一是"精益生产(Lean Production,LP)"思想,即通过系统结构、人员组织、运行方式和市场供求等方面的变革,使生产系统能很快适应用户需求不断变化,并能使生产过程中一切无用、多余的东西被精简,最终达到包括市场供销在内的生产的各方面取得最好结果的一种生产管理方式。与传统的大生产方式不同,其特色是"多品种""小批量"。

其二是"敏捷制造(Agile Manufacturing,AM)"思想,即要提高企业对市场变化的快速反应能力,满足顾客的要求,除了充分利用企业内部资源外,还可以充分利用其他企业乃至社会的资源来组织生产。这样,企业可以用最短的时间将新产品打入市场,时刻保持产品的高质量、多样化和灵活性,这即是"敏捷制造"的核心思想。

(3) 体现了集成管理思想。

ERP 系统将企业业务明确划分为由多个业务结点联结而成的业务流程,通过各个业务结点明晰了各自的权责范畴,而各个结点之间的无缝联结,实现了信息的充分共享及业务的流程化运转。

所以,企业实施 ERP 系统,就是要对企业的业务进行重新梳理与优化,实现生产经营的精细化与集约化,而带来的好处就是成本的降低、生产周期的缩短、响应客户需求的时间更快、为客户提供更好的服务。

三、ERP 的功能模块

ERP 是将企业所有资源进行整合集成管理,简单地说,就是将企业的三大流(物流、资金流、信息流)进行全面一体化管理的管理信息系统,如图 3-5 所示。它的功能模块已不同于以往的 MRP 或 MRPII 的模块,具体应包括如下模块:会计核算、财务管理、生产控制管理、物流管理、采购管理、分销管理、库存控制、人力资源管理。

(一) 会计核算

会计核算主要是实现收银软件记录、核算、反映和分析资产管理等功能,主要由总账模块、应收账模块、应付账模块、现金管理模块、固定资产核算模块、多币制模块、工资核算模块、成本模块等构成。

(二) 财务管理

财务管理主要是实现会计核算功能,以实现对财务数据分析、预测、管理和控制。ERP 选型对财务管理需求,侧重于财务计划中对进销存的控制、分析和预测。ERP 开发的财务管理模块包含财务计划、财务分析、财务决策等。

项目三 供应链管理的方法

图 3-5 某公司的 ERP 系统模块组成

(三) 生产控制管理

生产控制管理模块是 ERP 系统的核心所在,它将企业的整个生产过程有机地结合,使企业有效地降低库存,提高效率。企业针对自身发展需要,完成 ERP 选型,连接进销存系统,使得生产流程连贯。企业在 ERP 选型时,应注意到 ERP 系统生产控制管理模块包含主生产计划、物料需求计划、能力需求计划、车间控制、制造标准等,如图 3-6 所示。

图 3-6 某企业 ERP 的生产控制管理模块

(四) 物流管理

物流管理模块主要对物流成本进行把握,它利用物流要素之间的效益关系,科学、合理组织物流活动,通过有效的 ERP 选型,可控制物流活动费用支出,降低物流总成本,提高企业和社会经济效益。ERP 系统物流管理模块包含物流构成、物流活动的具体过程等。

（五）采购管理

采购管理模块可确定订货量、甄别供应商和产品的安全，可随时提供订购、验收信息，跟踪、催促外购或委托外部加工物料，保证货物及时到达。ERP 系统可建立供应商档案，可通过最新成本信息调整库存管理成本。ERP 系统采购管理模块具体有供应商信息查询、催货、采购与委外加工管理统计、价格分析等功能。

（六）分销管理

分销管理模块主要对产品、地区、客户等信息管理、统计，并分析销售数量、金额、利润、绩效、客户服务等方面。分销管理模块包含管理客户信息、销售订单、分析销售结果等。

（七）库存控制

库存控制模块是用来控制管理存储物资，它是动态、真实的库存控制系统。库存控制模块能结合部门需求随时调整库存，并精确地反映库存现状。库存控制模块包含为所有的物料建立库存，管理检验入库、收发料等日常业务等。

（八）人力资源管理

随着企业人力资源的发展，人力资源管理成为独立的模块，被加入 ERP 系统中，和财务、生产系统组成了高效、高度集成的企业资源系统。ERP 系统人力资源管理模块包含人力资源规划的辅助决策体系、招聘管理、工资核算、工时管理、差旅核算等。

> **知识拓展**
>
> **ERP 的典型代表——全渠道营销管理系统**
>
> 全渠道营销管理系统是电商企业在线上线下全渠道运营过程中不可或缺的一个管理软件，主要模块包括线上订单归集与就近分单、物流与库存管理、财务管理、用户管理等。借助该系统，企业可以让商品走最短路程，节约物流成本，并实现"产品+服务"一体化，提升用户体验，做到线上线下融合并充分一体化运营。同时，可以化解线上线下利益分配冲突的问题。

四、ERP 的特点

ERP 具有四大特点，即计划的一贯性和可行性、数据的统一性和共享性、灵活的决策应变性、高度的模拟预测性。

（一）计划的一贯性和可行性

ERP 是一种计划主导型管理模式，计划由粗到细逐层细化，但始终保持与经营目标一致。"一个计划"是 ERP 的原则，它将多级管理统一起来，计划编制工作集中在管理部门，车间班组只能执行计划、调度和反馈信息。ERP 还提供丰富的管理工具，如可存储长期产品结构的物料清单模块、验证计划可行性的能力需求计划等。因此，计划下达前可反复验证和平衡生产能力，并根据反馈信息及时调整，处理好供需矛盾，确保计划的一贯性、有效性和可执行性。

（二）数据的统一性和共享性

ERP 的所有数据来自企业的中央数据库，各个子系统在统一的数据环境下工作。任何一种数据变动都能实时地反映给所有部门，做到数据共享，在统一的数据库支持下，按照规范化的生产处理程序进行管理和决策的各项动作。

（三）灵活的决策应变性

ERP 是一个从整体角度出发的信息系统，将企业内部各个系统结合，形成一个面向整个企业的一体化系统，它要求跟踪、控制和反馈信息的实际情况，管理人员随时根据内外环境的变化迅速作出反应，及时调整决策，保证生产计划的正常进行。由于它可及时掌握各种动态信息，保持较短的生产周期，因而有较强的应变能力。

（四）高度的模拟预测性

ERP 具有模拟功能，能根据不同的决策仿真，模拟出各种将会发生的结果，因此它也是企业上层人员的决策工具，管理人员更可精确地编制未来的生产和供应计划、人力需求和资源计划。例如，可根据生产计划要生产的项目、库存状态和物料清单等，模拟未来库存和缺件状态，并编制计划将物料按生产计划提前送达指定地点，以确保高效的生产。

五、ERP 的实施

（一）ERP 的实施步骤

1. 建立实施策略

建立实施策略，主要从合作配合角度上来计划项目的范围、确定项目的目标。这一阶段的工作，包括建立由公司主要领导为首的项目实施领导小组和各部门有关人员参加的项目实施小组，并开始对员工进行初步的业务管理观念和方法培训，制定出企业实施应用管理的策略和目标。

2. 业务流程分析

业务流程是企业在经营过程中因业务发展的需要而产生的，支撑着日常业务系统的正常运行，包括采购流程、销售流程、仓储物流、应收应付、设计开发、计划生产、客退客诉、售后服务等。这些关键业务流程支撑着企业日常的运行和发展，只要企业持续经营，这些业务流程将会一直存在和运行。

3. 设计解决方案

结合业务管理的基本概念和具体的软件功能，逐项进行回顾、分析，以便对每个管理业务流程提出解决方案。

4. 建立应用系统

对管理上（或组织上）需改进之处制定改进方案，包括调整分工、规范流程、统一标准信息编码等，建立起一个符合企业实际的系统。

5. 建立用户文档

用户文档可用来培训最终用户及备案。系统一旦建立起来，可着手对最终用户的主要应用进行培训。

6. 系统切换

各职能部门按照各自的日常业务，参照已文档化的流程，进行联合演习测试，达到要求再逐步进行切换。

7. 运行维护及改善

安全、可靠地演习测试一段时间后，即可正式投入运行。在运行中需做好相关记录、报告，及时地发现运行中的问题，以便进行维护和提高。

案例衔接

福州某制造企业的 ERP 实践

福州某制造企业主要从事粉末冶金制品及高性能合金材料的研制、开发、生产和销售。他们的多项产品已达到国内外产品的先进水平，且多次获得奖项。但是该厂在发展中存在着管理机制不够健全，决策性不足，管理手段不够先进，信息建设缺乏规划等普遍问题。

1. 存在问题

随着企业业务与生产规模的不断扩大，原有的运营管理模式越来越呈现出不尽完善的地方。具体表现为以下几个方面：

(1) 销售部：大量积累的客户资料已经产生不便管理的端倪，需要有完善的方案来满足企业不断拓展的销售业务。另外，由于销售部门面对的是第一线的市场需求，对于订单生产状况、物料采购状况、货品交期的确定等细节需要一定程度上的实时把握。

(2) 采购部：采购部以订单作为采购依据，由于受市场需求的影响，经常出现插单现象，造成经常性出现紧急采购，由于插单引起的紧急采购占全部紧急采购总量的30%以上；同时由于市场影响，以及内部操作失误引起的采购变更频率为1%。另外，采购部还存在采购流程不顺、供应商信息管理不全、采购需求源头信息不准确等问题。

(3) 仓库管理部：主要还是采用手工记录库存交易，对于物料也没有实行编码。因此，公司平均物料损耗在1%~2%，对于仓管实时库存无法正确把握，盘点工作繁杂，影响公司的正常运作。

(4) 生产部：在实际的工作过程中，生产部往往由于采购不及时而经常造成生产计划更改、停工待料等现象。

2. 实施 ERP

面对销售部、采购部、仓库管理部和生产部等部门这一系列的供产销问题，该企业意识到推行 ERP 的必要性和紧迫性。在管理层的领导下，该企业对组织机构和业务流程进行了重组，对成本进行有效管控，提升产品质量和生产效率，深层次地挖掘营销管理中的问题。

该企业实施了以 MRP 为核心，集物流、生产、财务等管理功能为一体的 ERP 系统，功能覆盖从销售订单到规划、采购、外检、生产、产成品入库、产品销售的完整业务流程，各业务流程之间有机集成地连接起来，部门间的数据达到充分共享和统一。

该企业运用 ERP 的创新点主要体现在：(1) 针对该企业品牌交期为 12~24 小时，特对销售板块二次开发为自减报表功能；(2) 针对该企业产品款式全面、生产周期短，开发出独立模块，生产工单、领料单皆自动生成，提高生产效率，缩短产品交期，

项目三 供应链管理的方法

提高客户满意度;(3)为配合该企业营销方针,对于品牌产品,主排程系统按三个月销售预测自动设定;等等。

3. 实施效果

据调查统计,使用 ERP 系统使该企业取得了如下效果:资金周转次数提升了 50%~200%,短缺件次数降低了 60%~80%,劳动生产率提高了 15%~20%,按期交货率达到了 90%~98%,采购原材料的合格率提升到 99%,客户产品的交货期缩短 50%,采购原材料的物品的准确率提升到 95%,应收账款减少,资金回笼率提高,销售成本降低了 5%~15%,生产成本降低了 7%~12%,利润增加了 5%~10%。企业产供销一体化的运作,规范了企业内部管理流程,提高了工作效率,加强了决策支持力度,提升了企业的管理水平和竞争力。

(二) ERP 的实施要点

1. 要从理解企业的业务全流程入手

业务流程是由企业业务模式决定的,不同的企业业务模式,流程也会不同。流程不同,所需的功能也不同。在理解企业业务流程的过程中,分析业务流程,并且找出哪些业务流程是合理的增值流程,哪些是不合理的无效流程。ERP 系统的作用就是要规范业务流程,按照设定的业务规则监控流程,记录、运算、集成流程上的信息。

2. ERP 项目实施中要有正确的企业定位

ERP 项目实施过程中要以企业为主导,这在很大程度上决定了 ERP 项目能否实现预期的效果。因此,在 ERP 的实施过程中,要有正确的企业定位,包括:要明确企业的行业特点及在产业链上的位置,要明确企业订单的相应策略,要明确企业规模以及企业的营销策略。明确了企业定位,才能够在选择 ERP 产品时,选择适合企业的产品。

3. 选择合适的解决方案

寻求解决方案不是简单的选软件,而是寻求解决方案和建立长期合作伙伴关系。所以对于软件公司的行业定位、技术实力、公司的稳定性以及服务方面都要进行了解,当然对 ERP 软件产品的功能也要进行详细的了解,这样才能找到适合企业的长期合作伙伴。寻求解决方案要本着"适合企业"的原则,只有适合企业的才是最好的。

知识拓展

用友 ERP

用友 ERP 是一套企业级的解决方案,满足不同的竞争环境下,不同的制造、商务模式下,以及不同的运营模式下的企业经营,实现从企业日常运营、人力资源管理到办公事务处理等全方位的产品解决方案。用友 ERP 是以集成的信息管理为基础,以规范企业运营,改善经营成果为目标,帮助企业"优化资源,提升管理",实现面向市场的营利性增长。

用友 ERP 是一个企业综合运营平台,用以解决各级管理者对信息化的不同要求:为高层经营管理者提供大量收益与风险的决策信息,辅助企业制定长远发展战略;为中层管理人员提供企业各个运作层面的运作状况,帮助做到各种事件的监控、发现、分析、解决、反馈等处理流程,帮助做到投入产出最优配比;为基层管理人员提供便利的作业环境,易用的操作方式实现工作岗位、工作职能的有效履行。

4. 业务流程重组

业务流程重组是指从根本上重新思考并彻底重新设计业务流程,以实现在关键业绩如成本、质量、服务和响应速度上,取得突破性的进展。这是 ERP 实施的重要环节,只有通过业务流程重组,找到不合理的业务流程并且用新的正确的流程替代,才能发挥 ERP 的作用,提高业务执行效率,为企业创造效益。

案例衔接

哈药集团实施 ERP 的失败原因分析

2000 年,哈尔滨医药集团决定实施 ERP 项目,参与软件争夺的两个主要对手是 Oracle 公司与利玛公司。一开始,两家在 ERP 软件上打得难解难分,一年之后,Oracle 击败利玛,哈药决定选择 Oracle 的 ERP 软件。然而事情发展极具戏剧性的是,尽管软件选型已经确定,但是,为了争夺哈药实施 ERP 项目的"另一半",2001 年 10 月,利玛联手哈尔滨凯纳击败哈尔滨本地的一家公司华旭,成为哈药 ERP 项目实施服务的"总包工头"。

签约两个月之后,利玛实施团队结束了对哈药的初步调研,并提出了一份长达 100 多页的"现场管理描述"报告。然而,这份报告一出炉,哈药就开始陆续请来一些第三方咨询公司对利玛的调研报告进行评估。

在 2002 年 2 月之前,哈药与利玛之间的合作仅限于前期的培训和软件测试版的安装,并没有实质性的进展。

到了 3 月份,哈药 ERP 实施出现了戏剧性的变化:因为实施方利玛副总经理与 60 多名同事集体哗变,利玛在哈药 ERP 项目的实施团队全部离职,整个哈药集团的项目也被迫彻底停顿下来。

哈药集团的 ERP 项目实施的失败原因有:

1. 直接原因来自利玛公司

实施方利玛副总经理与 60 多名同事集体哗变,利玛在哈药 ERP 项目的实施团队全部离职,整个哈药 ERP 项目也被迫彻底停顿下来。这是导致项目终止的直接原因。

2. 根本原因来自哈药集团

(1) 哈药集团缺乏统一的认识和理解。哈药集团主管与管理层对 ERP 的作用并不很明确,其信息部门的人员对实施 ERP 的作用与迫切性比其他部门的人员要强烈得多,其他部门对此并不表示积极的态度,这种情况导致实施过程出现矛盾与挫折。

(2) 哈药集团选择的 ERP 供应商缺乏具有中国本土化成功实施 ERP 经验的专

业咨询顾问服务能力。ERP实施是一个复杂的工程,是IT技术创新和管理创新的有机融合。这需要ERP供应商和企业共同努力,甚至需要第三方专业咨询服务商的参与才能够真正完全实现。只有国外成功的案例是远远不够的,结合本土化特点,成功的概率才大。

(3) 哈药集团ERP实施力度不够。

(4) 实施进度不易控制,导致ERP中途流产。哈药集团在实施ERP时,还有一大难题就是"实施过程的管理"。没有制定好明确的阶段性目标,成员分工不清。

(三) ERP的实施效果

1. ERP能够解决多变的市场与均衡生产之间的矛盾

由于企业生产能力和其他资源的限制,企业希望均衡地安排生产是很自然的事情。使用ERP系统来计划生产时,要作主生产计划。通过这一计划层次,由主生产计划均衡地对产品或最终项目作出生产安排,使得在一段时间内生产计划量和市场需求在总量上相匹配,而不追求每个具体时刻上均与市场需求相匹配。在这段时间内,即使需求发生很大变化,但只要需求总量不变,就可能保持主生产计划不变,就可以得到一份相对稳定和均衡的生产计划。由于产品或最终项目的主生产计划是稳定和均衡的,据此所得到的物料需求计划也将是稳定的和均衡的,从而可以解决以均衡的生产应对多变的市场的问题。

2. ERP使得对客户的供货承诺做得更好

ERP系统会自动产生可承诺量数据,专门用来支持供货承诺。根据产销两方面的变化,ERP系统还会随时更新对客户的可承诺量数据。销售人员只要根据客户订单把客户对某种产品的订货量和需求日期录入ERP系统,就可以得到以下信息:

(1) 客户需求可否按时满足;

(2) 如果不能按时满足,那么在客户需求日期可承诺量是多少?不足的数量何时可以提供?

这样,销售人员在做出供货承诺时,就可以做到心中有数,从而可以把对客户的供货承诺做得更好。

3. ERP能解决既有物料短缺又有库存积压的库存管理难题

ERP的核心部分物料需求计划恰好就是为解决这样的问题而发展起来的,它要回答并解决4个问题:

(1) 要制造什么产品;

(2) 用什么零部件或原材料来制造这些产品;

(3) 手中有什么零部件或原材料;

(4) 还应当再准备什么零部件或原材料。

4. ERP可以提高质量并降低成本

通过ERP系统,人们的工作更有秩序,按部就班地执行计划,而不是忙于应对出乎意料的情况。在这种情况下,工作士气提高了,工作质量提高了,不出废品,一次就把工作做好。于是,提高生产率,提高产品质量,降低成本和增加利润都随之而来。

5. ERP可以改变企业中的部门本位观

ERP强调企业的整体观,它把生产、财务、销售、工程技术、采购等各个子系统结合成一个一体化的系统,各子系统在同样的数据环境下工作。这样,ERP就成为整个企业的一个通信系统。通过准确和及时的信息传递,把大家的精力集中在同一个方向上,以工作流程的观点和方式来运营和管理企业,而不是把企业看作一个个部门的组合,从而使得企业整体合作的意识和作用加强了。每个部门可以更好地了解企业的整体运作机制,更好地了解本部门以及其他部门在企业整体运作中的作用和相互关系,从而可以改变企业中的部门本位观。

可以说,任何企业都可以通过ERP得到改善,不论一个企业的管理水平多么的高,ERP可以使它的管理水平更高。

任务拓展

调查实施ERP的某个企业,完成如下任务:(1)该企业使用了ERP的哪些功能模块?(2)该企业实施ERP后取得了哪些成效?

项目练习

一、判断题

1. 市场上的产品有功能型产品和创新型产品之分。( )
2. 快速反应要求要"快",这与延迟制造策略的思想相矛盾。( )
3. 实施快速反应,其目的就是要不计成本地提高补货速度,从而满足顾客的需求。( )
4. 快速反应需要借助现代信息技术。( )
5. 快速反应强调的不仅仅是供应链上各环节(供应商、制造商以及分销商)反应速度的提高,更是供应链整体反应速度的提高。( )
6. 有效顾客响应是在"快"的前提下,保证商品供应的有效性。( )
7. 为有效地促进商品的销售,有效的店铺空间管理是非常必要的。( )
8. 有效客户响应与快速反应都超越了企业之间的界限,通过合作追求供应链整体效率的提高。( )
9. 有效客户响应以满足顾客要求和最大限度降低物流过程费用为原则,能做出快速反应,使提供的物品供应或服务流程最佳化的一种供应链管理战略。( )
10. 有效客户响应需要借助于多种物流技术,才能实现商品供应的精确性。( )
11. CPFR是在CFAR的基础上,应用一系列技术和手段,从而提高整个供应链的运行效率。( )
12. CPFR包括协同、规划、预测和补货四个部分。( )
13. CPFR要求供应链各环节充分合作,也就是将各环节的商业机密充分共享。( )
14. CPFR在进行补货时,当零售商产生需求时,制造商才开始送货。( )
15. 在实现CPFR的过程中,由于供应链上下游企业的精确预测,所以上下游企业的存货不需要保有弹性空间。( )

16. ERP 是在 MRPII 的基础上发展而来的以客户为中心的一种企业经营战略。（   ）

17. ERP 就是将企业的三大流（物流、资金流、信息流）进行全面一体化管理的管理信息系统。（   ）

18. ERP 不能均衡地安排生产计划。（   ）

19. ERP 可以协调企业各部门之间的经营目标。（   ）

20. ERP 是一种计划主导型管理模式。（   ）

二、单选题

1. 年底统计苹果公司今年各产品的销售量时，发现各款型的产品销量相差很大，这说明了创新型产品的（   ）的需求特性。
   A. 需求量大　　　　B. 款式多　　　　C. 需求量难预测　　　　D. 毛利润高

2. 快速反应的英文简称是（   ）。
   A. QD　　　　B. QC　　　　C. QE　　　　D. QR

3. 在实施 QR 时，物流企业准备的是（   ）。
   A. 要素　　　　B. 产品　　　　C. 设备　　　　D. 信息网络

4. QR 产生于（   ）行业。
   A. 食品　　　　B. 服装　　　　C. 汽车　　　　D. 能源

5. 关于 QR，下列说法正确的是（   ）。
   A. QR 仅仅是片面地强调时间的缩短，而忽略了成本的降低
   B. QR 仅仅是片面地强调成本的降低，而忽略了时间的缩短
   C. QR 需要通过柔性，以满足不同客户的不同需求
   D. QR 依托信息共享，但不依靠利益共享

6. 有效客户响应的英文缩写是（   ）。
   A. ECR　　　　B. MRP　　　　C. DDR　　　　D. BPR

7. 有效客户响应产生于（   ）行业。
   A. 服装　　　　B. 电子　　　　C. 食品　　　　D. 药品

8. 越库配送的英文是（   ）。
   A. Automatic Replenishment　　　　B. Cross Docking
   C. Joint Managed Inventory　　　　D. Distribution Resource Planning

9. 关于 ECR 的说法，下列选项正确的是（   ）。
   A. ECR 要求利用 email 在供应链上的各企业间交换和分享信息
   B. ECR 的目的是以低成本向消费者提供高价值服务
   C. ECR 不能降低零售商的财务成本
   D. ECR 需要按采购、生产、物流、销售等职能建立管理团队

10. ECR 的实施可以减少许多不必要的成本开支，下列选项中属于"管理费用下降"的是（   ）。
    A. 商品的制造成本下降　　　　B. 商品促销费用下降
    C. 办事员和财务人员减少　　　　D. 包装材料减少

11. 协同规划、预测与补货的英文缩写是(　　)。
    A. CFAR　　　　　B. CPFR　　　　　C. CFPR　　　　　D. CPAR
12. CPFR包括协同、规划、预测、补货这四个部分,(　　)是最重要的。
    A. 协同　　　　　B. 规划　　　　　C. 预测　　　　　D. 补货
13. CPFR的"商店补货合作"类型可以应用于(　　)行业。
    A. 药店　　　　　B. 五金店　　　　C. 会员店　　　　D. 百货商店
14. 关于CPFR的说法,下列选项正确的是(　　)。
    A. 下游企业需要向上游企业提供必要的需求信息,上游企业则不需要向下游企业提供相应的供应信息
    B. 供应链各方需要共同制订实施计划
    C. 例外事件发生在哪个环节,就由该环节来处理
    D. 供应链各方基于供应信息生成销售预测
15. 在CPFR的实施中,(　　)是所有业务活动的顶层设计。
    A. 签订业务框架协议　　　　　　　B. 共同制订实施计划
    C. 基于市场需求信息生成销售预测　D. 协调处理销售预测中的例外事件
16. 企业资源计划的英文缩写是(　　)。
    A. DRP　　　　　B. MRP　　　　　C. ERP　　　　　D. BPR
17. 下列关于ERP的说法,错误的是(　　)。
    A. 制订计划时,应始终保持与经营目标一致
    B. 可以做到信息的实时共享
    C. 由于需要保持计划与目标的一致性,所以不能对实施过程中的意外情况做出灵活应对措施
    D. 可模拟出各种结果
18. 工时管理属于ERP(　　)模块的内容。
    A. 会计核算　　　B. 财务管理　　　C. 生产控制管理　D. 人力资源管理
19. 从根本上重新思考并彻底重新设计业务流程,以实现在关键业绩上如成本、质量、服务和响应速度上,取得突破性的进展,这是(　　)。
    A. 精益生产　　　B. 敏捷制造　　　C. 业务流程重组　D. 物料需求计划
20. 关于ERP的实施步骤,下列排序正确的是(　　)。
    A. 建立实施策略→业务流程分析→建立应用系统→建立用户档案→设计解决方案→系统切换→运行维护及改善
    B. 建立实施策略→业务流程分析→设计解决方案→建立应用系统→建立用户档案→系统切换→运行维护及改善
    C. 设计解决方案→建立实施策略→业务流程分析→建立应用系统→建立用户档案→系统切换→运行维护及改善
    D. 建立实施策略→业务流程分析→建立应用系统→设计解决方案→建立用户档案→系统切换→运行维护及改善

三、多选题

1. 下列属于创新型产品的是(　　)。
   A. 手机　　　　B. 流行音乐　　　　C. 时装　　　　D. 巧克力
2. QR 的实施步骤包括(　　)。
   A. 采用 EDI 技术　　B. 自动补货　　C. 各企业独立决策　　D. QR 的集成
3. QR 的实施条件包括(　　)。
   A. 供应方必须缩短生产周期　　　　B. 开发和应用现代信息技术
   C. 改变传统的经营理念　　　　　　D. 建立合作伙伴关系
5. QR 可以产生的作用有(　　)。
   A. 可以让制造商合理安排生产计划　　B. 能够提高零售商的销售额
   C. 能够加快供应链上的库存周转　　　D. 提高零售商的预测准确性
6. 下列属于功能型产品的是(　　)。
   A. 方便面　　　B. 巧克力　　　C. 手机　　　D. 大米
7. 下列产品的供应链适合采用 ECR 的是(　　)。
   A. 巧克力　　　B. 方便面　　　C. 流行音乐　　　D. 手机
8. ECR 包括(　　)四个核心业务过程。
   A. 快速产品引进　　B. 快速商店分类　　C. 快速商品促销　　D. 快速货品补充
9. ECR 的技术支撑包括(　　)。
   A. 信息技术　　B. 物流技术　　C. 营销技术　　D. 组织革新技术
10. ECR 的物流技术包括(　　)。
    A. 自动补货　　B. 越库配送　　C. 品类管理　　D. 配送资源计划
11. CPFR 的产生,主要源于(　　)两个企业的合作。
    A. 沃尔玛　　　B. 百味来　　　C. 萨拉利　　　D. 宝洁
12. 实施 CPFR,可以给供应链带来的利益有(　　)。
    A. 可以增加消费者需求信息的透明度
    B. 可以提高供应链上游企业的预测准确度
    C. 可以加快补货速度
    D. 可以完全共享合作伙伴的机密信息,提高决策的一致性
13. CPFR 的类型包括(　　)。
    A. 零售活动合作　　　　　　　B. 批发中心补货合作
    C. 商店补货合作　　　　　　　D. 合作分类计划
14. 实施 CPFR 时,需要做到(　　)。
    A. 慎重挑选合作伙伴　　　　　B. 明确 CPFR 模型运行的目标体系
    C. 共享必要的信息　　　　　　D. 建立完善的 CPFR 运行机制
15. CPFR 的实施过程分为(　　)阶段。
    A. 合作　　　B. 规划　　　C. 预测　　　D. 补货
16. 与传统战略相比,以客户为中心的企业经营战略具有的特点是(　　)。
    A. 组织结构变得有弹性　　　　B. 根据客户需求形成增值链
    C. 由客户需求驱动转变为产品驱动　　D. 相比于成本,企业更加重视"交货期"

17. ERP 的核心体现在( )。
A. 对整个供应链资源进行管理的思想 B. 精益生产的思想
C. 敏捷制造的思想 D. 集成管理思想
18. ERP 包括的功能模块有( )。
A. 会计核算 B. 生产控制管理 C. 物流管理 D. 分销管理
19. 关于 ERP 的实施,下列说法正确的是( )。
A. 要从理解企业的业务全流程入手 B. ERP 项目实施中要有正确的企业定位
C. 只有适合企业的才是最好的 D. 需要对企业业务流程进行重组
20. 关于 ERP 的说法,下列选项正确的是( )。
A. 计划的制订是由细到粗,即先由各部门制订计划,再汇总给决策者做决定
B. 所有数据来自企业各部门所收集的信息
C. 要求管理人员能随时根据内外环境的变化迅速作出反应
D. 可以根据相关数据进行仿真决策

四、案例分析

案例一:ZARA 如何在逆势中保持财富增长

通过对 ZARA 公司运作模式的研究发现,ZARA 的成功主要得益于其出色的全程供应链管理。

一、实现快速响应

每当电影或电视媒体中出现新的流行元素时,ZARA 只需几天的时间,就可以完成对歌星的装束或顶级服装大师创意作品的模仿。从流行趋势的识别到将迎合流行趋势的新款时装摆到店内,ZARA 只需两周的时间;而传统生产方式下,这个周期要长达 4~12 个月。

正是如此,ZARA 在快消品领域里创造了一个供应链神话——ZARA 每年设计 1.8 万个新样式,平均每 2~3 周就能有新款上架,并且可以做到 7 天生产、14 天下柜、30 天上柜,每年共推出约 5 万种新款时装。

然而,ZARA 之所以能够实现快速响应,是由于采用了 IT 系统。

首先,IT 和通信技术使 ZARA 供应链速度更快。ZARA 在信息共享和利用方面表现卓越,使得 ZARA 的供应链拥有惊人的速度:快速收集市场信息、快速决策、控制库存并快速生产、快速配送的运作模式在 ZARA 得以实现。

其次,IT 系统使得 ZARA 独特的供应链管理模式更好地实现。信息和通信技术是 ZARA 供应链运作模式的核心,IT 系统的应用将 ZARA 的产品设计、生产、配送和销售迅速融为一体,让 ZARA 的供应链"转"得更快。

正是因为在信息应用方面表现卓越,才使得 ZARA 拥有如此惊人的速度。

二、打造高效物流

很少有人知道,ZARA 的物流仓库是亚马孙的 9 倍,每天 ZARA 的仓库门口都会有无数辆货车将产品运输到欧洲其他地区或者机场。

在物流方面,ZARA 所有的远程运输都是空运,而不用货船。因为,阿曼西奥·奥特加宁愿支付高额的运费,而不愿意将其花在广告和市场营销方面。

与此同时,ZARA 的配送系统也十分发达。据了解,ZARA 的产品是从大约 20 千米的地下传送带运到西班牙拉科鲁尼亚的货物配送中心,该中心拥有非常成熟的自动化管理软件

系统。

比如,为了确保每一笔订单能够准时到达目的地,ZARA借用了光学读取工具进行产品分拣,每小时能挑选并分拣超过6万件的服装;又如,ZARA物流中心的运输卡车会依据固定的发车时刻表,不断开往欧洲各地。

在信息化手段的干预下,ZARA出货的正确率高达98.9%。

然而,随着近几年欧洲人工成本的上升,以及时尚集团各大品牌的不断壮大,产品的全球化供应链布局已成大势所趋。对此,阿曼西奥·奥特加也考虑到把供应链从欧洲逐渐挪到中国。

举例来说,江苏国泰与Inditex公司的合作时间已经有5~6年了,除承接大部分小品牌供应和ZARA的一些基本款之外,偶尔也会尝试着做一些ZARA的Studio系列和Class商务系列装。

在仓储物流国际化方面,过去Inditex的仓储物流组是轴心式发展,主要以西班牙总仓为轴心,进行全球产品的配送和产成品回收。但现在却有所改变,比如中国目前四个仓储物流区,分别设在北京、上海、广州和成都,货品可以直接从西班牙发货,到各个仓储区,然后直接发送到店。

而中国供应商生产的产品,则直接送到亚洲、北美等门店,也不用再去西班牙进行总配,从而保证了物流速度更快、运作效率更高。

三、善用大数据分析

据了解,ZARA的每个门店都部署了IT系统,每个门店都有自己的货单,这是一种非常个性化的做法。

具体来说,门店经理只需负责查看店中的货品销售情况,然后根据下一周的需求向总部订货。总部通过互联网把这些信息汇总,发给西班牙的工厂,以最快的速度生产和发货。

一方面,门店经理自己决定应该进什么货;另一方面,ZARA对门店经理的考核,则是看该店的销售有无上升,如果出现货品积压,就由门店经理为这些库存买单。

此外,ZARA还有一个全天候开放的"数据处理中心",每个零售网点都可以通过该系统追踪销售数据。同时,顾客的反馈也能在该系统上反映出来,ZARA能够很快发现哪些款式好卖,哪些款式滞销。

比如,在ZARA店内,各个角落都装有摄影机,门店经理也会随身携带PDA。每当客人向店员反映"这个衣领图案很漂亮"或者"我不喜欢口袋的拉链"等,这些细枝末节的细项就会通过ZARA内部全球资讯网络传递给总部设计人员,由总部作出决策后,再立刻传送到生产线,改变产品样式,这样的做法大大降低了存货率。

四、注重金融链服务

众所周知,ZARA的大部分生产环节都是外包给第三方加工厂来做的,而其自身业务的核心则是品牌设计和渠道拓展。在中国,很多做代加工的工厂总是被库存回款所拖累,所以跟品牌的衔接性较低,供应关系非常脆弱。但ZARA分布在全球的2 000多个加工厂,却可以做到随时开工。

那么,它是怎么做到的?原来,ZARA打通了和供应商的金融关系,使得跟它合作的加工厂不再需要为资金而烦恼。

比如,某下游加工厂需要生产出价值2 000万元的产品提供给ZARA,一旦缺少资金,该工厂就无法运转。如果按照传统金融业态的方式,该加工厂需要独立去银行担保贷款,而银行则需要办理抵押手续,其过程非常麻烦和周折。

然而,ZARA 可以为它在全球的 2 000 多个核心供应商提供快速的在线融资。在基于端到端的电子化系统上,ZARA 的供应商只要提出一个申请,总部就会从中国香港或者新加坡根据相应需求调拨资金,直接汇到供应商的中国账户上,使其不再需要为资金而烦恼。

显然,这些资金来自高效而发达的资本市场,ZARA 搭建了一个更高层次的金融环节,这也促进了整个 ZARA 生态圈的快速成长,而 ZARA 自身也获得了与所有供应商合作的管理体。

总之,目前许多服装品牌都在学习 ZARA 做"快时尚",但易学难像的原因则在于不懂得对智慧供应链进行改造。强大的供应链体系需要时间与资本的积淀,因此对于大多数服装企业来说,当前更应该思考的是品牌价值、市场定位,以及供应链等一系列问题,才能做好打翻身仗的准备。

(资料来源:http://www.chinawuliu.com.cn/xsyj/201807/16/332949.shtml,资料经笔者整理)

案例分析

(1) 结合案例,分析 ZARA 的"快"给 ZARA 带来了哪些好处?

(2) 结合案例,分析 ZARA 是如何做到"快"的同时并做到"准"的?

(3) 结合所学知识,你还能为 ZARA 提出其他措施来提升供应链的速度吗?

案例二:中国 ECR 大会优秀案例——京东、雀巢的"联合预测补货"项目

如今,为了应对激烈的市场竞争及快速变化的客户需求,企业需要不断地优化供应链、提高客户服务水平的同时,降低运营成本,这就要求供需双方快速准确地交换信息,以便更快地抢占市场、提升品牌形象、节约成本、避免断货以保障用户忠诚度,促使企业良性发展。基于此,京东和雀巢创新地建立了一种新型合作伙伴关系——面向消费者的供应链的策略(合作计划、预测与补给),即通过共享数据,将原来独立于彼此的数据信息相整合,通过将供应和实际顾客需求相结合,精准调控供应的频率和数量,实现预测与补货协同,提高线上有货率的同时,优化库存。

数据显示,基于雀巢与京东良好的协同预测合作模式,借助京东智慧供应链技术,在"618 大促"和"双 11"期间通过双方联合预测,避免了过去逢大促就会出现供货过多、过少或各仓匹配不均衡的情况。项目开展后,"订单满足率"从 60% 提高到 87%,平台"产品有货率"从 73% 提高到 95%。其中,仅仅考虑现货率这一项指标,就能够促使雀巢每年提升超过 3 000 万元的线上销售额。京东与雀巢是如何达到合作双赢的呢?

一、项目内容

据了解,京东与雀巢的联合销售预测主要从以下两个方向进行协同合作。

1. 共享信息,提升京东商城端商品销量预测的准确度

京东与雀巢建立信息共享平台,在确定更新频率时间点后,通过 Web、EDI 实现信息交换及高准确率的数据预测。京东和雀巢通过此数据平台,确认双方未来 1—3 个月的促销计划、促销信息以及商品曝光位置等流量计划,确认后的信息将返回输入到京东智能预测系统,通过机器学习建模,最终输出预测结果,并得到双方销售团队确认。在满足日常销售的基础上,同时迎接促销挑战,帮助双方在精准备货的同时降低周转天数、提高现货率,保证大

促期间的成本控制与客户体验。

2. 基于协同的京东商品销量预测，输出未来1—3个月的周期性连续补货计划

通过京东智慧供应链中的智能补货系统进行建模计算，提供给雀巢未来1—3个月内的周期性连续补货计划，雀巢据此来计划和平衡商品的生产、备货及安排后续入库等。此举不仅可以保证商品在京东有稳定的现货率，同时也能保证雀巢的订单满足率和较为协调的备货节奏，由此更科学地优化双方的库存水平，保持零供双方采取协同的步调确保线上有货率，随时随地满足消费者的需求。同时，连续的补货计划，也能输出到京东供应链下的仓储物流部门，数据的分享便于仓储部提前合理配置资源应对各种大促的挑战。

京东与雀巢通过智慧供应链的销售预测和补货计划，做到彼此信息互通，有效提升了双方的运营效率，更好地协同预测，保证平台现货率，优化双方的库存，这个项目的技术先进性和对中国零售供应链领域巨大的推广价值最终获得中国ECR大会的高度认可。京东智慧供应链"Y-SMART SC"，其核心是围绕数据挖掘、人工智能、流程再造和技术驱动四个原动力，整合形成京东"商品、价格、计划、库存、协同"五大领域的智慧供应链解决方案，用技术帮助京东商城与合作伙伴解决"卖什么、怎么卖、卖多少、放哪里"的问题。这些能力正在逐步开放给品牌商、供应商和零售商，京东致力协同合作伙伴更好地做到企业库存最低、现货最高，有效提高零售行业最核心的竞争力，带动行业共同前行。

二、项目历程

早在2012年，雀巢与京东就开始合作，到现在已经有包含冲调谷物、糖果、进口食品、母婴、水、宠物食品、全球购跨境等业务在京东平台开展。冲调品作为雀巢与京东合作的重点品类，凭借双方良好的合作实现了业绩的快速增长。2016年雀巢冲调品类全年销售额同比2015年增长近100%，其中咖啡和冲饮谷物品类实现了同比100%以上的增长。2016年618当天，雀巢冲调品类首次销售额破千万元。京东与雀巢连续在每年9月联合打造的"咖啡节"，对于推广咖啡品类的增长有很大意义，2016年的"咖啡节"带动当月咖啡品类同比增长110%。

2016年3月，雀巢供应链和京东Y事业部及采销团队制订未来滚动13周的销售预测和补货计划，用于支持雀巢做未来备货策略、生产计划、材料采购。2016年双"十一"期间，预测准确率从此前的45%提升到85%。

2016年9月，实现雀巢食品饮料产品由全国大仓直送京东全国8大仓群，去除经销商仓储送货环节，大大缩短了供应时间，加快了供应响应速度。这使得线上有货率从73%增加到95%，供应速度从过去的5~8天缩短到2~3天，线上销售提高5%。

2017年4月，雀巢和京东开始测试应用带板运输。数据显示：使用带板运输后，卸货效率从两小时缩短到20分钟，大大减少了人力、物力成本，提高收送货效率。

2017年6月5日，雀巢公司加入京东物流"青流计划"——京东物流供应链包装环保项目，共同发布青流计划倡议。未来有望通过此项目，用大企业的力量更好地为环保做出贡献。

京东集团副总裁、商城研发体系负责人马松表示：未来，京东将携手合作伙伴继续通过大数据、人工智能等技术将企业之间的优势结合，使得供应链条上的制造商、供应商、分销商和零售商等更顺畅地协作，不断提升运营效率，并为消费者提供更高品质的购物体验，实现多方共赢。

（资料来源：https：//new.qq.com/cmsn/20170608/20170608032848，资料经笔者整理）

案例分析

(1) 结合案例,雀巢所生产的产品有哪些?具备什么样的特点?
(2) 结合案例,绘制出京东与雀巢合作项目的运作流程。
(3) 结合案例,谈谈 ECR 与 CPFR 有何关系。

案例三:看李宁如何打造"敏感"供应链

2004年2月下旬的NBA全明星赛期间,吴先勇一直在美国篮球界四处奔走,作为当时李宁公司的市场总监,他在寻找合适的NBA球员做李宁的品牌代言人,以期在将来的NBA比赛中,观众可以看到自己喜欢的球员穿着李宁牌的篮球鞋。

一个月后,李宁与NBA签约的消息在业界传得沸沸扬扬。根据与NBA签订的协议,李宁可以运用经过许可的NBA球员进行广告宣传,另外,双方还将在中国展开一系列推广篮球的活动。

与热闹的市场宣传活动相比,李宁公司的另一项重要举动显得非常低调,这就是随后进行的供应链管理项目招标。据说,在2005年完成基础性工作后,李宁公司会在2006年追求整个供应链对客户需求的满足程度,而目前所做的招标工作正是李宁在科学供应链管理方式上的积极探索。

在其时任运营副总经理郭建新看来,将供应链建设成为能够有力支撑品牌发展的基础能力,是李宁公司为应对细分的专业体育用品市场所做的最好努力。

(1) 品牌策略转型。

2004年上市前期,《华尔街日报》的一篇报道戳到了李宁公司的痛处,这篇报道揶揄李宁的产品是在"休闲"和"运动"之间摇摆不定的"二五仔",言语间可以看出对李宁品牌发展策略不清晰的讽刺之意。

而到了2004年3月18日,李宁有限公司和美国职业篮球协会(NBA)正式宣布签约成为战略合作伙伴,一个运动的李宁的形象开始逐渐清晰起来。根据协议,李宁的篮球及品牌活动将出现在面向全国直播的NBA比赛过程中以及NBA的官方网站上。这是李宁继赞助西班牙篮球队后冲击专业篮球领域的又一举措,这意味着李宁可以利用NBA在中国的巨大市场影响力及媒体资源来推动李宁品牌及鞋类产品。

当越来越多的人意识到运动装只宜于运动而不再穿着一身运动服出入各种场合的时候,李宁也开始认识到专业的体育运动用品才是未来体育用品市场的主流。除了跑步之外,篮球被定为李宁公司的核心发展方向。事实上从2003年开始,李宁公司就有意识地赞助了一些专业的体育运动项目,比如中国的CUBA(中国大学生篮球联赛),以树立自己专业体育运动品牌的形象。除了在品牌营销上寻求突破外,李宁公司还在产品链的前端研发阶段施力。2004年它分别与美国EXETER研发公司和R&D设计事务所合作,致力于李宁运动鞋核心技术的研发和设计工作。2004年11月,香港设计研发中心(李宁体育科技发展有限公司)成立,集中负责设计李宁牌服装产品。李宁还和香港中文大学人体运动科学系合作,对李宁公司生产的运动鞋的力学特性进行运动生物力学测试,建立专业运动员的脚型数据库,对专业运动特征进行数据搜集和分析,以进一步提高产品的专业性和舒适度。

从这些举动不难看出,李宁正在做准备,以应对细分的专业体育用品成为主流的趋势。在拥有了中国最大的体育用品分销网络后,面对中国年平均增长率为20%的体育产品市场,李宁非常清楚,逐渐明晰的专业化市场定位,已经不是传统意义上的竞争策略所能支撑的。郭建新说:"现在的竞争已经是供应链之间的竞争。只有将供应链建设成为能够有力支撑品牌发展的基础能力,李宁才能从容应对细分的专业体育用品的市场需求。"

(2) 供应链上的新定位。

为了应对市场变化及新的品牌定位,李宁公司从供应链管理的角度也给自己重新定位,这就是资源的管理者和分配者。

李宁公司一直以来都是外包型企业,基本上没有自己的工厂,原材料通过合作伙伴生产成成品再由李宁公司销售出去。2014年,李宁还打算把自有的加工厂也分拆出去,将自己的主要工作方向完全集中到管理性工作上来,对供应链上的所有资源进行管理和分配。

对李宁公司来说,对供应链的管理,其实就是对需求的管理。李宁公司的经营模式很像做期货:产品设计出来后,先开订货会,经销商来下订单;订单来了之后,李宁发给加工厂,加工厂进行统计、合并、编号、计算成本后,再发给材料供应商、辅料商,然后由物流供应商配合流通工作。"这里面很多交接的过程实际是在浪费时间,"郭建新说,"需求管理好的(公司),有一个基础平台,经销商可以直接登录到台上自己去拿订单。"

服装鞋类市场流行趋势变化快,生命周期短,很少有一种产品是今年卖了明年还能接着卖的。李宁现在已有2万种不同款式、色码的服装、鞋、帽、便装、套服等产品,在国内市场上推出新品的频率非常高。而且现在消费者的要求越来越高,可选择性也越来越多。因此,几经权衡之下,市场敏感型的供应链成为李宁公司供应链管理的核心。

要锻造市场敏感型的供应链,其核心因素在于供应链反应速度,这一直是李宁公司所追求的。而李宁现有的反应速度在业内被认为是比较快的,这在李宁公司的物流体系中有很清晰的反映。

李宁公司在全国有3个生产基地,分别位于北京、上海、广州,而3个配送中心(DC)也相应地设在长三角、珠三角和北京周边三个大区。产品生产出来后,李宁的物流部门2小时内就能将产品放入本大区的DC,由DC进行货物的检配,然后根据经销商的需求,由区域的物流公司进行配送。

在不同的地区,李宁公司选择不同的合作运输公司和仓储公司来承担局部配送工作。李宁的物流供应商都是中等规模的物流公司,这主要是从受重视程度方面来考虑的。大规模的物流公司操作上有欠灵活,而且层层管理,管理力度上不够;费用高不说,李宁期望的受重视程度也不尽如人意。而选择中等规模的物流公司,李宁就可以理直气壮地要求货物的首发地位。现在李宁的物流分拨效率是3天,比专业的物流公司还快,在业内相当有名。

配送等几个单一环节的高效率显然不能让李宁满意,库存周转率方面与国际知名品牌的巨大差距让致力于全球市场的李宁心有不甘。耐克、锐步等国际知名品牌的平均库存周转天数为70~90天,而李宁公司2004年中期业绩显示的平均存货周转天数为124天。这不仅反映了公司的后台运营能力不足,库存周转率低也意味着占用资金多,降低了资本回报率。

因此,随着与NBA签约等品牌国际营销项目开始运作,李宁在供应链管理上的变革和招标也在同步进行。李宁认为:比较理想的状态,就是将物流分拨给一家强有力的物流公司,由原材料厂商跟物流公司直线配合,而李宁只是作为需求的管理者负责发放资源,将采购、生产、加工、销售、物流等各个环节统一调配管理起来。但是由于目前全国还没有一家物流公司能够承担全国配送的业务,李宁公司现在所做的,是逐步收集现有物流体系的数据,以作为将来供应链管理的依据。

在现有的系统基础上,李宁公司正在寻求一种新的供应链的管理系统(SCM)思路,实现包括原材料供应商、OEM(原始设备制造商,俗称"代工生产")工厂、辅料工厂以及物流供应商在同一个网络平台上交流信息的构想。供应链管理既然是对需求的管理,就带有一种预测的性质,尽管不可能做到100%正确,对需求变化的管理仍然非常重要。而这一平台搭建起来后,李宁公司就可以更加有效地管理需求,并通过整合资源提高供应链对市场的反应速度。

(3) 数据提升效率。

从2000年引入ERP系统的时候,李宁公司就开始了供应链管理的探索。经过几年建设,现在已经打破了原先那种生产总监只负责生产,物流总监只负责物流的条块分割状态,而将仓储、生产、物流、销售等环节都整合在一起,从整条供应链的角度来进行管理。

李宁公司是国内第一家采用SAP的R/3系统,并附加AFS服装与鞋业行业解决方案的服装企业。李宁公司实行的是OEM生产,产供销各个部门的能力相差较大,在企业信息系统的建设过程中,李宁公司逐渐了解到,评估标准的量化,可以有效地提高供应链的管理效率。郭建新举了一个例子:"以前我们对经销商的管理都是由销售经理决定,货款差了一两万,销售经理签个字也就发了。但上了ERP之后,一切都要系统说了算,非常严格。刚开始经销商不理解,说我的信贷额是200万元,差1万元你就不给发了?这次差1万元,下次就可能差2万元,时间长了,就会形成隐患。"

根据销售回款的历史纪录,李宁指定经销商信用级别,通过SAP系统对经销商进行严格的信用管理。一方面达到了及时收回资金,降低周转成本,减少利润损失风险的目的;另一方面,经过一段时间的磨合后,经销商和李宁之间的合作关系轻松了很多,销售经理已经可以专心开拓市场,而不再像以前那样担心对经销商是否存在厚此薄彼的问题。

在2004年以前,郭建新每次去工厂都让李宁的供应商心里七上八下,因为那时李宁还没有引入供应商评估制度,运营情况的好坏由李宁这边的管理人员说了算,供应商心里没底,所以每次郭建新去厂里视察他们都提心吊胆的。

这一状况的改进始于去年开始建立的供应商评估制度。李宁对技术、开发、材料、业务、QC(品质控制)、质量管理六个部门各建立了一个表格进行打分,对供应商的良品率、返工率、成本结构等环节定期进行评估,供应商的表现有了量化的分析,业绩好坏一目了然,他们心里也有了谱,知道该从哪个环节进行改进。现在郭建新再去厂里,更多是就操作层面的问题跟供应商做沟通。例如,去看看厂商为李宁配置的生产线和资源,看看工人的业务素质,工作手法是否符合李宁公司规定的标准等。

2004年下半年开始实施的还有供应商的退出机制,以形成供应商系统的优胜劣汰和良性循环。经过大半年的摸索,李宁公司已经基本找到了适合的模式,退出的工厂仍能跟李宁保持比较好的关系。

退出机制仍是依据数据分析进行的,将交货率、良品率、品质稳定性、未来可发展性以及李宁在客户中的排名等各项指标的KPI都摆出来,与供应商进行协商对比,达成共识后就启动退出程序。第一步退出开发人员,第二步退出技术,第三步退出QC,最后结账。

郭建新说:"李宁的退出机制要做到良好的退出,与合作伙伴做好充分的沟通,评估标准的量化,可以为李宁和合作伙伴夯实建立轻松关系的基础,一切靠数据说话,节省了很多人为因素产生的成本,更重要的是,轻松的合作关系为双方提高并行的合作效率提供了可能。"

在此基础上,李宁很看重合作伙伴对李宁及其产品的认识,以及将来的发展方向是否和李宁一致。李宁希望它的合作伙伴都能够把李宁排在前三位,最好是第一位。因为只有这样,李宁才有可能在最短时间内整合整个行业最好的资源,同时通过资源整合发挥整条供应链的最大效率。

现在,李宁公司有100多个供应商,为了实现品牌专业化的发展目标,李宁公司很强调供应商的研发方向是否和自己一致,他们会给供应商灌输专业的市场化需求趋势,以保证产品在研发和制造环节的专业化。

打造世界顶级体育运动品牌形象,是李宁公司一直以来的努力方向。在中国目前极富潜力的体育用品行业,李宁的目标是保持35%的增长速度。有人说,专业体育用品是体育产品品牌进军2008奥运会的门票,李宁如果不提早在专业产品上积极运筹,就很有可能会错失以"奥运"捷径迅速将自己提升为国际品牌的良机。而锻造好这条随需而动的供应链,则一切皆有可能。

案例分析

(1) 结合案例,谈谈什么是"敏捷"供应链?它与"快速反应"有何关系?

(2) 结合案例,分析李宁为什么要打造"敏捷"供应链?

(3) 结合案例,谈谈李宁采取了哪些措施来打造"敏捷"供应链?分别起到了什么作用?

案例四:苏宁与三星签约CPFR,变革中国家电零售供应链模式

2011年12月6日,苏宁与三星在南京隆重举行《苏宁电器—三星电子CPFR项目合作协议》签约仪式。协议约定:苏宁与三星将在彩电品类部分地区试点运营成功的基础上,全面推进全品类、全地域的CPFR项目建设。这是中国家电市场最大规模的CPFR平台项目,涉及销售规模超过百亿元,将对中国家电零售供应链变革产生积极示范意义。

一、建设CPFR,苏宁、三星战略合作持续深入

在竞争日趋激烈的中国家电市场,高效供应链建设始终是必须面对的课题。之前,在苏宁举行的全球供应商大会上,时任苏宁电器董事长张近东宣布将与供应商携手打造开放、共赢的智慧型供应链模式。CPFR,即协同规划、预测与补货,是全球供应链管理的最优化、最先进的模式之一,是苏宁未来供应链管理的重要模式。它通过共享信息和共同管理业务过程增进供需双方战略伙伴关系,实现双方共同利益最大化。同时,凭借生产、销售、配送各环节的全流程管控,在制造商、零售商、消费者之间形成良性闭环。

开展CPFR合作的制造商与零售商必须高度信任、目标一致,必须实力足够强大,苏宁与三星正具备了这样的基础。2006年,苏宁上线被誉为世界零售业灯塔工程的SAP/ERP系统,三星立即与苏宁展开企业间信息系统对接,此后双方在信息系统、人员培养、企业理念等方面的合作逐步深入、融合。众所周知,三星与苏宁彼此为中国市场最重要的合作伙伴,三星产品希望通过苏宁渠道在未来几年时间里实现销售额的大幅上升。

时任苏宁电器总裁金明表示:"中国家电市场是全球最大和增长最稳定的市场,三星在中国市场的发展将支撑其全球战略目标的实现,三星、苏宁的发展休戚相关,建设 CPFR 是基于苏宁与三星未来发展的战略选择。"

2011 年 4 月,三星与苏宁签署全年 120 亿元销售目标(注:2010 年三星在苏宁的销售额已破 100 亿元,与 2009 年 58.8 亿元的销售规模相比,增长了 70%),涉及彩电、白电、3C 等全品类,同时正式确定 CPFR 项目的开发,CPFR 项目的实施标志着中国最大家电零售企业与全球消费电子领导者在中国市场的战略合作更进一步。金明认为:"正因为苏宁与三星全方位、全天候的战略合作伙伴关系,以及对彼此企业经营理念的认同,才能顺利推进信任、开放、协同的 CPFR 系统建设。"

二、覆盖全国市场、全品类,CPFR 变革国内供应链模式

时任三星电子全球高级副总裁、经营革新总裁池完求表示:"三星在美国、欧洲市场已经有成熟的 CPFR 项目运作经验,很高兴能与苏宁在中国市场全面推进该项目的建设,相信该项目对双方供应链效率提升、经营业绩提升会有极大帮助。"

2011 年 5 月,苏宁、三星正式在华北、华东地区启动 CPFR 项目,经过 6 个月的试点运营,双方预测修正、补货机制逐步成熟。此次双方签署协议约定:"将扩大试点地域,并在 2012 年实现 CPFR 项目在全国范围内应用,涉及品类涵盖彩电以及冰箱、洗衣机、空调等,在未来进一步拓展至手机、数码、电脑等全品类产品,最终形成一个规模巨大、地域广泛的 CPFR 平台,实现更高效、更紧密的供应链合作。"

时任苏宁电器副总裁王哲表示:"在试点地区运行期间,双方对于彩电品类的销售预测准确度提升 90%、订单满足率达到 96%,库存各型号的比例更加合理,销售规模大幅提升,及时满足市场变化和消费者需求。"

CPFR 要求苏宁与三星强化利益共同体定位,通过高度融合的先进信息系统制定一致的销售目标,调整销售订单与采购订单的差值,提高库存周转,平衡各品类、各型号的仓储结构。通过 CPFR,三星将优先并持续稳定地为苏宁提供产品,减少流通库存、机会损失最小化;苏宁则能及时把市场信息反映到需求,通过协作增加销售。CPFR 可实现对"消费需求—销售预测—生产计划—库存管理"的供应链全流程管理,消除"牛鞭效应",节约社会资源,提高顾客满意度,最终驱使以消费者需求为主导的供应链体系建立。

苏宁与三星在全国建设的最大规模 CPFR 项目,对面临国内市场差异大的现状、急需提升现代化水平的中国零售业来说意义重大,有助于中国零售企业建立更加合理、更加优化的供应链管理,提高经营质量,增强核心竞争力。金明表示:"苏宁与三星还将制定基于 CPFR 平台的 KPI 考核机制,如销售预测正确率、订单满足率、供货周期等,以完善 CPFR 的运行机制,提升精细化运营能力。"

(资料来源:http://blog.sina.com.cn/s/blog_6de56b390102e0zh.html,资料经笔者整理)

案例分析

(1) 苏宁与三星为何要全面实施 CPFR 项目?

(2) 结合案例,分析要成功实施 CPFR,需要具备哪些条件?

(3) 结合案例,谈谈 CPFR 给制造商、零售商带来了哪些好处?

项目四 供应链管理要素

供应链管理要素

IBM 的供应链管理

供应链管理的实现,把供应商、生产厂家、分销商、零售商等在一条供应链上的所有节点企业都联系起来进行优化,使生产资料以最快的速度,通过生产、分销环节变成增值的产品,到达有消费需求的消费者手中。这不仅可以降低成本,减少社会库存,而且使社会资源得到优化配置,更重要的是通过信息网络、组织网络实现了生产及销售的有效连接和物流、信息流、资金流的合理流动。计算机产业的戴尔公司在其供应链管理上采取了极具创新的方法,体现出有效的供应链管理比品牌经营更好的优越性。戴尔公司的成功为其他电脑厂商树立了榜样,使它们目睹了戴尔公司的飞速成长过程。为了提高自己的销量,对原有供应链的改造势在必行。作为戴尔的竞争者之一,IBM 过去倾向于根据库存来生产计算机,由于其制造的产品型号众多,常常发现在有的地区存储的产品不合适,引起销售时机的丧失。计算机业面临的另一个问题是技术上的日新月异,这意味着库存会很快过时,造成浪费。为解决这些问题,IBM 和产业界的其他众多计算机厂商正在改变其供应链,使之能够适应急剧变化的市场环境。图 4-1 是 IBM 公司欧洲业务的供应链管理。

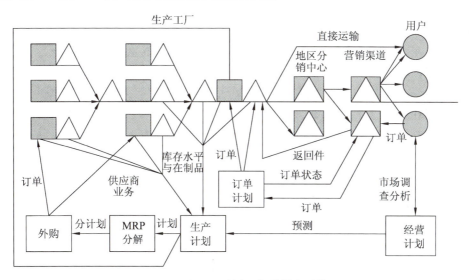

图 4-1　IBM 公司欧洲业务的供应链管理

案例总结

通过实施供应链各要素的分类管理,IBM 公司的生产盲目性得到避免,完整的区域供应链管理系统帮助 IBM 随时掌握各网点的销售情况,充分了解、捕捉与满足顾客的真正需求,并且按照订单制造、交货,没有生产效率的损失,在满足市场需求的基础上,增进了与用户的关系;能全面掌握所有供应商的详细情况;合理规划异地库存的最佳水平;合理安排生产数量、时间以及运输等问题;合理调整公司的广告策略和价格政策;网上订货和电子贸易可随时把电脑的动态信息告诉每一位想了解的顾客;与此同时,IBM 公司还减少了工业垃圾和制造过程对环境的破坏。

任务一　透析采购管理

任务目标

- 了解现代市场环境带给采购管理的挑战
- 了解供应链环境下采购管理的特点
- 理解准时采购
- 理解供应商管理库存

任务描述

采购是指企业为实现企业销售目标,在充分了解市场要求的情况下,根据企业的经营能力,运用恰当的采购策略和方法,取得营销对路商品的经营活动过程。采购成本直接影响到企业的利润和资产回报率。在有的企业,原材料及零部件的采购成本在生产成本中占的比例较高,一般在 30% 左右,有的高达 60%~70%。过高的采购成本将会影响企业流动资金的速度,因此,在企业的管理活动中,采购一直是管理者关注的重点。

在过去的传统采购模式中,采购被理解为单纯的买卖活动,只是为了补充消耗掉的材料库存,即为库存而采购。在供应链管理的环境下,采购将由库存采购向以订单驱动方式进行转变,以适应新的市场经济。那么,供应链管理环境下的采购与传统采购之间有哪些不同?供应链环境下有哪些采购策略?哪些因素影响供应商的选择?全球采购的发展对我国企业有哪些影响?

知识链接

一、采购概述

有效的货物或服务的采购,对企业的竞争优势具有很大的影响,采购过程把供应链成员联结起来,保证供应链的供应质量。在许多行业中,原材料投入成本占总成本的比例很大,投入原材料的质量影响成品的质量,并由此影响顾客的满意度和企业的收益。因为采购对于收入和供应链关系起着决定性的作用,所以就不难理解为什么采购管理越来越受到重视。

采购是一个复杂的过程,目前还很难对它进行统一的定义,根据环境的不同它可以有不同的定义。狭义的采购就是购买,广义的采购包括租赁、借贷和交换,日常活动中的采购是指以购买方式为主的商品采购活动。综上所述,商品采购就是单位或个人为了满足某种特定的需求,以购买、租赁、借贷、交换等各种途径,取得商品或劳务的使用权或所有权的活动过程,如图4-2所示。

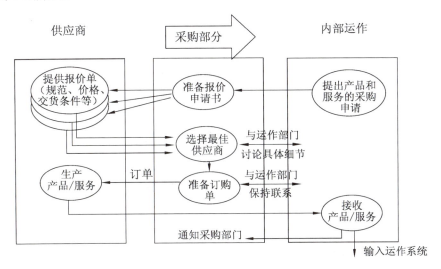

图4-2 商品采购过程

二、供应链环境下的采购管理

采购管理分为传统环境下的采购管理和供应链环境下的采购管理。

(一) 传统环境下的采购管理

虽然采购过程的活动基本是固定的,但传统的和基于供应链环境的采购模式还是存在很大差别。图4-3为传统采购模式业务流程。

传统采购的重点放在如何和供应商进行商业交易的活动上,特点是比较重视交易过程中供应商的价格比较,通过供应商的多头竞争,从中选择价格最低的作为合作者。虽然质量、交货期也是采购过程中的重要考虑因素,但在传统的采购方式下,质量、交货期等都是通过事后把关的办法进行控制,如到货验收等,而交易过程的重点放在价格的谈判上。因此在供应商与采购部门之间经常要进行报价、询价、还价等来回的谈判,并且多头进行,最后从多个供应商中选择一个价格最低的供应商签订合同,订单才决定下来。

传统的采购模式主要存在以下问题:

(1) 传统采购过程是典型的非信息对称博弈过程。

选择供应商在传统的采购活动中是一个首要的任务。在采购过程中,采购方为了能从多个竞争性的供应商中选择一个最佳的供应商,往往会保留私有信息,因为如果给供应商提供的信息越多,供应商的竞争筹码就越大,这样对采购方不利,因此采购方尽量保留私有信息,而供应商也会在和其他的供应商竞争中隐瞒自己的信息。这样,采购、供应双方都没有

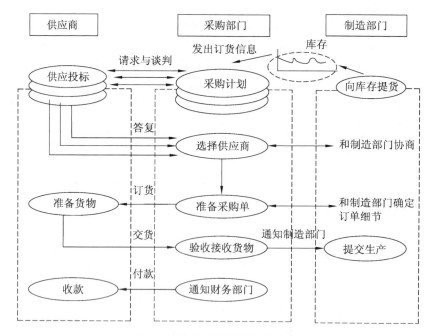

图 4-3 传统采购模式业务流程

进行有效的信息沟通,这就是信息不对称的博弈过程。

(2)验收检查是采购部门一项重要的事后把关工作,质量控制的难度大。

质量与交货期是采购方要考虑的另外两个重要因素,但在传统的采购模式下,采购方很难参与供应商的生产组织过程和有关质量的控制活动,相互的工作是不透明的。因此需要通过各种有关标准,如国际标准、国家标准等进行检查验收。缺乏合作的质量控制导致了采购部门对采购物品质量控制的难度增加。

(3)供需关系是临时或短时期的合作关系,而且竞争多于合作。

在传统的采购模式中,供应与需求之间的关系是临时性的,或者短时期的合作,而且竞争多于合作。由于缺乏合作与协调,采购过程中各种抱怨和扯皮的事情比较多,很多时间消耗在解决日常问题上,没有更多的时间用来做长期性预测与计划工作,在供应与需求之间存在的这种缺乏合作的气氛会加剧运作中的不确定性。

(4)响应用户需求能力弱。

由于供应与采购双方在信息的沟通方面缺乏及时的信息反馈,在市场需求发生变化的情况下,采购方也不能改变供应方已有的订货合同,因此采购方在需求减少时库存增加,需求增加时,出现供不应求。重新订货需要增加谈判过程,因此供需之间对用户需求的响应没有同步进行,缺乏应对需求变化的能力。

(二)供应链环境下的采购管理

供应链环境下的采购管理与传统环境下的采购管理有着根本的不同,具体表现在如下三个方面。

(1)从为库存而采购到为订单而采购的转变。

在传统的采购模式中,采购的目的很简单,就是为了补充库存,即为库存而采购。采购部门并不关心企业的生产过程,不了解生产进度和产品需求的变化,因此采购过程缺乏主动性,采购部门制订的采购计划很难适应制造需求的变化。在供应链管理模式下,采购活动是以订单驱动方式进行的,制造订单的产生是在用户需求订单的驱动下产生的,然后,制造订单驱动采购订单,采购订单再驱动供应商,如图 4-4 所示。这种准时化的订单驱动模式,使供应链系统得以准时响应用户的需求,从而降低了库存成本,提高了物流的速度和库存周转率。

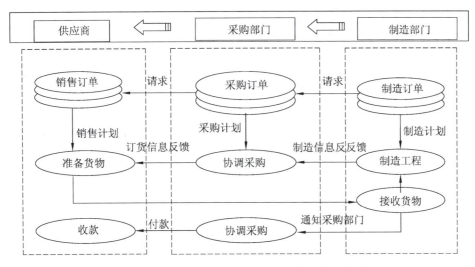

图 4-4 供应链管理模式下订单驱动的采购业务流程

订单驱动的采购特点:

① 建立供应合同的手续大大简化,交易成本也因此大幅降低。

② 制造计划、采购计划、供应计划能够并行进行,缩短了用户响应时间,实现了供应链的同步化运作。

③ 采购物资直接进入制造部门,减少采购部门的工作压力和不增加价值的活动过程,实现供应链精细化运作。

④ 信息传递方式发生了变化。

⑤ 实现了面向过程的作业管理模式的转变。

案例衔接

海尔的订单管理

一、海尔的采购管理

海尔采购订单滚动下达到供应商,一般的订单交付周期为 10 天,加急订单为 7 天。战略性物资如钢材每月采购一次,3 个月与供应商谈判协商价格。另有一些供应商通过寄售等方式为海尔供应,即将物资存放在海尔物流中心,但在海尔使用后才结算,供应商可通过 B2B 网站查询寄售物资的使用情况,属于寄售订单的海尔不收取相关仓储费用。采购要考虑销售的淡季和旺季问题,在旺季之前要提前预算,海尔目前一个月的预测精度可达到 80%,三个月的预测精度为 50%。另外,海尔的采购一般不退货,无逆向物流,不能取消订单。

二、海尔供应商管理

海尔从1998年开始优化供应商网络，打散原来的供应商体系，重新选择供应商，强强联合，合作共赢。海尔的供应商从2 200多家优化到721家，其中世界500强企业有59家，从侧重质量转向侧重全过程的激励与控制。对供应商的主要激励措施通过分配配额比例，由原来的人工统计数字到现在的由系统根据质量考评、供货考评和价格排名三个综合因素决定；而根据BBP平台网上招标的结果来确定海尔对供应商资源整合带来的效益显而易见，不仅可以采购到高质量的零部件，还给海尔带来了巨大的经济效益，仅1999年当年降低的采购成本就达5亿元，2001年在1999年的基础上又下降了10亿元。

海尔对供应商的评价主要侧重于质量、成本、交货期、能否参与到早期设计过程等，具体考核指标包括设计控制、文件和资料控制、采购和仓库、顾客提供物资、产品标识和可追测性、工序控制、检验与试验、内部质量审核、培训等10个方面。对供应商的评价包含在对供应商的质量体系考核评价里。海尔对三个月绩效不合格的供应商进行严格淘汰，对存在一定问题的供应商，要求统一整改，以保障供货的准时性。

三、海尔电子采购平台

海尔物流与供应商还搭建起公平、互动、双赢的采购协作平台。在企业外部，CRM与BBP平台搭建起企业与用户、企业与供应商沟通的桥梁。通过海尔的BBP采购平台，所有的供应商均在网上接收订单，并通过网上查询计划与库存状态，及时补货，实现准时供货。

供应商在网上还可接收图纸与技术资料，使技术资料的传递时间缩短了一倍；另外，海尔与招商银行联合，与供应商实现网上货款支付(实现网络结算的供应商占70%~80%)，一方面，付款及时率与准确率均达到100%，另一方面，每年可节约供应商上千万元费用，通过BBP采购平台，海尔不但加快了整条供应链的反应速度，而且与供应商真正实现了双赢。海尔还搭建起了全球网上招标平台(www.haier.com)，使全球供应商可以网上注册登记，查看合作招标项目、在线模拟招标、在线招投标，网上反向拍卖(海尔大部分零部件价格通过网上招标和反拍卖实现)，网上查询招标公示，全球网上招标。平台建成后，不仅使海尔供应商网络能力迅速提高，而且实现了公平、公开、公正的招标原则，提高招标过程的透明化，使海尔广纳全球网络资源，提升企业的核心竞争力。

通过海尔的电子采购平台，物流本部订单周期缩短，及时性、准确性提高。以前从收到计划到把采购订单下到供应商手中需要5~7天，现在供应商第2天就可以到BBP网站上查看从ERP系统自动传到BBP系统中的采购订单并打印送货单，准确率相比以前大大提高。

(2) 从采购管理向外部资源管理转变。

① 和供应商建立一种长期的互惠互利的合作关系。这种合作关系保证了供需双方能够有合作的诚意，以及参与双方共同解决问题的积极性。

② 通过提供信息反馈和教育培训支持在供应商之间促进质量改善和质量保证。传统采购管理的不足在于没有给予供应商在有关产品质量保证方面的技术支持和信息反馈。在顾客化需求的今天,产品的质量是由顾客的要求决定的,而不是简单地通过事后的把关所能解决的,因此在这样的情况下,质量管理的工作需要下游企业在提供相关质量要求的同时,及时把产品质量问题反馈给供应商,以便及时改进。对个性化产品的质量要提供有关技术培训工作,使供应商能够按照要求提供合格的产品和服务。

③ 参与供应商的产品设计和产品质量控制过程。同步化运营是供应链管理的一个重要思想。通过同步化的供应链计划使供应链各企业在响应需求方面取得一致性的行动,增加供应链的敏捷性。实现同步化运营的措施是并行工程。制造商企业应该参与供应商的产品设计和质量控制过程,共同制定有关产品质量标准等,使需求信息能很好地在供应商的业务活动中体现出来。

④ 协调供应商的计划。一个供应商有可能同时参与多条供应链的业务活动,在资源有限的情况下必然会造成多方需求争夺供应商资源的局面。在这种情况下,下游企业的采购部门应主动参与供应商的计划协调。在资源可能出现冲突的情况下,保证供应商不至于因为资源紧张而对本企业产生影响,保证供应链能够正常运行,维护企业的利益。

⑤ 建立一种新的有不同层次的供应商网络,并通过逐步减少供应商的数量,致力于与供应商建立合作伙伴关系。在供应商的数量方面,一般而言,供应商越少越有利于双方的合作。但是,企业的产品对零部件或原材料的需求是多样的,因此不同企业的供应商的数目不同,企业应该根据自己的情况选择适当数量的供应商,建立供应商网络,并逐步减少供应商的数量,致力于和少数供应商建立战略伙伴关系。

(3) 从一般买卖关系向战略协作伙伴关系转变。

在传统的采购模式中,供应商与需求企业之间是一种简单的买卖关系,因此无法解决一些涉及全局性、战略性的供应链问题,而基于战略伙伴关系的采购方式为解决这些问题创造了条件。

① 库存问题。在传统的采购模式下,供应链的各级企业都无法共享库存信息,因此,各级节点企业都独立地采用订货点技术进行库存决策,不可避免地产生需求信息的扭曲现象,因此供应链的整体效率得不到充分的提高。但在供应链管理模式下,通过双方的合作伙伴关系,供应与需求双方可以共享库存数据,因此采购的决策过程变得透明多了,减少了需求信息的失真现象。

② 风险问题。供需双方通过战略性合作关系,可以降低由不可预测的需求变化带来的风险,比如运输过程的风险、信用的风险、产品质量的风险等。

③ 通过合作伙伴关系可以为双方共同解决问题提供便利的条件,通过合作伙伴关系,双方可以为制订战略性的采购供应计划而共同协商,不必要为日常琐事消耗时间与精力。

④ 降低采购成本问题。通过合作伙伴关系,供需双方都为降低交易成本而获得好处。信息的共享避免了信息不对称决策可能造成的成本损失。

⑤ 组织障碍。战略性的伙伴关系消除了供应过程的组织障碍,为实现准时化采购创造了条件。

三、供应链采购管理策略

供应链采购管理策略主要包括准时制采购和供应商管理这两种方法。

(一)准时制采购

1. 准时采购的基本思想

准时制采购即JIT采购,它是由准时制生产(Just In Time)管理思想演变而来的。它的基本思想是:将合适的产品,以合适的数量和合适的价格,在合适的时间送达到合适的地点。最好地满足用户需要准时化采购和准时化生产。它是一种先进的采购模式,是一种管理哲学,是为了消除库存和不必要的浪费而进行持续性改进。它不但能够最好地满足用户需要,而且可以极大地消除库存、最大限度地消除浪费。JIT采购由于大大地精简了采购作业流程,因此消除了这些浪费,极大地提高了工作效率。同时,小批量采购是JIT采购的一个基本特征。

2. 准时制采购对供应链管理的意义

(1)准时制采购增加了供应链的柔性和敏捷性。
(2)准时制采购策略体现了供应链管理的协调性、同步性和集成性。
(3)准时制采购保证了供应链的整体同步化运作。

3. 准时化采购的特点

(1)采用较少的供应商,甚至单源供应。单源供应指的是对某一种原材料或外购件只从一个供应商那里采购;或者说,对某一种原材料或外购件的需求,仅由一个供应商供货。准时制采购认为,最理想的供应商数目是对每一种原材料或外购件,只有一个供应商。因此,单源供应是准时制采购的基本特征之一。传统的采购模式一般是多头采购,供应商的数目相对较多。

从理论上讲,采取单源供应比多头供应好,一方面,对供应商的管理比较方便,且可以使供应商获得内部规模效益和长期订货,从而使购买原材料和外购件的价格降低,有利于降低采购成本;另一方面,单源供应可以使制造商成为供应商的一个非常重要的客户,因而加强了制造商与供应商之间的相互依赖关系,有利于供需之间建立长期稳定的合作关系,质量上比较容易保证。但是,采取单源供应也有风险,比如供应商可能因意外原因中断交货。另外,采取单源供应,使企业不能得到竞争性的采购价格,会造成对供应商的依赖性过大等问题。

在日本,虽然98%的JIT企业采取单源供应,但实际上,一些企业常采用同一原材料或外购件由两个供应商供货的方法,其中一个供应商为主,另一个供应商为辅。从实际工作中看,许多企业也不是很愿意成为单一供应商。原因很简单,一方面供应商是独立性较强的商业竞争者,不愿意把自己的成本数据披露给用户;另一方面是供应商不愿意成为用户的一个产品库存点。实施准时制采购,需要减少库存,但库存成本原先在用户一边,现在转移到供应商。因此,用户必须意识到供应商这种忧虑。

(2)采取小批量采购的策略。小批量采购是准时制采购的一个基本特征。准时制采购和传统采购模式的一个重要区别在于准时制生产需要减少订购批量。因此,采购物资也应采用小批量办法。从另一个角度看,由于企业生产对原材料和外购件的需求是不确定的,而准时制采购又旨在消除原材料和外购件库存,为了保证准时、按质按量供应所需的原材料和外购件,采购必然是小批量的。但是,小批量采购必然增加运输次数和运输成本,对供应商来说,这点是很为难的事情,特别是当某些供应商在远距离的情形下,实施准时制采购的难度就很大。

通常情况下,解决这一问题的方法主要有四种:一是供应商在地理位置上靠近制造商,如日本汽车制造商扩展到哪里,其供应商就跟到哪里;二是供应商在制造商附近建立临时仓库,实质上,这只是将负担转嫁给了供应商,而未从根本上解决问题;三是由一个专门的承包运输商或第三方物流企业负责送货,按照事先达成的协议,搜集分布在不同地方的供应商的小批量物料,准时按量送到制造商的生产线上;四是让一个供应商负责供应多种原材料和外购件。

(3) 改变标准。由于准时制采购采取单源供应,因而对供应商的合理选择就显得尤为重要。可以说,能否选择到合格的供应商是准时制采购能否成功实施的关键。合格的供应商应具有较好的技术、设备条件和较高的管理水平,可以保障采购的原材料和外购件的质量,保证准时按量供货。在传统的采购模式中,供应商是通过价格竞争而选择的,供应商与用户的关系是短期合作的关系,当发现供应商不合适时,可以通过市场竞标的方式重新选择供应商。但在准时制采购模式中,由于供应商和用户是长期的合作关系,供应商的合作能力将影响到企业长期经济利益,因此,对供应商的要求就比较高。在选择供应商时,需要对供应商按照一定标准进行综合评价,这些标准应包括产品质量、交货期、价格、技术能力、应变能力、批量柔性、交货期与价格的均衡、价格与批量的均衡、地理位置等,而不像传统采购那样主要依靠价格标准。在大多数情况下,其他标准较好的供应商,其价格可能也是较低的,即使不是这样,双方建立起互利互惠的合作关系后,企业可以帮助供应商找出降低成本的方法,从而使价格降低。更进一步,当双方建立了良好的合作关系后,很多工作可以简化以至消除,如订货、修改订货、点数统计、品质检验等,从而减少浪费,降低成本。

(4) 加强对交货的准时性。准时制采购的一个重要特点是要求交货准时,这是实施准时化生产的前提条件。交货准时取决于供应商的生产与运输条件。作为供应商来说,要使交货准时,可以从以下几个方面着手:一是不断改善企业的生产条件,提高生产的连续性和稳定性,减少由于生产过程的不稳定导致延迟交货或误点现象。作为准时化供应链管理的一部分,供应商同样应采用准时化的生产管理模式,以提高生产过程的准时性。另一方面,为了提高交货准时性,运输问题不可忽视。在物流管理中,运输问题是一个很重要的问题,它决定准时交货的可能性,因此,就要求用户企业和供应企业都应着重考虑好这一方面问题,并进行有效的计划和管理,使运输过程准确无误。

(5) 从根源上保障采购质量。实施准时制采购后,企业的原材料和外购件的库存很少甚至为零。因此,为了保障企业生产经营的顺利进行,采购物资的质量必须从根源上抓起,也就是说,质量问题应由供应商负责,而不是企业的物资采购部门。准时制采购就是要把质量责任返回给供应商,从根源上保证采购质量。为此,供应商必须参与制造商的产品设计过程,制造商也应帮助供应商提高技术能力和管理水平。

> **知识拓展**
>
> **IBM 帮助供应商建立供应体系**
>
> 美国 IBM 公司企业战略中的重要一环就是帮助供应商建立供应体系,以实现真正的本地化采购供应。这不仅对供应商有利,对 IBM 也很有帮助。为此,IBM 建立了一个开放、兼容的信息平台,在此基础上,IBM 可以详细地了解供应商的生产流程、介入产品设计、生产、质量控制等过程,为其产品线找出竞争优势。以长城公司为例,IBM 和长城公司之间既是合资公司的业务伙伴关系,同时也是供应商与客户的关系。通过帮助长城公司提高技术水平,不仅使长城公司的市场竞争能力增强了,也使长城公司能够更好地提供高质量的产品为 IBM 服务,同时 IBM 还向长城公司提供一种开放的技术标准作为技术支持,使长城公司可以了解 IBM 眼中的业界发展方向。由于 IBM 本身具有一流的技术能力,长城公司与之保持同样的发展方向就自然增加了自身的竞争能力。

(6) 对信息交流的需求加强。准时制采购要求供应与需求双方信息高度共享,保证供应与需求信息的准确性和实时性。由于双方的战略合作关系,企业在生产计划、库存、质量等各方面的信息都可以及时进行交流,以便出现问题时能够及时处理。只有供需双方进行可靠而快速的双向信息交流,才能保证所需的原材料和外购件的准时按量供应。同时,充分的信息交换可以增强供应商的应变能力。所以实施准时制采购,就要求供应商和制造商之间进行有效的信息交流。信息内容包括生产作业计划、产品设计、工程数据、质量、成本、交货期等。

全球知名的沃尔玛公司和宝洁公司合作后,双方成立了一个协作团队,共同控制商品的质量。双方以结盟的方式,通过计算机实现数据共享。宝洁公司借助数据库,除迅速知道沃尔玛物流中心自己所需的商品情况外,还能及时了解自己产品在沃尔玛各店铺的销售量、库存量和价格等,这不仅能使宝洁公司及时制订出符合市场需求的生产和研发计划,同时也能对沃尔玛的库存做到连续补货,沃尔玛只需要决定商品的进货数量就可以了。反过来,沃尔玛向宝洁公司反馈市场和消费信息,直接指导宝洁调整产品结构,改进产品质量,双方形成一种双赢的合作联盟。

(7) 可靠的包装要求。由于准时制采购消除了原材料和外购件的缓冲库存,供应商交货的失误和送货的延迟必将导致企业生产线的停工待料。因此,可靠送货是实施准时制采购的前提条件。而送货的可靠性,常取决于供应商的生产能力和运输条件,一些不可预料的因素,如恶劣的气候条件、交通堵塞、运输工具故障等,都可能引起送货延迟。此外 JIT 采购对原材料和外购件的包装也提出了特定的要求。最理想的情况是,对每一种原材料和外购件,采用标准规格且可重复使用的容器包装,既可提高运输效率,又能保证交货的准确性。

4. 准时制采购的基本原则

在供应链管理模式下,准时制采购工作的基本原则就是要做到六个恰当:恰当的数量、恰当的质量、恰当的时间、恰当的地点、恰当的价格、恰当的来源。

(1) 恰当的数量。传统的采购模式中,采购就是为了补充库存,而在供应链管理模式下,采购活动是以订单驱动方式进行的,制造订单驱动采购订单,采购订单再驱动供应商。

这种准时化的订单驱动模式,使供应链系统得以准时响应用户的需求,从而降低库存成本,提高了物流的速度和库存周转率。越来越多的企业在近年来已逐步实行了订单驱动的采购方式。采购数量根据企业月生产计划和各分厂周计划而定。按实际需求采购,降低了库存成本,提高了经济效益。

（2）恰当的质量。质量是采购方要考虑的必要因素。传统的采购模式下,要有效控制质量只能通过事后把关的办法,根据国际、国家标准等进行检查验收。而准时采购则把这一过程大幅前置。

（3）恰当的时间。交货期也是采购方关注的焦点,准时制采购使采购方参与到供应商的生产组织过程,相互的工作更加透明。

（4）恰当的地点。在选择产品交货地点时,应考虑到各种因素,如价格、时间、产品种类。

（5）恰当的价格。物资价格的确定是采购的重要环节,应保证物资价格的恰当、合理。

（6）恰当的来源。传统的采购模式中,供应与需求之间关系的临时性,没有更多的时间用来做长期性预测与计划工作,而供应链管理模式是供应与需求的关系从简单的买卖关系向双方建立战略合作伙伴关系转变。

（二）供应商管理

供应商管理是供应链采购管理中一个很重要的问题,它在实现准时化采购中有极其重要的意义。在采购活动中提出客户关系管理并不是什么新概念。

1. 供应商管理的含义

供应商管理就是对供应商了解、选择、开发、使用和控制等综合性管理工作的总称。其中,了解是基础,选择、开发、控制是手段,使用是目的。

在传统的市场营销管理中早就提出了关系营销的思想,但是,在供应链环境下的客户关系和传统的客户关系有很大的不同。在市场营销中的客户指的是最终产品的用户,而这里的客户是指供应商,不是最终用户。另外,从供应商与客户关系的特征来看,传统企业的关系表现为：竞争性关系、合同性关系、法律性关系、合作性关系,而且企业之间的竞争多于合作,是非合作性竞争。供应链管理环境下的客户关系是一种战略性合作关系,提倡一种双赢（Win-Win）机制。从传统的非合作性竞争走向合作性竞争、合作与竞争并存是当今企业关系发展的一个趋势。

2. 双赢供应商关系

在供应商与制造商关系中,存在两种典型的关系模式：传统的竞争关系和合作性关系,或者叫双赢关系。两种关系模式的采购特征有所不同。

（1）竞争关系模式。竞争关系模式是价格驱动的,这种关系的采购策略表现为：买方同时向若干供应商购货,通过供应商之间的竞争获得价格好处,同时也保证供应的连续性;买方通过在供应商之间分配采购数量对供应商加以控制;买方与供应商保持的是一种短期合同关系。

（2）双赢关系模式。这种关系是一种合作的关系,这种供需关系最先在日本企业中采用。它强调在合作的供应商和生产商之间共同分享信息,通过合作和协商协调相互的行为：制造商对供应商给予协助,帮助供应商降低成本、改进质量、加快产品开发进度;通过建立相互信任的关系提高效率,减少交易和管理成本;通过长期的信任合作取代短期的合同;比较多的信息交流。

3. 双赢供应关系管理的措施

（1）信息交流与共享机制。信息交流有助于减少投机行为，有助于促进重要生产信息的自由流动。为加强供应商与制造商之间的信息交流，可以从以下几个方面着手：

在供应商与制造商之间经常进行有关成本、作业计划、质量控制信息的交流与沟通，保持信息的一致性和准确性。

实施并行工程。制造商在产品设计阶段让供应商参与进来，这样供应商可以在原材料部件的性能和功能要求上提供有关信息，为实施QFD（质量功能配置）的产品开发方法创造条件，把用户的价值需求及时转化为对供应商的原材料和零部件的质量与功能要求。

建立联合的任务小组解决共同关心的问题。在供应商与制造商之间应建立一种基于团队的工作小组，由双方的有关人员共同组成，解决供应过程以及制造过程中遇到的各种问题。

供应商和制造商工厂互访。供应商与制造商采购部门应经常性地互访，及时发现和解决各自在合作活动过程中存在的困难和出现的问题，便于打造良好的合作气氛。

使用电子数据交换（EDI）和互联网技术进行快速的数据传输。

（2）供应商的激励机制。要保持长期的双赢关系，对供应商的激励是非常重要的，没有有效的激励机制，就不可能维持良好的供应关系。在激励机制的设计上，要体现公平、一致的原则。给予供应商价格折扣和柔性合同，以及采用赠送股权等，使供应商和制造商能够分享成功，同时也使供应商从合作中体会到双赢机制的好处。

（3）合理的供应商评价方法和手段。要进行供应商的激励，就必须对供应商的业绩进行评价，使供应商不断改进。没有合理的评价方法，就不可能对供应商的合作效果进行评价，这将大大挫伤供应商的合作积极性和合作的稳定性。对供应商的评价要抓住主要指标或问题，比如交货质量是否改善了、提前期是否缩短了、交货的准时率是否提高了等。通过评价，把结果反馈给供应商，和供应商一起共同探讨问题产生的根源，并采取相应的措施予以改进。

想一想　分别从供应商角度和制造商角度谈谈供应链环境下的双赢合作关系对实施准时制采购有何意义。

4. 与供应商长期契约的制订

传统采购管理的过程控制是以企业监督，以合同为考核标准来进行控制的。这种控制过程需要在每次采购之前签订一个购销合同，此合同必须尽量考虑到过程中会发生的任何情况，这是很难做到的。

基于供应链的采购管理中的过程控制是基于长期契约来进行的。这种长期契约与传统合同所起的那种约束功能不同，它是维持供应链的一条"纽带"，是企业与供应商合作的基础。它提供一个行为规范，这个规范不但供应商应该遵守，企业自己也必须遵守。它应该包含以下内容：

（1）惩罚条款。损害双方合作行为的判定标准，以及此行为应受到的惩罚。企业与供应商的长期合作是基于供应链的采购管理的基础。任何有损于合作的行为都是有害的，不管此行为是供应商引起的还是企业自己引起的。因此,对这种行为的判定和惩罚是契约的必要组成部分。

(2)激励条款。对供应商的激励是能否使供应商参与此供应链的一个重要条件。为供应商提供只有参与此供应链才能得到的利益是激励条款必须表现的。此外,激励条款应包含激励供应商提高包括质量控制水平、供货准时水平和供货成本水平等业务水平的内容,因为供应商业务水平的提高意味着采购过程更加稳定可靠,而费用也会随之降低。

(3)与质量控制相关的条款。在基于供应链的采购管理中,质量控制主要是由供应商进行的,企业只在必要时对质量进行抽查。因此,关于质量控制的条款应明确质量职责,还应激励供应商提高其质量控制水平。对供应商实行免检,是对供应商质量控制水平的最高评价。契约中应指出实行免检的标准和对免检供应商的额外奖励,以激励供应商提高其质量控制水平。

(4)对信息交流的规定。供应链企业之间任何有意隐瞒信息的行为都是有害的,充分的信息交流是基于供应链采购管理良好运作的保证。因此,契约应对信息交流提出保障措施,如规定双方互派通信员和规定每月举行信息交流会议等,防止信息交流出现问题。

还应该强调的是,契约应是合作双方共同制定的,双方在制定契约时处于相互平等的地位。契约在实行一段时间后应考虑进行修改,因为实际环境会不断变化,而且契约在制定初期也会有不合适的地方,一定的修改和增减是必要的。

案例衔接:

肯德基的供应商管理

肯德基成为全球特许经营的经典案例,其经营理念是不断推出新的产品,或将以往销售产品重新包装,针对人们的尝鲜心态,从而获得利润。作为世界上最大和最成功的连锁快餐企业之一,肯德基成功的秘诀之一是:永远向充满朝气、勇于挑战自己的年轻人敞开大门,并注重对员工的培训,鼓励员工和肯德基共同成长。

肯德基的供应流程是:各餐厅将订货需求报分公司配送中心,处理后下订单给供应商,供应商送货至配送中心,配送中心根据线路送货。这个供应物流模式的运作遵循DRP计划系统(Distribution Requirements Planning,基于IT技术和预测技术对不确定的顾客需求进行预测分析以规划确定配送中心的存货、生产、派送等能力的计划系统),DRP系统包括三个输入文件和两个输出计划,分别是主需求计划、库存文件、供应资源文件、采购计划、配送计划。

肯德基供应商管理主要根据产品的主要原料(鸡肉类、土豆泥、调味品)由总公司确定供应商,一般原料(面包、饮料原浆、蔬菜、包装盒等)由各区级公司确定供应商,技术上采用"星级系统(STAR SYSTEM)"对备选供应商进行通选;每三个月到半年的定期评估和贯穿全年的随机评估由公司技术部和采购部进行评定,为达到这个体系的要求,供应商必须在产品质量保证和企业经营管理水平上持续努力和提高。因此,肯德基高效的供应商管理主要是通过供应商的本地化、星级系统评估和支持性培训三大策略实现的。

1. 供应商的本地化

目前肯德基中国采用的鸡肉原料100%全都来自中国国内，85%的食品包装原料都由国内的供应商提供，肯德基的供应源本地化主要有两大措施：第一是国内供应商的规模化；第二是国外供应商本地化。

2. 供应商的星级系统评估

肯德基的星级系统（Star System）是一项专门针对供应商管理的全球评估体系，从1996年开始对中国的供应商全面实施。星级系统的评估内容非常细节化，而且可操作性非常强，每三个月到半年的定期评估和贯穿全年的随机评估，由公司的技术部和采购部以总分100分进行评定，年底的综合评分将决定供应商在下一年度中业务量的份额，极大提高了供应商的质量水准。比如，对质量评估，就是评估供应商提供安全、稳定、高品质产品的能力，对技术评估就是评估供应商在技术改进和研究能力方面的水平；对财务评估就是评估供应商财务状况和支持能力；对可靠性评估就是评估供应商的诚信度及供应可靠性；还有对沟通的评估，即评估供应商的沟通系统和能力。

3. 供应商的支持性培训

肯德基公司的技术部和采购部也针对供应商的弱点和不足进行相应的培训，技术部主要负责技术转移，比如对各家禽厂家推行养殖技术中"公母分饲"技术，鸡肉深加工技术，分阶段屠宰技术等；采购部则经常拜访供应商，积极举办交流会（安排一些经验不足的小型企业参加有经验的大型供应商的交流会），把餐饮业的国际标准质量要求带给肯德基的供应商。不少小供应商在其中得益显著，一些当年与肯德基合作时仅是小规模的私营企业，随着肯德基每年相应的技术转移和培训，如今已迈入全国大企业之列。肯德基供应商管理的优点体现在有力支持了企业的正常运行和快速扩张，建立在各餐厅精确需求计划基础上的采购策略使得企业的库存成本大幅降低。

任务拓展

查阅资料，试对我国企业在全球采购方面受到的影响做出分析，并讨论我国企业如何应对全球采购趋势。

项目四 供应链管理要素

任务二 透析生产管理

 任务目标

- 了解现行生产管理和供应链生产管理的差距
- 了解供应链管理环境下生产计划与控制的特点
- 了解供应链环境下生产管理的策略

任务描述

供应链管理思想对企业最直接和最深刻的影响是企业家决策思维方式的转变,以传统、封闭的纵向思维方式向横向、开放的思维方式转变。生产计划与控制是企业管理主要内容之一,供应链管理思想无疑会对此产生很大的影响。那么,和传统的企业生产计划与控制方法相比,供应链管理模式下的生产管理有哪些不同?供应链环境下生产管理的策略有哪些?

 知识链接

案例衔接

美国通用公司的生产管理

成立于1908年,自1931年起成为全球汽车业领导者的美国通用汽车公司经过多年的亏损后,在2009年6月1日进入破产保护程序。

通用汽车公司曾是全球最大的汽车公司,其核心汽车业务及子公司遍及全球。其在全球30多个国家建立了汽车制造业务,汽车产品销往200多个国家。仅2005年,通用汽车就在全球售出917万辆轿车和卡车。通用汽车的全球总部坐落在美国密歇根州底特律的通用汽车文艺复兴中心。

作为全球最大的汽车公司,自成立以来,通用汽车已经拥有了100年的历史。在通用汽车的发展过程中,采用了许多带有领先水准的生产管理——"Milkrun"循环取料模式。

Milkrun是指在指定的窗口时间(Window Time,即Milkrun中取料、送料的时间,此窗口时间需由供应商、运输商和通用共同协商决定),将一定数量的零件和料箱送到通用,并将一定数量的空料箱送到供应处的闭环式运输路径。Milkrun是一个闭环式运输体系,每一条线路都有超过一家的供应商,供应商必须同意在有需要时移动其他供应商的装有零件的料箱料架或空料箱料架。循环取料属于及时供货项目,它要求在计划时间取料、送料以满足车辆生产计划,并保证生产线不停线。通用规定超出通用需求的零件将不予装载。在规定的窗口时间内,若物料没有准备好,则将用紧急送货方式将零件送至工厂以满足生产计划。紧急配送的费用由责任方(供应商、承运人或通用)负责支付。这一模式成功的关键在于按照一个规范的流程运行,根据通用的生产计划,将正确数量的零件准时送往指定的地点。

闭环式 Milkrun 循环取货是一个优化的物流系统网络,其特色是多频次、小批量、定时性。其实施有利于可周转料箱的管理,加速解决供应商质量问题,并为整个供应链提供一个更有效的控制库存,减少包括供应商处的库存费用。

通用汽车通过借用外部力量,对企业的外部资源优势进行整合,从而实现聚变,使企业具备超强的竞争优势。通过战略联盟,缩短开发周期,使其在短时间内拥有较强的技术力量;提高市场的响应速度,生产系统更具灵活性。更重要的是,它降低了通用公司在各方面的投资,包括在人力资源、设备、设施等方面的投资。投资的减少降低了产品的单件成本,使得企业运用有限的资源取得了较好的竞争优势。

一、生产概述

供应链管理思想对企业管理的最大影响是对现行生产计划与控制模式的挑战。因为企业的经营活动是以顾客需求为驱动的、以生产计划与控制活动为中心而展开的,只有通过建立面向供应链管理的生产计划与控制系统,企业才能真正从传统的管理模式转向供应链管理模式。我们探讨现行生产计划与控制模式和供应链管理思想的差距,其目的就是要找出现行生产计划与控制模式和供应链管理思想不适应的地方,从而提出新的适应供应链管理的生产计划与控制模式,为供应链管理运行机制的建立提供保障。

传统的企业生产计划是以某个企业的物料需求为中心展开的,缺乏和供应商的协调。企业的计划制订没有考虑供应商以及分销商的实际情况,不确定性对库存和服务水平影响较大,库存控制策略也难以发挥作用。供应链上任何一个企业的生产和库存决策都会影响供应链上其他企业的决策。或者说,一个企业的生产计划与库存优化控制不但要考虑某企业内部的业务流程,更要从供应链的整体出发,进行全面的优化控制。企业要跳出以某个企业物料需求为中心的生产管理界限,充分了解用户需求并与供应商在经营上协调一致,实现信息的共享与集成,以顾客化的需求驱动顾客化的生产计划,获得柔性敏捷的市场响应能力。

想一想 列举传统生产模式中的不合理现象。

二、供应链环境下的生产管理

(一)供应链环境下的生产管理与传统生产管理的区别

1. 决策信息来源的差距(多源信息)

在以后的讨论中,我们将看到供应链管理环境需求信息和企业资源的概念与传统概念是不同的。信息多源化是供应链管理环境下的主要特征,多源信息是供应链环境下生产计划的特点。另外,在供应链环境下资源信息不仅仅来自企业内部,还来自供应商、分销商和用户。约束条件放宽了,资源的扩展使生产计划的优化空间扩大了。

2. 决策模式的差距(决策群体性、分布性)

传统的生产计划决策模式是一种集中式决策,而供应链管理环境下的决策模式是分布式的群体决策过程。基于多代理的供应链系统是立体的网络,各个节点企业具有相同的地位,有本地数据库和领域知识库。在形成供应链时,各节点企业拥有暂时性的监视权和决策权,每个节点企业的生产计划决策都受到其他企业生产计划决策的影响,需要一种协调机制和冲突解决机制。当一个企业的生产计划发生改变时需要其他企业的计划也作出相应的改变,这样供应链才能获得同步化的响应。

3. 信息反馈机制的差距(递阶、链式反馈与并行、网络反馈)

企业的计划能否得到很好的贯彻执行,需要有效的监督控制机制作为保证。要进行有效的监督控制必须建立信息反馈机制。传统的企业生产计划的信息反馈机制是一种链式反馈机制,也就是说,信息反馈是企业内部从一个部门到另一个部门的直线性的传递,由于递阶组织结构的特点,信息的传递一般是从底层向高层信息处理中心(权力中心)反馈,形成和组织结构平行的信息递阶的传递模式。

在供应链管理环境下,企业信息的传递模式和传统企业的信息传递模式不同。以团队工作为特征的多代理组织模式使供应链具有网络化结构特征,因此供应链管理模式不是递阶管理,也不是矩阵管理,而是网络化管理。生产计划信息的传递不是沿着企业内部的递阶结构(权力结构),而是沿着供应链不同的节点方向(网络结构)传递。为了做到供应链的同步化运作,供应链企业之间信息的交互频率也比传统企业信息传递的频率高得多,因此应采用并行化信息传递模式。

4. 计划运行环境的差异(不确定性、动态性)

供应链管理的目的是使企业能够适应剧烈多变的市场环境需要。复杂多变的环境增加了企业生产计划运行的不确定性和动态性因素。供应链管理环境下的生产计划是在不稳定的运行环境下进行的,因此要求生产计划与控制系统具有更高的柔性和敏捷性,比如提前期的柔性,生产批量的柔性等。传统的 MRP 就缺乏柔性,因为它以固定的环境约束变量应付不确定的市场环境,这显然是不行的。供应链管理环境下的生产计划涉及的多是订单化生产,这种生产模式动态性更强。因此生产计划与控制要更多地考虑不确定性和动态性因素,使生产计划具有更高的柔性和敏捷性,使企业能对市场变化作出快速反应。

(二)供应链生产环境下生产计划的特点

供应链管理环境下生产计划与传统生产计划有显著的不同,因为在供应链管理下,与企业具有战略伙伴关系的企业的资源通过物流、信息流和资金流的紧密合作而成为企业制造资源的拓展。

1. 柔性约束

柔性实际上是对承诺的一种完善。承诺是企业对合作伙伴的保证,在这一基础上企业间才能具备基本的信任,合作伙伴也因此获得了相对稳定的需求信息。然而,由于承诺在时间上超前于承诺本身付诸实施的时间,因此,尽管承诺方一般来讲都会尽力使承诺与未来的实际情况接近,误差却是难以避免。柔性的提出为承诺方缓解了这一矛盾,使承诺方有可能修正原有的承诺。可见,承诺与柔性是供应合同签订的关键要素。

对生产计划而言,柔性具有多重含义:

(1)如果仅仅根据承诺的数量来制订计划是容易的。但是,柔性的存在使这一过程变得复杂了。柔性是双方共同制订的一个合同要素,对于需方而言,它代表着对未来变化的预期,对供方而言它是对自身所能承受的需求波动的估计。本质上供应合同使用有限的可预知的需求波动代替了可以预测但不可控制的需求波动。

（2）下游企业的柔性对企业的计划产量造成的影响在于：企业必须选择一个在已知的需求波动下最为合理的产量。企业的产量不可能覆盖整个需求的变化区域，否则会造成不可避免的库存费用。在库存费用与缺货费用之间取得一个均衡点是确定产量的一个标准。

（3）供应链是首尾相通的，企业在确定生产计划时还必须考虑上游企业的利益。在与上游企业的供应合同中，上游企业表达的含义除了对自身所能承受的需求波动的估计外，还表达了对自身生产能力的权衡。可以认为，上游企业合同中反映的是相对于该下游企业的最优产量。之所以提出是因为相对于该下游企业，上游企业可能同时为多家企业提供产品，因此，下游企业在制订生产计划时应该尽量使需求与合同的承诺量接近，帮助供应企业达到最优产量。

案例衔接：

SCM 环境下戴尔的生产计划与控制体系

近年来，在全球电脑市场不景气的大环境下，戴尔却始终保持着较高的收益，并且不断增加市场份额。戴尔的成功源于其将先进的管理思想用信息技术在企业中得以实现。

戴尔有一套较完善的 I2 Tradematrix 套件，它包括供应商关系管理、供应链管理、客户关系管理等几个特殊应用模块，而供应链管理中的工厂生产计划更是发挥了很大的作用，它使戴尔对市场的反应很快，能够每 3 天就做一个计划，并能实现自己基于直销方式的准时生产。

戴尔公司在进行供应链管理的过程中，体现了协调合作的思想，他们几乎每天都要与上游主要供应商分别交互一次或多次。在生产运营中，客户的需求发生变动时，戴尔能很快作出反应，通过与供应商的协调合作进行调整。由于戴尔与供应商之间没有中间商的阻隔，所有来自客户的最新消息都被以最快的速度反馈给供应商，以便供应商据此调整自己的生产计划。从接到订单开始，戴尔就快速反应，根据订单制订生产进度计划，并将物料需求信息传达给自己的供应商或者是自己的后勤供应中心，同时给工厂下达基于供应商的生产进度计划表，而供应商和后勤供应中心在指定的时间准时将材料运送到工厂中去，从而实现自己的实时生产。

戴尔的生产计划信息模块在最初就集成了五个方面的应用，并体现了企业对信息的实时跟踪与反馈。通过企业的工程材料加工和成本跟踪的应用，跟踪企业的小批量订单，并将信息传入企业的运行数据仓库（ODS）。因为库中汇集了各种数据，并集成了历史数据用以预测分析，使得它能够实时地支持生产决策。而同时，企业的订单管理系统将订单信息发给加工工厂，而加工进度跟踪编码系统会创建一个唯一的标签号，用以对订单的完成情况进行实时追踪。运行数据仓库与加工进度跟踪系统之间也不断进行信息数据的交换，两者也将生产的报告传至工厂的管理部，而它们同时会将调整的生产计划传回加工进度跟踪系统中。在整个信息系统中能够实现对订单的实时跟踪反馈，使企业的生产更符合最终客户的需要，从而使生产更加有效。

生产流程的规范性与信息技术的有效使用，使得戴尔的生产计划更贴近市场的需求，从而减少库存，提高企业的竞争力。

2. 生产进度

生产进度信息是企业检查生产计划执行状况的重要依据，也是滚动制订生产计划过程中用于修正原有计划和制订新计划的重要信息。在供应链管理环境下，生产进度计划属于可共享的信息。这一信息的作用在于：

（1）供应链上游企业通过了解对方的生产进度情况实现准时供应。企业的生产计划是在对未来需求做出的预测的基础上制订的，它与生产过程的实际进度一般是不同的，生产计划信息不可能实时反映物流的运行状态。供应链企业可以借助现代网络技术，使实时的生产进度信息能为合作方所共享。上游企业可以通过网络和双方通用的软件了解下游企业的真实需求信息，并准时提供物资。这种情况下，下游企业可以避免不必要的库存，而上游企业可以灵活主动地安排生产和调拨物资。

（2）原材料和零部件的供应是企业进行生产的首要条件之一，供应链上游企业在修正原有计划时应该考虑到下游企业的生产状况。在供应链管理下，企业可以了解到上游企业的生产进度，然后适当地调节生产计划，使供应链上的各个环节紧密地衔接在一起。其意义在于可以避免企业与企业之间出现供需脱节的现象，从而保证了整条供应链企业的整体利益。

3. 生产能力

企业完成一份订单不能脱离上游企业的支持，因此，在编制生产计划时要尽可能借助外部资源，有必要考虑如何利用上游企业的生产能力。任何企业在现有的技术水平和组织条件下都具有一个最大的生产能力，但最大的生产能力并不等于最优生产负荷。在上下游企业间稳定的供应关系形成后，上游企业从自身利益出发，更希望所有与之相关的下游企业在同一时期的总需求与自身的生产能力相匹配。上游企业这种对生产负荷量的期望可以通过合同协议等形式反映出来，即上游企业提供给每一个相关下游企业一定的生产能力，并允许一定程度的浮动。这样，在下游企业编制生产计划时就必须考虑到上游企业的这一能力方面的约束。

（三）供应链生产环境下生产控制的特点

供应链环境下的企业生产控制和传统的企业生产控制模式不同。供应链管理环境下需要更多的协调机制（企业内部和企业之间的协调），体现了供应链的战略伙伴关系原则。供应链环境下的生产协调控制内容包括以下几个方面。

1. 生产进度控制

生产进度控制的目的在于依据生产作业计划，检查零部件的投入和出产数量、出产时间和配套性，保证产品能准时装配出厂。供应链环境下的进度控制与传统生产模式的进度控制不同，因为许多产品是协作生产或转包的业务，相对于传统的企业内部的进度控制而言，其控制的难度更大，必须建立一种有效的跟踪机制进行生产进度信息的跟踪和反馈。生产进度控制在供应链管理中有重要作用，因此必须研究解决供应链企业之间的信息跟踪机制和快速反应机制。

生产计划中的跟踪机制

（1）在接到下游企业的订单后，建立针对上游企业的订单档案，其中包含了用户对产品的个性化要求，如对规格、质量、交货期、交货方式等具体内容。

（2）主生产计划进行外包分析，将订单分解为外包子订单和自制作子订单。订单与子订单的关系在于：订单通常是一个用户提出的订货要求，在同一个用户提出的要求中，可能存在多个订货项，我们可以将同一订单中不同的订货项定义为子订单。

（3）主生产计划对子订单进行规划，改变子订单在期与量上的设定，但保持了子订单与订单的对应关系。

（4）投入出产计划中涉及跟踪机制的步骤如下：

子订单的分解。结合产品结构文件和工艺文件以及提前期数据，倒排编制生产计划。对不同的子订单独立计算，即不允许进行跨子订单的计划记录合并。

库存的分配。本步骤与前一步骤是同时进行的，将计划期内可利用的库存分配给不同的子订单。在库存分配记录上注明子订单信息，保证专货专用。

能力占用。结合工艺文件和设备组文件计算各子订单计划周期内的能力占用。这一步骤使单独评价子订单对生产负荷的影响成为可能。在调整子订单时也无须重新计算整个计划所有记录的能力占用数据，仅需调整子订单的相关能力数据。

调整。结合历史数据对整个计划周期内的能力占用状况进行评价和分析，找出可能的瓶颈。对于在一定时间段内所形成的能力瓶颈，可采取两种办法解决：调整子订单的出产日期和出产数量；将子订单细分为更小的批量，分别设定出产日期和出产数量。当然，必须保持细分后的子订单与原订单的对应关系。

修正。本步骤实际上是在上述几个步骤之前进行的，它是对前一周期内投入出产计划执行状况的总结。同通常的计划滚动过程一样，前一周期的生产进度数据和库存数据是必不可少的。不同的是，通过修正可以准确地按子订单检查计划的执行状况，调整相应子订单的期量设定以适应生产的实际情况。能够完成这一功能的原因在于整个生产系统中都通过子订单形成了内在的联系。

（5）车间作业计划。车间作业计划用于指导具体的生产活动，具有高度的复杂性。一般难以严格按子订单的划分来调度生产，但可要求在加工路线单上注明本批生产任务的相关子订单信息和相关度信息。在整个生产过程中实时地收集和反馈子订单的生产数据，为跟踪机制的运行提供来自基层的数据。

（6）采购计划。采购部门接收的是按子订单下达的采购信息，它们可以使用不同的采购策略来完成采购计划。子订单的作用主要体现在以下两个方面。

将采购部门与销售部门联系起来。下游企业在需求上的个性化要求可能涉及原材料和零部件的采购，采购部门可以利用子订单查询这一信息，并提供给各上游企业，建立需求与生产间的联系。采购部门的重要任务之一就是建立上游企业的生产过程与本企业子订单的对应关系。在这一条件下，企业可以了解到子订单生产所需要的物资在上游企业中的生产情况，还可以提供给上游企业准确的供货时间。

2. 供应链的生产节奏控制

供应链的同步化计划需要解决供应链企业之间的生产同步化问题，只有各供应链企业之间以及企业内部各部门之间能够保持步调一致，供应链的同步化才能实现。供应链形成的准时生产系统，要求上游企业准时为下游企业提供必需的零部件。如果供应链中任何一个企业不能准时交货，都会使供应链不稳定或中断，导致供应链对用户的响应性下降，因此严格控制供应链的生产节奏对供应链的敏捷性是十分重要的。

3. 提前期管理

基于时间的竞争是 20 世纪 90 年代一种新的竞争策略，具体到企业的运作层，主要体现为提前期的管理，这是实现 QR、ECR 策略的重要内容。供应链环境下的生产控制中，提前期管理是实现快速响应用户需求的有效途径。缩小提前期、提高交货期的准时性是保证供应链获得柔性和敏捷性的关键。缺乏对供应商不确定性的有效控制是供应链提前期管理中的一大难点，因此，建立有效的供应提前期的管理模式和交货期的设置系统是供应链提前期管理中值得研究的问题。

4. 库存控制和在制品管理

库存在应对需求不确定性时有其积极的作用，但它又是一种资源浪费。在供应链管理模式下，通过实施多级、多点、多方管理库存的策略，对提高供应链环境下的库存管理水平、降低制造成本有着重要意义。这种库存管理模式涉及的部门不仅仅是企业内部。基于 JIT 的供应与采购、供应商管理库存（VMI）、联合库存管理等是供应链库存管理的新方法，对降低库存都有重要作用。因此，建立供应链管理环境下的库存控制体系和运作模式对提高供应链的库存管理水平有重要作用，是供应链企业生产控制的重要手段。

三、供应链生产管理策略

供应链生产管理策略包括延迟策略、精益生产、柔性制造和敏捷制造等策略。

（一）延迟策略

1. 延迟策略的起源

在全球市场中，由于不同国家和地区客户的偏好、语言、环境以及所遵行的政府法规的不同，单一产品常常需要有多个型号和版本来各自满足特定地区客户的特定要求。例如，售往不同国家的计算机，其电源模块为适应当地电压、频率和插头型式而会有所不同；键盘和说明书必须适合当地语言；通信产品由于支持它的通信协议不同，也会有所差异。在有些情况下，一种产品的本地化版本的要求是由于政府干预而产生的。对于运作管理人员而言，迎接这些存在于大多数产品中的和大量产品种类相关的挑战，日益迫切。

即使在同一地区，由于产品的不同功能，一个产品族也会有多个产品型号。这些不同型号的产品反映了不同市场细分的不同需求，如商务、教育、个人或政府部门的不同需求。此外，随着技术更新速度的加快，企业必须生产多个版本以应对不同的升级需求，这些因素都促成了对大规模定制的迫切需要。

市场全球化、多样化的客户需求和技术更新加速是产品种类激增的根本原因。这种"激增"带来多重消极影响。首先，对预测者而言，预测多个版本的需求简直就是天方夜谭。对于诸如计算机及其外设等高技术产品的预测错误常常超过 400%。预测错误导致对一些版本的产品过多预测，而对另一些版本则过少预测，其结果就是一些产品库存过多而另一些则缺货。其次。在保持一定的客户服务水平的高压之下,许多运作管理人员仅仅选择了一种简单方法来应对——尽其所能多存储产成品以备不时之需。由于技术更新相当迅猛,每年由于陈旧过时而核销作废的库存常以千万甚至亿元记。此外,由产品种类激增带给运作的另一负面影响是,由于企业必须管理大量的产品供货,需要有高额的行政管理开支。产品供货的高复杂度也意味着较高的制造成本,这是由于需要有较专业化的工艺、物料、准备转换手段和质量保证方法。同时,由于不同的产品需要有不同的现场支持物料和技术,因而要保持有效的总体产品支持或高水准的客户现场服务,将更加困难。

为了解决上述运作问题,企业投入大量资源以提高供应链效率。这些投资包括:建立可减少订单处理信息延误的信息网络;使用包括特殊运载工具的快速运输手段;重新设厂以更接近客户;使用更尖端的预测技术;建立复杂供应链库存管理系统;使用各种高效的物料转运和加工的工厂自动化设备。这些措施取得了不同程度的成功。

2. 延迟策略的定义

《中华人民共和国国家标准·物流术语》(GB/T 18354—2021)对延迟策略(Postponement Strategy)做出如下定义:为了降低供应链的整体风险,有效地满足客户个性化的需求,将最后的生产环节或物流环节推迟到客户提供订单以后进行的一种经营战略。

近些年来,我们看到一种趋势在增多,即重新设计产品和工艺以使产品种类的负面影响得到改善。研究发现,制造成本的80%、质量的50%、加工时间的50%和业务复杂程度受到产品和工艺设计的影响。由此,一种"重新设计产品和工艺以使流程中形成多个产品的差异点尽可能向后延迟"的策略,即所谓"延迟"策略应运而生。换言之,"延迟"就是在流程下游的某一点(差异点)之前,将不采用特定工艺使在制品转变成具体的产成品。

产品激增一方面使运作管理人员面临巨大的挑战和压力,另一方面在产品和工艺设计,甚至在供应链设计中也蕴含巨大的机遇。实施恰当的延迟策略,可提升供应链的柔性,降低成本,提高效益,改进顾客服务水平。

我们认为,延迟就是通过设计产品和生产工艺,把制造某种具体产品、使其差异化的决策延迟到开始生产之时。使一类或一系列的产品延迟区分为专门的产成品,这种方法称为延迟产品差异。一般来说,多个产品在生产流程的初始阶段可以共享一些共同的工艺和(或)零部件,在工艺流程的某一点或某些点上使用的工艺和部件来定制加工半成品,这样,一个通用产品直到流程的这一点之后就成为不同的产成品。这一点通常就是产品差异点。延迟的实质就是重新设计产品和工艺以使产品差异点延迟。在后面的讨论中,我们所说的延迟"程度"是指产品差异点的相对位置。这样,早期延迟是指产品差异点发生在供应链早期,而晚期延迟就是差异点发生在供应链的晚期。

3. 延迟策略的主要分类

(1)生产延迟。生产延迟主张根据订单安排生产产品,在获知客户的精确要求和购买意向之前,只生产中间产品或可模块化的部件,最终制造和处理过程被推迟到收到顾客订单以后进行。例如 Benetton 的服装生产,如果不采用延迟策略,生产流程是纱线染色、编织—最终产品;采用生产延迟后策略后,生产流程是纱线编织—染色(根据顾客需求)—最终产品。

(2)物流延迟。物流延迟是以改变定制化步骤发生地点为基础,重新设计供应链流程所包含的任务和模块,使定制化步骤可以在靠近顾客的下游进行。如果不采用物流延迟策略,工厂的生产流程是:制造出成品—配送中心—消费者;采用物流延迟策略后,工厂的生产流程为：制造通用件—配送中心定制化完成成品—消费者。

> **案例衔接：**
> **通用和吉列的延迟生产**
> 　　上海通用汽车公司的客户对汽车的车身颜色有严格的要求，该公司对车身的喷漆工序严格按照订单加工，即把生产延迟到接到客户订单后才开始，其余工序批量生产中性产品，最后配上客户指定颜色的车身。在其他行业中，加工和储存大量的产品而将最后的包装延迟直至接到客户的订单，这样的生产实践已十分普遍。在某些情况下，产品被处理并包装在"裸桶"里，商标则直到客户愿意才最后贴上去。
> 　　吉列公司在其剃刀刀片业务中就充分应用了生产延迟策略，刀片的基础样式继续在它目前的两个高技术工厂进行生产。但是，包装作业转移到地区配送中心，包装（是一条装配线）将按订单进行，这使标签能够针对每个零售商定制。而且，吉列公司可以正确地满足零售商所希望的每个包装的刀片数量，而不会出现不恰当的数量造成多余包装的浪费。

（二）精益生产

1. 精益生产的起源

精益生产是美国麻省理工学院数位国际汽车计划组织（IMVP）的专家对日本丰田准时化生产（Just In Time，JIT）生产方式的赞誉称呼。精益生产方式源于丰田生产方式，是由美国麻省理工学院组织世界上17个国家的专家、学者，花费5年时间，耗资500万美元，以汽车工业这一开创大批量生产方式和精益生产方式JIT的典型工业为例，经理论化后总结出来的。精益生产方式的优越性不仅体现在生产制造系统，同样也体现在产品开发、协作配套、营销网络以及经营管理等各个方面，它是当前工业界最佳的一种生产组织体系和方式，也必将成为二十一世纪标准的全球生产体系。

2. 精益生产的定义

《中华人民共和国国家标准·物流术语》（GB/T 18354—2021）对精益物流（Lean Logistics）做出如下定义：消除物流过程中的无效和不增值作业，用尽量少的投入满足客户需求，并获得高效率、高效益的物流活动。

精益生产是通过系统结构、人员组织、运行方式和市场供求等方面的变革，使生产系统能很快适应用户需求不断变化，并能使生产过程中一切无用、多余的东西被精简，最终达到包括市场供销在内的生产的各方面最好结果的一种生产管理方式。与传统的大生产方式不同，其特色是"多品种""小批量"。

3. 精益生产的核心思想

（1）追求零库存。精益生产是一种追求无库存生产，或使库存达到极小的生产系统，为此而开发了包括"看板"在内的一系列具体方式，并逐渐形成了一套独具特色的生产经营体系。

（2）追求快速反应，即快速应对市场的变化。为了快速应对市场的变化，精益生产者开发出了细胞生产、固定变动生产等布局及生产编程方法。

（3）企业内外环境的和谐统一。精益生产方式成功的关键是把企业的内部活动和外部的市场（顾客）需求和谐地统一于企业的发展目标。

（4）人本主义。精益生产强调人力资源的重要性，充分尊重员工，重视员工培训，共同协作，把员工的智慧和创造力视为企业的宝贵财富和未来发展的原动力。

（5）库存是"祸根"。高库存是大量生产方式的特征之一。由于设备运行的不稳定、工序安排的不合理、较高的废品率和生产的不均衡等原因，常常出现供货不及时的现象，库存被看作是必不可少的"缓冲剂"。但精益生产则认为库存是企业的"祸根"，因为库存不仅提高了经营的成本，也掩盖了企业的问题。

4. 精益生产的作业特点

精益生产的作业特点是拉动式控制系统。从市场需求出发由市场需求信息决定产品组装，再由产品组装拉动零件加工。每道工序、每个生产部门都按照当时的需要向前一道工序的上游生产部门提出需求，发出工作指令，上游工序、生产部门完全按这些指令进行生产。物流和信息流是结合在一起的。整个过程相当于从后（后工序）向前（前工序）拉动。

简单地说就是生产计划部门只制订最终产品计划（称为主生产计划），其他车间及工序根据主生产计划，按下游工序、生产部门的需求来制订生产计划。实行拉动式方法的生产系统称为拉动式生产系统。在拉动型供应链中，生产是由需求驱动的，因此生产是根据实际顾客需求而不是预测需求进行协调的。为此，供应链使用快速信息流机制来把顾客需求信息（例如销售点数据）传送给制造机构。这使得企业能够更好地通过预测零售商的订单而缩短提前期、减少零售商库存。因此，在一个拉动型供应链中，系统库存水平明显下降了，而管理资源的能力加强了，与相应的推动型系统相比，系统成本降低了。

5. 实现精益生产的重要工具——看板管理

看板管理亦称"看板方式""视板管理"。在企业的工序管理中，是以卡片为凭证，定时定点交货的管理制度。"看板"是一种类似通知单的卡片，主要传递零部件名称、生产量、生产时间、生产方法、运送量、运送时间、运送目的地、存放地点、运送工具和容器等方面的信息、指令。

在看板管理中，将物流与信息流区分为工序内的物流与信息流，分别由传送看板与生产看板进行控制。传送看板指挥零部件在前后两道工序之间的移动。传送看板的使用方法中最重要的一点是看板必须随实物一起移动。当后工序需要补充零部件时，传送看板就被送至前工序的出口存放处并附在放置所需的零部件的容器上，同时取下该容器上的生产看板，放入生产看板专用盒中，传送看板附着装有零部件的容器从前工序的出口存放处搬运到后工序的入口存放处。当后工序开始使用其入口存放处容器中的零部件时，传送看板就被取下，放入传送看板专用盒中。由此可见，传送看板只是在前工序的出口存放处与后工序的入口存放处之间往返传递。

每一个传送看板只对应一种零部件。每种零部件总是存放在规定的相应容器内，所以，一个传送看板对应的容器也是一定的。

生产看板控制工序内的物流与信息流，指挥工序的生产。生产看板规定了所生产的零件及其数量，它只在作业点与其出口存放处之间往返。当后工序传来的传送看板与该作业点出口存放处容器上的生产看板相关内容一致时，取下生产看板放入生产看板专用盒内。该容器连同传送看板一起被送到后工序的入口存放处。该作业点作业人员按顺序从生产看板专用盒内取走生产看板，并按生产看板的具体内容，从作业点的入口存放处取出要加工的零部件，加工完规定的数量之后，将生产看板附于容器上，放置于该作业点出口存放处。如果生产看板专用盒中的看板数量变为零,则停止生产。在一条生产线上,无论是生产单一品种还是多品种,均按这种方法所规定的顺序和数量进行生产,既不会延误也不会产生过量的中间库存。

案例衔接:

BDCOM公司应用看板案例

在BDCOM公司路由器组装车间,用看板组织生产的过程用图4-5表示。假设只有3个作业点,其中3#作业点为组装。通常对于组装工位有很多前工序向它提供多种零部件,故可能有较多的容器在它的入口存放处,存放着各种零部件。

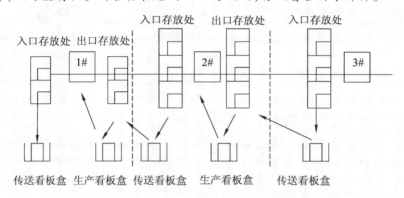

图4-5 BDCOM公司路由器组装车间看板管理示意图

产品组装是按生产计划进行的。当需要组装某台产品时,从3#作业点就发出传送看板,在传送看板规定的前工序(本例中为2#作业点),按传送看板上标明的出口存放处号码,找到存放所需零件的容器,取下附在容器上的生产看板,放到2#作业点的生产看板专用盒中,并将传送看板附在该容器上,将容器运到3#作业点的入口存放处相应的位置,供组装使用,2#作业点的工人从生产看板专用盒中按顺序取出一个生产看板,按生产看板上标明的入口存放处号码,到2#作业点的入口存放处找到放置所需零件的容器,从中取出零件进行加工,同时将该容器上的传送看板放入2#作业点的传送看板专用盒中。

传送看板专用盒中的传送看板所表示的意思是:"该零部件已被使用,请补充",现场管理人员定时来回收看,集中起来后再分送到各个相应的前工序,以便领取补充的零部件。当2#作业点的生产数量达到标准容器的要求,则将生产看板附在该容器上,按生产看板上标明的出口存放处号码,将容器放于2#作业点的出口存放处相应的位置。同样,将2#作业点的传送看板送到1#作业点的出口存放处,取走相应的零件,按同样的方式,逐步向前推进。

从这个案例可以看出,看板的正确应用,是实现精益生产的基本工具,同时我们也可以看出,如果有计划地减少看板,直至不用看板,那就实现了真正意义上完完全全的JIT生产了。

（三）柔性制造

1. 柔性制造的概念

柔性制造（Flexible Manufacturing Technology，FMT）是以消费者为导向的以需定产的方式，对立的是传统大规模量产的生产模式。在柔性制造中，考验的是生产线和供应链的反应速度。比如在电子商务领域兴起的"C2B""C2P2B"等模式体现的正是柔性制造的精髓所在。

美国国家标准局把 FMS 定义为：由一个传输系统联系起来的一些设备，传输装置把工件放在其他联结装置上送到各加工设备，使工件加工准确、迅速和自动化。中央计算机控制机床和传输系统，柔性制造系统有时可同时加工几种不同的零件。

国际生产工程研究协会指出：柔性制造系统是一个自动化的生产制造系统，在最少人的干预下，能够生产任何范围的产品族，系统的柔性通常受到系统设计时所考虑的产品族的限制。

中国国家军用标准则定义为：柔性制造系统是由数控加工设备、物料运储装置和计算机控制系统组成的自动化制造系统，它包括多个柔性制造单元，能根据制造任务或生产环境的变化迅速进行调整，适用于多品种、中小批量生产。

柔性制造是当代生产方法的主流方向和互助根本。日益激烈的市场竞争和与日俱增的生产技能推动着当代企业生产方法的连续创新。过去在供不应求的卖方市场环境下，制造企业不需要思考购买方对其产品的要求，都是企业生产什么购买方就只能购买什么。如今购买方已成为市场的主宰，细分市场又进一步深化了产品的多样化。这使得市场竞争的形态从以资本、价格为主的竞争，转向新产品推进速率、产品本性化等方面的竞争，这在客观上必须要有柔性制造体系的支持。由于柔性制造是一种智能型的生产方法，它将高科技"嵌进"到制造配置与制造产品中，实现硬配置的"软"提拔，并进一步提高制造产品的性能和质量，因而不但能提高劳动生产率，并且能提高产品的附加代价。

柔性可以表述为两个方面：

一个方面是指生产能力的柔性反应能力，也就是机器设备的小批量生产能力。其优点是生产率很高，由于设备是固定的，所以设备利用率也很高，单件产品的成本低。但价格相当昂贵，且只能加工一个或几个相类似的零件，难以应付多品种中小批量的生产。随着批量生产时代正逐渐被适应市场动态变化的生产所替换，一个制造自动化系统的生存能力和竞争能力在很大程度上取决于它是否能在很短的开发周期内，生产出较低成本、较高质量的不同品种产品的能力。柔性已占有相当重要的位置。

简单地说，FMS 是由若干数控设备、物料运储装置和计算机控制系统组成并能根据制造任务和生产品种变化而迅速进行调整的自动化制造系统。

另一个方面，指的是供应链的敏捷和精准的反应能力。在柔性制造中，供应链系统对单个需求做出生产配送的响应。从传统"以产定销"的"产—供—销—人—财—物"，转变成"以销定产"，生产指令完全是由消费者单独触发，其价值链展现为"人—财—产—物—销"这种完全定向的具有明确个性特征的活动。

2. 柔性制造的基本特征

（1）机器柔性，系统的机器设备具有随产品变化而加工不同零件的能力；

（2）工艺柔性，系统能够根据加工对象的变化或原材料的变化而确定相应的工艺流程；

（3）产品柔性，产品更新或完全转向后，系统不仅对老产品的有用特性有继承能力和兼容能力，而且还具有迅速、经济地生产出新产品的能力；

（4）生产能力柔性，当生产量改变时，系统能及时作出反应而经济地运行；

（5）维护柔性，系统能采用多种方式查询、处理故障，保障生产正常进行；

（6）扩展柔性，当生产需要的时候，可以很容易地扩展系统结构，增加模块，构成一个更大的制造系统。

案例衔接：

"柔性制造"成为智能生产的关键

按照传统生产模式，一条生产线只能生产一个规格的产品，而在智能生产线上，可根据订单要求的不同，同时上线生产不同的产品。那么这些传统生产模式无法做到的事情，智能生产线又是如何完成的？三一重工的"18号厂房"给出了答案。

作为国家首批智能制造试点示范企业，三一重工位于长沙的"18号工厂"号称亚洲最大的智能化制造车间之一，各环节全部实现自动化、信息化。在这里已实现了生产中人、设备、物料、工艺等各要素的柔性融合。

它拥有8条装配线，可以实现69种产品的混装柔性生产，并将此拓展到其他事业部，实现其他事业部的柔性制造。在这间总面积约10万平方米的车间里，每一条生产线可以同时混装30多种不同型号的机械设备，开足马力工作时能支撑300亿元产值。

厂房的整个柔性制造生产系统包含了大量数据信息，包括用户需求、产品信息、设备信息及生产计划。依托工业互联网络将这些大数据联结起来并通过三一的MES系统处理，能制订最合适的生产方案，最优地分配各种制造资源。

得益于车间采用的柔性制造系统，2017年一季度，三一主要产品全面实现高速增长，其中挖掘机2月份产量达到了去年同期的4倍，拖泵、泵车、搅拌车等混凝土机械也出现100%的恢复性增长。

（四）敏捷制造

1. 敏捷制造的起源

敏捷制造，是指制造企业采用现代通信手段，通过快速配置各种资源（包括技术、管理和人员），以有效和协调的方式响应用户需求，实现制造的敏捷性。

敏捷制造是美国国防部为了指定21世纪制造业发展而支持的一项研究计划。该计划始于1991年，有100多家公司参加，由通用汽车公司、波音公司、IBM、德州仪器公司、AT&T、摩托罗拉等15家著名大公司和国防部代表共20人组成了核心研究队伍。此项研究历时三年，于1994年底提出了《21世纪制造企业战略》。在这份报告中，提出了既能体现国防部与工业界各自的特殊利益，又能获取他们共同利益的一种新的生产方式，即敏捷制造。

敏捷制造的核心思想是：要提高企业对市场变化的快速反应能力，满足顾客的要求。除了充分利用企业内部资源外，还可以充分利用其他企业乃至社会的资源来组织生产。敏捷制造从产品开发开始的整个产品生命周期都是为了满足用户需求，它采用多变的动态组织结构，建立新型的标准体系，实现技术、管理和人的集成，最大限度地调动、发挥人的作用，着眼于长期获取经济效益。

2. 敏捷制造三要素

敏捷制造主要包括三个要素：生产技术、管理技术、人力资源。

敏捷制造的目的可概括为："将柔性生产技术，有技术、有知识的劳动力与能够促进企业内部和企业之间合作的灵活管理（三要素）集成在一起，通过所建立的共同基础结构，对迅速改变的市场需求和市场实际做出快速响应。"

（1）生产技术。

敏捷性是通过将技术、管理和人员三种资源集成为一个协调的、相互关联的系统来实现的。首先，具有高度柔性的生产设备是创建敏捷制造企业的必要条件（但不是充分条件）。所必需的生产技术在设备上的具体体现是：由可改变结构、可量测的模块化制造单元构成的可编程的柔性机床组；"智能"制造过程控制装置；用传感器、采样器、分析仪与智能诊断软件相配合，对制造过程进行闭环监视，等等。

其次，在产品开发和制造过程中，能运用计算机能力和制造过程的知识基础，用数字计算方法设计复杂产品；可靠地模拟产品的特性和状态，精确地模拟产品制造过程。各项工作是同时进行的，而不是按顺序进行的。同时开发新产品，编制生产工艺规程，进行产品销售。设计工作不仅属于工程领域，也不只是工程与制造的结合。从用材料制造成品到产品最终报废的整个产品生命周期内，每一个阶段的代表都要参加产品设计。技术在缩短新产品的开发与生产周期上可充分发挥作用。

再次，敏捷制造企业是一种高度集成的组织。信息在制造、工程、市场研究、采购、财务、仓储、销售、研究等部门之间连续地流动，而且还要在敏捷制造企业与其供应厂家之间连续流动。在敏捷制造系统中，用户和供应厂家在产品设计和开发中都应起到积极作用。每一个产品都可能要使用具有高度交互性的网络。同一家公司的、在实际上分散、在组织上分离的人员可以彼此合作，并且可以与其他公司的人员合作。

最后，把企业中分散的各个部门集中在一起，靠的是严密的通用数据交换标准、坚固的"组件"（许多人能够同时使用同一文件的软件）、宽带通信（传递需要交换的大量信息）。把所有这些技术综合到现有的企业集成软件和硬件中去，这标志着敏捷制造时代的开始。敏捷制造企业将普遍使用可靠的集成技术，进行可靠的、不中断系统运行的大规模软件的更换，这些都将成为正常现象。

（2）管理技术。

首先，敏捷制造在管理上所提出的最创新思想之一是"虚拟公司"。敏捷制造认为，新产品投放市场的速度是当今最重要的竞争优势。推出新产品最快的办法是利用不同公司的资源，使分布在不同公司内的人力资源和物资资源能随意互换，然后把它们综合成单一的靠电子手段联系的经营实体——虚拟公司，以完成特定的任务。也就是说，虚拟公司就像专门完成特定计划的一家公司一样，只要市场机会存在，虚拟公司就存在；该计划完成了，市场机会消失了，虚拟公司就解体。能够经常形成虚拟公司的能力将成为企业一种强有力的竞争武器。

只要能把分布在不同地方的企业资源集中起来，敏捷制造企业就能随时构成虚拟公司。在美国，虚拟公司将运用国家工业网络，把综合性工业数据库与服务结合起来，以便能够使公司集团创建并运作虚拟公司，排除多企业合作和建立标准合法模型的法律障碍。这样，组建虚拟公司就像成立一个公司那样简单。

有些公司总觉得独立生产比合作要好,这种观念必须要破除。应当把克服与其他公司合作的组织障碍作为首要任务,而不是作为最后任务。此外,需要解决因为合作而产生的知识产权问题,需要开发管理公司、敏捷制造单元组建流程、调动人员工作主动性的技术,寻找建立与管理项目组的方法,以及建立衡量项目组绩效的标准,这些都是艰巨的任务。

其次,敏捷制造企业应具有组织上的柔性。因为,先进工业产品及服务的激烈竞争环境已经开始形成,越来越多的产品要投入瞬息万变的世界市场上去参与竞争。产品的设计、制造、分配、服务将用分布在世界各地的资源(公司、人才、设备、物料等)来完成。制造公司日益需要满足各个地区的客观条件。这些客观条件不仅反映社会、政治和经济价值,而且还反映人们对环境安全、能源供应能力等问题的关心。在这种环境中,采用传统的纵向集成形式,企图"关起门来"什么都自己做,是注定要失败的,必须采用具有高度柔性的动态组织结构。根据工作任务的不同,有时可以采取内部多功能团队形式,请供应者和用户参加团队;有时可以采用与其他公司合作的形式;有时可以采取虚拟公司形式。有效地运用这些手段,就能充分利用公司的资源。

(3)人力资源。

敏捷制造在人力资源上的基本思想是,在动态竞争的环境中,关键的因素是人员。柔性生产技术和柔性管理要使敏捷制造企业的人员能够实现他们自己提出的发明和合理化建议。没有一个一成不变的原则来指导此类企业的运行。唯一可行的长期指导原则,是提供必要的物质资源和组织资源,支持人员的创造性和主动性。

在敏捷制造时代,产品和服务的不断创新和发展,制造过程的不断改进,是竞争优势的同义语。敏捷制造企业能够最大限度地发挥人的主动性。有知识的人员是敏捷制造企业中最宝贵的财富。因此,不断对人员进行教育,不断提高人员素质,是企业管理层应该积极支持的一项长期投资。每一个雇员消化吸收信息、对信息中提出的可能性做出创造性响应的能力越强,企业可能取得的成功就越大。对于管理人员和生产线上具有技术专长的工人都是如此。科学家和工程师参加战略规划和业务活动,对敏捷制造企业来说是决定性的因素。在制造过程中的科技知识与产品研究开发的各个阶段,工程专家的协作是一种重要资源。

敏捷制造企业中的每一个人都应该认识到柔性可以使企业转变为一种通用工具,这种工具的应用仅仅取决于人们对于使用这种工具进行工作的想象力。大规模生产企业的生产设施是专用的,因此,这类企业是一种专用工具。与此相反,敏捷制造企业是连续发展的制造系统,该系统的能力仅受人员的想象力、创造性和技能的限制,而不受设备限制。敏捷制造企业的特性支配着它在人员管理上所持有的、完全不同于大量生产企业的态度。管理者与雇员之间的敌对关系是不能容忍的,这种敌对关系限制了雇员接触有关企业运行状态的信息。信息必须完全公开,管理者与雇员之间必须建立相互信赖的关系。工作信息不仅要完全透明,而且对在企业的每一个层次上从事脑力创造性活动的人员都要有一定的吸引力。

案例衔接
利勃海尔的敏捷制造

德国利勃海尔集团于1949年建立，是一家以大型建筑、工程机械设计和制造为主，并在宇航设备、家用制冷技术和产品、酒店等多行业经营的跨国公司，拥有员工30 000多名，在各大洲成立了120余家公司。今天，利勃海尔不仅是世界建筑机械的领先制造商之一，它还是被众多领域客户认可的技术创新产品及服务供应商。利勃海尔机械(大连)有限公司是德国利勃海尔集团在中国投资建立的第二家独资公司，于2002年7月成立，投资总额3 400万欧元，主要产品为液压挖掘机和其他建筑工程机械。

一、面临挑战

利勃海尔是世界知名品牌，公司只做高附加值的技术设计和销售服务两端，对于低附加值的生产部分只做组装，所需零部件全部采购和委外加工。因此，公司对市场预测、物料计划、物料控制、及时交货都是重要的管理控制点。

利勃海尔公司生产的产品是大型工程机械设备，产品BOM层次多，零部件品种非常多，一些关键零部件需要成套从国外进口，但还需要保留BOM结构，但其下层物料不参与MRP运算，生产领料方式要求灵活多样，既要严格控制物耗，又要有效率。对于大型设备生产过程中，各工序不仅要衔接紧密，均衡生产，不要窝工，而且每个工序在保证产品高质量的前提下，保证按工时定额标准有效执行，不断提升生产效率。

二、解决方案

通过K/3 WISE计划系统，协同销售、生产、采购、仓库，把预测、库存、在途、在制、损耗等所有数据信息考虑进来，按照不同物料的不同的提前期，精准快速地计算出生产计划和采购及委外计划，为高效生产、严格物耗控制、快速市场反应做了充足准备。

通过K/3 WISE基础数据多样化计划策略的功能，很好地解决了CKD(在国外成套采购的零部件)子件不参与MRP计算，但是有必要的BOM、CKD子件还可以单独进行采购的问题。

通过K/3 WISE生产管理的投料单不仅可以严格控制按BOM的耗料进行投料，而且还能按利勃海尔的要求相同物料按工位投料。领料的方式也灵活多样，除正常领料外还能实现先消耗后冲减库存的倒冲领料方式。

通过K/3 WISE的供应链系统，解决了采购来料入库后马上从原材料仓调拨到生产线在线仓库的问题，委外来料入库时自动冲减供应商库存，对于供应商仓库数据管理到位。

通过K/3 WISE工艺路线设定好标准工时，月底由系统自动做工时统计，解决了标准工时采集统计困难的问题。

三、应用价值

构建统一的信息化平台。建立起一套规范的采购、销售、仓库、计划、生产、成本管理体系，严格控制物流的每一个环节，有效管理公司各类资源，提高企业市场竞

项目四 供应链管理要素

争力。构建敏捷制造体系,提高市场反应速度。K/3 WISE 帮助企业建立起一个敏捷高效的生产制造体系,提高了对客户变化的反应速度,提升了企业的竞争力。

强大的报表功能提升企业分析、决策能力。K/3 WISE 灵活的数据查询和功能强大的报表模块,不仅为企业提供了普通的查询报表,还为企业提供了报表自定义的方案,企业可以根据自身管理的需要自行定义相关报表,帮助企业提高了企业分析、预测与决策的能力。

任务拓展

查阅资料,搜索不同企业使用延迟策略的案例,说说这些案例对你有哪些启发。

任务三 | 透析物流管理

任务目标

- 理解供应链环境下物流管理的特点
- 理解供应链环境下物流管理的策略
- 掌握第三方物流、第四方物流、电子物流、逆向物流和绿色物流的内涵

任务描述

物流管理在供应链管理中有着重要的作用,这一点可以通过价值分布来考查。不同的行业和产品类型,供应链价值分布不同,物流价值在各种类型的产品和行业中都占到了整个供应链价值的一半以上,制造价值不到一半。在易耗消费品和一般工业品中,物流价值的比例更大,达 80% 以上,这充分说明物流的价值意义。供应链是一个价值增值链过程,有效地管理好物流过程,对于提高供应链的价值增值水平,有着举足轻重的作用。未来企业竞争的成功不在于制造,而在于物流,供应链管理的重点就在于物流网络的管理。现代物流管理强调用户与供应商之间的接口,强调把供应商和用户更多地融入企业管理决策中,以强化供应链的集成,这是未来的发展趋势。那么,供应链环境下的物流管理有哪些特点?供应链环境下的物流管理又有哪些策略呢?

 知识链接

一、物流概述

从传统的观点看,物流对制造企业的生产是一种支持作用,被视为辅助的功能部门。但是,由于现代企业的生产方式的转变,即从大批量生产转向精细的准时化生产。这时的物流,包括采购与供应,都需要跟着转变运作方式,实行准时供应和准时采购等。另一方面,顾

153

客需求的瞬时化,要求企业能以最快的速度把产品送到用户的手中,以提高企业快速响应市场的能力。所有的这一切,都要求企业的物流系统具有和制造系统协调运作的能力,以提高供应链的敏捷性和适应性。现代市场环境的变化,要求企业加速资金周转、快速传递与反馈市场信息、不断沟通生产与消费的联系、提供低成本的优质产品,生产出满足顾客需求的顾客化的产品,提高用户满意度。因此,只有建立敏捷而高效的供应链物流系统才能达到提高企业竞争力的要求。供应链管理将成为 21 世纪企业的核心竞争力,而物流管理又将成为供应链管理的核心能力的主要构成部分。

《中华人民共和国国家标准·物流术语》(GB/T 18354—2021)对物流做出如下定义:根据实际需要,将运输、储存、装卸、搬运、包装、流通加工、配送、信息处理等基本功能实施有机结合,使物品从供应地到接收地的实体流动过程。

美国物流管理协会对物流的定义:物流是供应链流程的一部分,是为了满足客户需求而对商品、服务及相关信息从原产地到消费地的高效率、高效益的正向和反向流动及储存进行的计划、实施与控制过程。

美国密西根大学斯麦基教授倡导一个更简洁直观的"物流 7R 理论":物流就是将恰当的质量(Right Quality),恰当的数量(Right Quantity),恰当的价格(Right Price),恰当的商品(Right Commodity),在恰当的时间(Right Time),送到恰当的场所(Right Place),恰当的顾客(Right Customers)手中。

二、供应链环境下的物流管理

供应链物流管理是指在社会再生产过程中,根据物质资料实体流动的规律,应用供应链管理的基本原理和科学方法,对物流活动进行组织、计划、协调、控制和监督,使各项物流活动实现最佳的协调与配合。

供应链环境下的物流管理不再是传统的保证生产过程连续性的问题,而是要在供应链管理中发挥更好的作用,创造用户价值,降低用户成本,协调制造活动,提高企业敏捷性,提供用户服务,塑造企业形象,提供信息反馈,协调供需矛盾。物流系统应做到准时交货、提高交货可靠性、提高响应性、降低库存费用等。

(一)传统物流管理的特点
(1)纵向一体化的物流系统;
(2)不稳定的供需关系,缺乏合作;
(3)资源的利用率低,没有充分利用企业的有用资源;
(4)信息的利用率低,没有共享有关的需求资源,需求信息扭曲现象严重。

(二)供应链环境下物流管理的特点
(1)信息共享;
(2)过程同步;
(3)合作互利;
(4)交货准时;
(5)响应敏捷;
(6)服务满意。

（三）供应链环境下物流管理的目标

(1) 总成本最低化；
(2) 客户服务最优化；
(3) 总库存最小化；
(4) 总周期时间最短化；
(5) 物流质量最优化。

三、供应链物流管理策略

供应链物流管理策略主要包括第三方物流、第四方物流、电子物流、逆向物流和绿色物流等策略。

（一）第三方物流

想一想　第三方物流可以给顾客提供哪些特殊服务？

1. 第三方物流的概念

第三方物流（Third-Party Logistics，3PL），也称作委外物流（Logistics Outsourcing）或是合约物流（Contract Logistics），指一个具有实质性资产的企业公司对其他公司提供物流相关之服务，如运输、仓储、存货管理、订单管理、资讯整合及附加价值等服务，或与相关物流服务的行业者合作，提供更完整服务的专业物流公司。

① 《中华人民共和国国家标准·物流术语》（GB/T 18354—2021）对第三方物流（Third-Party Logistics，3PL）做出如下定义：由独立于物流服务供需双方之外且以物流服务为主营业务的组织提供物流服务的模式。

② 其他商管课程（如 MBA、CEO、EMBA）的定义：是指生产经营企业为集中精力搞好主业，把原来属于自己处理的物流活动，以合同方式委托给专业物流服务企业，同时通过信息系统与物流企业保持密切联系，以达到对物流全程管理控制的一种物流运作与管理方式。

③ 国内的著名学者马士华的定义：是一种实现供应链集成的有效方法和策略，它通过协调企业之间的物流运输和提供后勤服务，把企业的物流业务外包给专门的物流管理部门来承担，特别是一些特殊的物流运输业务。

案例衔接：

施耐德物流公司的供应链管理总体目标

全球最大的汽车公司美国通用公司，合作的每一个企业都致力于自己擅长的业务，使核心竞争力不断加强，相互之间取长补短，使企业有所收益。通用汽车服务零部件运作公司（General Motor's Service Parts Operation，SPO）是通用汽车下属的一家子公司，专门负责为通用汽车的经销商或维修站提供售后零部件的配送服务。每天，SPO 将负责运作 43 500 条配送路线，将零部件送至几千家经销商手中。有超过 400 家运输商为其提供运输服务，运输方式涵盖水陆空三种方式。SPO 起先针对入厂物流、售后物流进行分开招标，但施耐德物流（Schneider Logistics）公司称其可以提供所有的物流服务，鉴于施耐德是一家盛名卓著的直达运输物流服务商，SPO 将入厂、售后两份合同一同总包给了施耐德。

通过战略联盟,施耐德物流的服务使 SPO 获益匪浅。其一,在业务运作的头两年中,每年 SPO 支出的运输费用减少了 10%,配送频率也从 2 次/周提高到 1 次/天。配送频率的增加直接导致配送里程数每年净增加了 1 400 万英里,但是施耐德先进的管理技术应用,对 SPO 而言并没有产生额外的运费支出。其二,使得为 SPO 服务的运输商数目从以前的 1 200 家减少到目前的 600 家。其中约 1/3 的运输商运送了 85% 的配送业务。施耐德的最终计划是将 85% 的配送业务集中在 50 家核心运输商手中。

当然,以上物流外包业务与全球化贸易发展、Internet 技术的应用和发展分不开的。

2. 第三方物流可提供的服务

(1) 集成运输模式。供应链环境下的客户需求大多是小批量的,可对位置相邻的供应商采用混装运输的方法,达到联合运输的目的。

(2) 仓库管理(联合仓库)。这是指企业将仓储等物流活动转包给外部公司,由外部公司企业提供综合物流服务的仓储方式。但第三方仓储不同于一般的租赁仓库仓储,它能够提供专业化的高效、经济和准确的分销服务。企业若想得到高水平的质量和服务,则可利用第三方仓储,因为这些仓库设计水平高,并且符合特殊商品的高标准、专业化的搬运要求;如果企业只需要一般水平的搬运服务,则可以选择租赁仓储。

(3) 顾客订单处理。由专业的第三方物流公司负责收集市场信息,预测客户需求,提高订单处理效率。

3. 第三方物流的特征

(1) 关系契约化。首先,第三方物流是通过契约形式来规范物流经营者与物流消费者之间关系的。物流经营者根据契约规定的要求,提供多功能直至全方位一体化物流服务,并以契约来管理所有提供的物流服务活动及其过程。其次,第三方物流发展物流联盟也是通过契约的形式来明确各物流联盟参加者之间的权责权利和相互关系的。

(2) 服务个性化。首先,不同的物流消费者存在不同的物流服务要求,第三方物流需要根据不同物流消费者在企业形象、业务流程、产品特征、顾客需求特征、竞争需要等方面的不同要求,提供针对性强的个性化物流服务和增值服务。其次,从事第三方物流的物流经营者也因为市场竞争、物流资源、物流能力的影响需要形成核心业务,不断强化所提供物流服务的个性化和特色化,以增强物流市场竞争能力。

(3) 功能专业化。第三方物流所提供的是专业的物流服务。从物流设计、物流操作过程、物流技术工具、物流设施到物流管理必须体现专门化和专业水平,这既是物流消费者的需要,也是第三方物流自身发展的基本要求。

(4) 管理系统化。第三方物流应具有系统的物流功能,是第三方物流产生和发展的基本要求,第三方物流需要建立现代管理系统才能满足运行和发展的基本要求。

(5) 信息网络化。信息技术是第三方物流发展的基础。物流服务过程中,信息技术发展实现了信息实时共享,促进了物流管理的科学化、极大地提高了物流效率和物流效益。

4. 第三方物流的作用

（1）可以使企业专心致志地从事自己所熟悉的业务，将资源配置在核心事业上。企业精力集中于核心业务。由于资源有限，很难成为业务上面面俱到的专家。为此，企业应把主要资源集中于擅长的主业，而把物流等辅助功能留给第三方物流公司。

（2）灵活运用新技术，实现以信息换库存，降低成本。3PL能以一种快速、更具成本优势的方式满足这些需求，而这些服务如果单靠制造商常常难以实现。同样，3PL还具有可以满足制造企业的潜在客户需求的能力，从而促进生产商与零售商沟通的作用。

（3）减少固定资产投资，加速资本周转。企业自建物流需要投入大量的资金购买物流设施，建设仓库和信息网络等专业物流设施。这些资源对于缺乏资金的企业特别是对中小企业而言是沉重的负担。而如果使用3PL不仅减少了设施的投资，还消除了仓库和车队方面的资金占用，加速了资金周转。

（4）提供灵活多样的客户服务，为客户创造更多的价值。假如你是原材料供应商，而你的原材料需求客户需要迅速补充货源，你就要有地区仓库。通过3PL的仓库服务，你就可以满足客户需求，而不必因为建造新设施或长期租赁而调拨资金，因此不会在经营灵活性上受到限制。如果你是最终产品供应商，利用3PL还可以向最终客户提供超过自己能力的更多样的服务品种，为客户带来更多的附加价值，使客户满意度提高。

案例衔接

夏晖公司的供应链管理总体目标

谈到麦当劳的物流，不能不说到夏晖公司，这家几乎是麦当劳"御用3PL"（该公司客户还有必胜客、星巴克等）的物流公司，他们与麦当劳的合作，至今在很多人眼中还是一个谜。麦当劳没有把物流业务分包给不同的供应商，夏晖也从未移情别恋，这种独特的合作关系，不仅建立在忠诚的基础上，麦当劳之所以选择夏晖，在于后者为其提供了优质的服务。

麦当劳要求夏晖提供一条龙式物流服务，包括生产和质量控制在内。比如，在夏晖设在台湾的面包厂中，就全部采用了统一的自动化生产线，制造区与熟食区加以区隔，厂区装设空调与天花板，以隔离落尘，易于清洁，应用严格的食品与作业安全标准。所有设备由美国SASIB专业设计，生产能力为每小时24 000个面包。在专门设立的加工中心，物流服务商为麦当劳提供所需的切丝、切片生菜及混合蔬菜，拥有全程温度自动控制的生产区域、连续式杀菌及水温自动控制功能的生产线，生产能力每小时1 500千克。此外，夏晖还负责为麦当劳上游的蔬果供应商提供咨询服务。麦当劳利用夏晖设立的物流中心，为其各个餐厅完成订货、储存、运输及分发等一系列工作，使得整个麦当劳系统得以正常运作，通过它的协调与联接，使每一个供应商与每一家餐厅达到畅通与和谐，为麦当劳餐厅的食品供应提供最佳的保证。目前，夏晖在北京、上海、广州都设立了食品分发中心，同时在武汉、成都、厦门建立了卫星分发中心和配送站，在香港和台湾设立了分发中心，建立起全国性的服务网络。例如，为了满足麦当劳冷链物流的要求，夏晖公司在北京地区投资5 500多万元人民币，建立了一个占地面积达12 000平方米、拥有世界领先的多温度食品分发物流中心，该物流中心配有先进的装卸、储存、冷藏设施,5到20吨多种温度控制运输车40余辆,中心还配有电脑调控设施用以控制所规定的温度,检查每一批进货的温度。

"物流中的浪费很多,不论是人的浪费、时间的浪费还是产品的浪费都很多。而我们是靠信息系统的管理来创造价值。"夏晖食品公司大中华区总裁白雪很自豪地表示,夏晖的平均库存远远低于竞争对手,麦当劳物流产品的损耗率也仅有万分之一。

5. 第三方物流企业为各供应链成员提供创新的物流增值服务

(1) 信息服务。第三方物流企业应凭借其广泛的服务网络为客户收集市场需求信息、产品销售与库存信息、用户反馈信息等,为生产经营企业的决策提供服务。就信息的传递而言,第三方物流企业可利用其建立起来的计算机网络系统和现代信息技术,在供应商、生产企业、销售商间架起信息传递的桥梁,同时也为客户实现电子报关、货物跟踪、货款结算、电子商务等提供服务,从而实现商流、物流、资金流和信息流的高度统一。为此,第三方物流企业应建设功能强大的信息服务网络,采用先进的信息处理技术,实现物流信息收集代码化、信息存储数据库存化、信息处理计算机化、信息传递标准化、数字化和实时化,为供应链成员企业实现高效的订单处理、作业计划安排、库存管理、客户管理、货物跟踪等提供优质服务。

(2) 知识服务。物流服务是集知识密集型、资本密集型、劳动密集型于一体的服务项目,它要求有丰富的经济学知识、管理学知识、运筹学知识、计算机网络知识、物流专业知识以及信息处理技术等知识与之相配套。第三方物流企业的核心竞争力,就体现在它能综合运用各种知识为客户提供一个专业化的最优物流解决方案。第三方物流企业应拥有一支具有较高专业知识,即对物流各环节都有较深入了解的物流专家队伍,结合不同客户的物流需求特点,为其设计符合其个性化需求的最优物流解决方案。第三方物流企业要真正实现以正确的时间,用正确的成本,按正确的条件,将货物运到正确的地点的目的,从而提高物流效率,降低物流成本,帮助供应链成员企业提升其核心竞争力。

(3) 一体化服务。第三方物流与传统物流间的另一个重要区别体现在传统物流服务只提供简单的单项服务——或仓储,或运输,大量的物流环节的选择和衔接工作还得依赖客户自己来做;而作为现代物流代表的第三方物流企业提供的应该是综合物流服务,具体包括运输、仓储、装卸搬运、包装、流通加工、配送、信息,甚至采购、销售、结算、订单处理、数据传输等诸多的服务项目。

据统计,欧美国家第三方物流公司近30项第三方物流服务项目中,仅有15%的公司的服务项目低于10种,而6%以上的公司服务项目高于20种。另据美国科尔尼管理咨询公司的一份分析报告显示,物流业运输、仓储和综合服务三种服务方式中,单独提供运输服务的利润率为5%,仓储服务的利润率为3.19%,而提供综合服务的利润率可达10.15%。为实现从分项服务向综合服务的功能提升,第三方物流企业应采用联合、兼并、分设、重组等措施广设网点,站站接力,为客户提供门到门、全方位一体化的物流服务,也可广泛采用联运等形式,整合社会物流资源实现物流服务的一体化。

(4) 融通仓服务。融通仓服务是以周边中小企业为主要服务对象,以流动商品的仓储为基础,涵盖中小企业信用整合与再造、物流配送、电子商务与传统商业的综合性服务平台。

融通仓运作的基本原理是：生产经营企业先以其采购的原材料或产成品作为质押物存入第三方物流开设的融通仓，并据此获得协作银行的贷款，然后在其后续生产经营过程中质押产品，销售过程中分阶段还款。第三方物流企业提供质押物品的保管、价值评估、去向监管、信用担保等服务，从而架起银企间资金融通的桥梁。融通仓融资的实质是将银行不太愿意接受的动产（主要是原材料、产成品）转变成其乐意接受的动产质押产品，并以此作为质押担保品进行信贷融资。

（二）第四方物流

1. 第四方物流的基本概念

第四方物流是指一个供应链的集成商，对公司内部和各个具有相关互补作用的服务供应商（第三方物流公司、IT 服务提供者、咨询公司和增值服务商）所拥有的不同资源、能力和技术进行整合和管理，提供一套供应链的解决方案。

国内著名的学者马士华对第四方物流的定义是：第四方物流是一种解决物流规划功能外包问题的物流方案。是由独立于现有物流系统各个环节的、与原物流系统无直接利益关系的"第四方"提供，将其自身的资源、能力和技术同来自补充服务提供者的资源、能力和技术集合起来，并对之进行管理，从而提供一体化的物流解决方案。

2. 第四方物流的工作方式

第四方物流由第四方物流服务的提供者运用自身的特长，为客户提供物流系统的规划决策。与第三方物流最显著的不同是，企业可以将物流的规划功能外包给第四方物流，而进一步将能力集中于其核心业务。

第四方物流有能力提供一整套完善的供应链解决方案，是合并管理咨询和第三方物流服务的集成商，它通过对供应链产生影响的能力来增加价值，在向客户提供持续更新和优化技术方案的同时，满足客户的特殊需求。第四方物流成功的关键在于为顾客提供最佳的增值服务，即迅速、高效、低成本和人性化服务等。

> **案例衔接：**
>
> **飞利浦的第四方物流**
>
> 作为一个选择第三、第四方物流服务的公司，飞利浦在挑选第三方物流商时最关心的是成本和所得到的服务之间性价比，第三方物流的 IT 能力，第三方物流的网络覆盖能力。对于第四方物流商，飞利浦看重的是实力、技术领先度，能保证解决方案，可以提高工作效率，帮助完成飞利浦设计的方案，实现和供应商的对接。从运输商直接承运到完全引入"第三者"——第三方物流公司，飞利浦经历了 10 多年，而"第三者"和飞利浦只缠绵了 2 年，飞利浦又迫不及待地引入了"第四者"——第四方物流公司。
>
> 当然，这些"第三者"和"第四者"都不是取而代之，他们充当的是在飞利浦和"第二者""第三者"之间的交流平台。通过引入"第四者"，飞利浦精简了自己的流程和队伍——将飞利浦非核心业务外包的策略进行到底。
>
> 华夏媒体与飞利浦的缘分始于华夏帮飞利浦做计划系统。系统实施期间，飞利浦的张俊和华夏老总林亮几番交流，启发了林亮建立平台的想法。林亮迅速搭建新

的业务架构并很快开发出各种系统，搭建了NET—X平台。X意味着无限和不确定。基本思路是充当制造企业和物流企业之间的商流、信息流平台。

飞利浦为什么不自建平台？这主要是因为飞利浦的主要竞争能力是在产品技术、设计和市场营销等方面，IT和供应链不是飞利浦主要竞争力的体现，飞利浦的一贯策略是——尽可能将非核心业务外包。假如要飞利浦自己去建立平台，飞利浦要招募很多IT人员，自己买服务器，分享这个平台，还要一批做实施的队伍跟物流供应商打交道——显然这不符合飞利浦的策略。

也有第三方物流公司上门找飞利浦，希望建立这个平台，让飞利浦在上面运行。但是张俊认为，第三方物流商平台的作用非常有限。通常客户希望平台有公正性或者独立性，为所有的客户和物流供应商来服务。而作为第四方物流平台，华夏媒体要向飞利浦收费，但第四方物流却节约了很多成本，特别是降低了跟供应商之间的风险和成本。

有了平台后，从飞利浦这边，只要维护一个标准，把数据扔到平台上去，就不需要重复投入了。对供应商也是这样，不会因为飞利浦系统升级等原因而变化，还能维持原来的系统。通过这种方式可以提高第三方物流的效率，进而提高飞利浦的效率。简单地说，就是通过统一平台来节约成本，形成规模效应，厂商和第三方物流公司都不用因为供应商或客户的增加而增加IT投入。

此外，原来飞利浦的IT人员和供应链管理人员，是按照供应商划分来进行数据维护。因为有了这样的平台，数据传输现在只要跟平台维护就行了，人力成本大大节省了。原来飞利浦需要维护四套EDI，虽然不用给供应商交钱，但是要维护四套EDI，了解对方的流程和系统，也需要人员的投入。而现在，飞利浦的平台基本是由华夏开发的。

通过实施第四方物流，飞利浦供应链管理部门的18台传真机只剩下了2台用于处理应急事务。现在的飞利浦，已经见不到任何和物流供应商之间来往的货单。而以往每个月底，飞利浦都要由两三位员工花上3天时间和物流供应商对账、结账，现在经由平台直接拿到业务文件，半小时即可解决。

（三）电子物流

1. 电子物流的概念

电子物流（E-Logistics）也可称为物流电子化或物流信息化，它是指利用电子化的手段，尤其是利用互联网技术来完成物流全过程的协调、控制和管理，实现从网络前端到最终客户端的所有中间过程服务，最显著的特点是各种软件与物流服务的融合应用。电子物流的目的就是通过物流组织、交易、服务、管理方式的电子化，使物流商务活动能够方便、快捷地进行，以实现物流的高速度、安全、可靠以及低费用。

2. 电子物流的特点

（1）信息化。物流信息化表现为物流信息的商品化。物流信息收集的自动化，物流信息处理的电子化和计算机化，物流信息传递的标准化和实时化，物流信息存储的数字化等。信息化是一切的基础，没有物流的信息化，任何先进的技术设备都不可能应用于物流领域。

（2）自动化。物流自动化的基础是信息化，核心是机电一体化，外在表现是物流活动的程序化处理。物流自动化的效果是省人、省力，另外还可以扩大物流作业能力，提高劳动生产率，减少物流作业的差错等。物流自动化的设施非常多，如条码、射频自动识别系统、货物自动分拣与自动存取系统、自动导向车及货物自动跟踪系统等。

（3）网络化。物流网络化是物流配送系统的计算机信息网络，包括物流配送中心与供应商或制造商的联系要通过计算机网络，另外与下游顾客之间的联系也要通过计算机网络通信，比如物流配送中心向供应商提出订单这个过程，就可以使用计算机通信方式，借助于增值网上的电子订货系统和电子数据交换技术来自动实现，物流配送中心通过计算机网络收集下游客户订单的过程也可以自动完成。

（4）智能化。物流智能化是物流自动化、信息化的一种高层次应用，物流作业过程大量的运筹和决策，如库存水平的确定、运输（搬运）路径的选择、自动导向车的运行轨迹和作业控制、自动分拣机的运行、物流配送中心经营管理的决策支持等问题都需要借助于大量的支持才能解决。在物流自动化的进程中，物流智能化是不可回避的技术难题。

（四）逆向物流

1. 逆向物流的概念

《中华人民共和国国家标准·物流术语》（GB/T 18354—2021）对逆向物流（Reverse Logistics）做出如下定义：为恢复物品价值、循环利用或合理处置，对原材料、零部件、在制品及产成品从供应链下游节点向上游节点反向流动，或按特定的渠道或公式归集到指定地点所进行的物流活动。

逆向物流其实是与传统供应链方向相反，它是为恢复价值或合理处置，而对原材料、中间库存、最终产品及相关信息，从消费地到起始点的实际流动所进行的有效计划、管理和控制过程。

2. 逆向物流的分类

表4-1 逆向物流的分类

类别	周期	驱动因素	处理方式	例证
投诉退货 偷盗、质量问题、重复运输等	短期	市场营销客户满意服务	确认检查、退换货补货	电子消费品如手机、DVD机、录音笔等
终端退回 经完全使用后需处理的产品	长期	经济 市场营销	再生产、再循环	电子设备的再生产，地毯循环，轮胎修复
		法规条例	再循环	白色和黑色家用电器
		资产恢复	再生产、再循环、处理	电脑元件及打印硒鼓
商业退回 未使用商品退回还款	短到中期	市场营销	再使用、再生产、再循环、处理	零售商积压库存，时装、化妆品
维修退回 缺陷或损坏产品	中期	市场营销 法规条例	维修处理	有缺陷的家用电器、零部件、手机
生产报废和副品 生产过程的废品和副品	较短期	经济法规条例	再循环、再生产	药品行业，钢铁业

续表

类别	周期	驱动因素	处理方式	例证
包装 包装材料和产品载体	短期	经济	再使用	托盘、条板箱、器皿
		法规条例	再循环	包装袋

3. 逆向物流的特点

逆向物流作为企业价值链中特殊的一环，与正向物流相比，既有共同点，也有各自不同的特点。两者的共同点在于都具有包装、装卸、运输、储存、加工等物流功能。但是，逆向物流与正向物流相比又有其鲜明的特殊性。

（1）分散性。换言之，逆向物流产生的地点、时间、质量和数量是难以预见的。废旧物资流可能产生于生产领域、流通领域或生活消费领域，涉及任何领域、任何部门、任何个人，在社会的每个角落都在日夜不停地发生。正是这种多元性使其具有分散性。而正向物流则不然，按量、准时和指定发货点是其基本要求。

（2）缓慢性。人们不难发现，开始的时候逆向物流数量少、种类多，只有在不断汇集的情况下才能形成较大的流动规模。废旧物资的产生也往往不能立即满足人们的某些需要，它需要经过加工改制等环节，甚至只能作为原料回收使用，这一系列过程的时间是较长的。同时，废旧物的收集和整理也是一个较复杂的过程。这一切都决定了废旧物资缓慢性这一特点。

（3）混杂性。回收的产品在进入逆向物流系统时往往难以划分为产品，因为不同种类、不同状况的废旧物资常常是混杂在一起的。当回收产品经过检查、分类后，逆向物流的混杂性随着废旧物资的产生而逐渐衰退。

（4）多变性。由于逆向物流的分散性及消费者对退货、产品召回等回收政策的滥用，有的企业很难控制产品的回收时间与空间，这就导致了多变性。主要表现在以下四个方面：

逆向物流具有极大的不确定性；

逆向物流的处理系统与方式复杂多样；

逆向物流技术具有一定的特殊性；

相对高昂的成本。

4. 逆向物流管理的原则

（1）"事前防范重于事后处理"原则。逆向物流实施过程中的基本原则是"事前防范重于事后处理"，即"预防为主、防治结合"的原则。因为对回收的各种物料进行处理往往给企业带来许多额外的经济损失，这势必增加供应链的总物流成本，与物流管理的总目标相违背。因而，对生产企业来说要做好逆向物流一定要注意遵循"事前防范重于事后处理"的基本原则。循环经济、清洁生产都是实践这一原则的生动例证。

案例衔接：

沃尔玛的供应链管理总体目标

沃尔玛十分重视其物流运输和配送中心，在物流方面投入了大量的资金。物流运营过程中，沃尔玛逐步建立起一个"无缝点对点"的物流系统。所谓"无缝"即整个供应链连接非常顺畅，沃尔玛的供应链是指产品从工厂到商店货架的整个物流系统，

这种产品的物流应当是尽可能平滑。从1990年开始,美国的一些大型连锁零售商为了提高退货处理效率,按照专门化和集约化的原则,仿照正向物流管理中的商品调配中心的形式,采用逆向思维,累计在全美分区域设立了近百个规模不等的"集中退货中心"以集中处理退货业务。这成为逆向物流管理的开始。

一、逆向物流中的配送

沃尔玛实行统一的物流业务指导原则,不管物流的项目是大还是小,必须把所有的物流过程集中到一个伞形结构之下,并保证供应链上每个环节的顺畅。这样,沃尔玛的运输、配送以及对于订单与购买的处理等所有的过程,都是一个完整的网络当中的一部分。完善合理的供应链大大降低了物流成本,加快了物流速度。

二、逆向物流中的循环

沃尔玛物流的循环与配送中心是联系在一起的,配送中心是供应商和市场的桥梁,供货商直接将货物送到配送中心,从而降低了供应方的成本。沃尔玛的物流过程,始终注重确保商店所得到的产品与发货单上完全一致,精确的物流过程使每家连锁店接受配送中心的送货时只需卸货,不用再检查商品,有效降低了成本。

三、逆向物流的零售链接

供应商与沃尔玛的计算机系统互相连接,供应方可以了解其商品的销售情况,并对未来生产进行预测,来决定生产策略,从而丰富了供应方的市场信息,减少不必要的博弈成本。

(2)绿色原则。绿色原则即将环境保护的思想观念融入企业物流管理过程中。

(五)绿色物流

想一想 物流给环境带来哪些影响?

1. 绿色物流的概念

绿色物流是指在物流过程中抑制物流对环境造成危害的同时,实现对物流环境的净化,使物流资源得到最充分利用。它包括物流作业环节和物流管理全过程的绿色化。从物流作业环节来看,包括绿色运输、绿色包装、绿色流通加工等。从物流管理过程来看,主要是从环境保护和节约资源的目标出发,改进物流体系,既要考虑正向物流环节的绿色化,又要考虑供应链上的逆向物流体系的绿色化。绿色物流的最终目标是可持续性发展,实现该目标的准则是经济利益、社会利益和环境利益的统一。

2. 绿色物流的构成

(1)绿色运输。运输过程中的燃油消耗和尾气排放,是物流活动造成环境污染的主要原因之一。因此,要想打造绿色物流,首先要对运输线路进行合理布局与规划,通过缩短运输路线、提高车辆装载率等措施,实现节能减排的目标。另外,还要注重对运输车辆的养护,使用清洁燃料,减少能耗及尾气排放。

(2)绿色包装。包装是物流活动的一个重要环节,绿色包装可以提高包装材料的回收利用率,有效控制资源消耗,避免环境污染。

(3)绿色流通加工。绿色流通加工的途径主要分两个方面：一方面变消费者分散加工为专业集中加工，以规模作业方式提高资源利用效率，以减少环境污染；另一方面是集中处理消费品加工中产生的边角废料，以减少消费者分散加工所造成的废弃物污染。

> **案例衔接**
>
> **日本地下物流系统**
>
> 　　地下物流技术在相对人口集中、国土狭小的日本得到了广泛的关注。近年，日本将地下物流技术列为未来10年政府重点研发的高新技术领域之一，主要致力于研究开通物流专用隧道并实现网络化，建立集散中心，形成地下物流系统。
>
> 　　日本建设厅的公共设施研究院对东京的地下物流系统进行了二十多年的研究，研究内容涉及了东京地区地下物流系统的交通模拟、经济环境因素的作用分析以及地下物流系统的构建方式等诸多方面。拟建系统地下通道总长度达到201千米，设有106个仓储设施，通过这些设施可以将地下物流系统与地上物流系统连接起来。系统建成之后能承担整个东京地区将近36%的货运，地面车辆运行速度提高30%左右；运输网络分析结果显示每天将会有超过32万辆的车辆使用该系统，成本效益分析预计系统每年的总收益能达到12亿日元，其中包括降低车辆运行成本和事故发生率、缩短行驶时间以及减少二氧化碳和氮化物的排放量带来的综合效益。该系统规模大、涵盖范围广，它的优点在于综合运用各学科知识，并与地理信息系统（GIS）紧密结合，前期研究深入、透彻，保证了地下物流系统的高效率、高质量、高经济效益以及高社会效益。

任务拓展

查阅资料，以某公司为例，分析物流外包的阻力与风险有哪些。

任务四　透析库存管理

任务目标

- 了解现行库存管理模式存在的问题
- 理解供应链环境下库存管理策略
- 理解供应商管理库存和联合库存管理模式

任务描述

在供应链管理环境下，由于企业组织与管理模式的变化，供应链库存管理同传统的库存管理相比有许多新的特点和要求。那么现行的库存管理模式存在哪些问题？有哪些新的库存管理策略和方法适应供应链环境下的库存管理？这些策略如何提高供应链的系统性和集成性，增强企业的敏捷性和响应性？又具有哪些实用性和可操作性？

> **知识拓展**
>
> **通用汽车公司在库存管理策略上的不足**
>
> 　　美国通用汽车公司近年来在库存管理方面出现了问题。库存积压和汽车总量不断增加，给通用公司带来了巨大压力。据调查，按照现在的销售速度，通用汽车公司给销售商的供应量可以维持106天，相比之下，福特公司为83天，克莱斯勒为7天。通用公司在执行项名为"价值定价"的市场战略时，不断积压的库存使通用汽车公司陷入了困境，对市场需求低迷的预测促使通用汽车公司运用促销手段来减少庞大的库存。
>
> 　　库存管理可以预防不确定性，使企业能适应市场的需求变化，提高企业柔性；库存管理能预防原材料市场的供应变化，保持生产的连续性以及获取规模经济等。通用公司可以采取合理的措施降低其库存，如改变劳动力水平、生产率，以降低生产量；通过价格诱导以及一些奖励手段刺激需求；提供多种支付手段，如分期付款等；同时，引入一些互补产品，刺激需求。

一、库存概述

《中华人民共和国国家标准·物流术语》（GB/T 18354—2021）对库存（Inventory）做出如下定义：储存作为今后按预定的目的使用而处于备用或非生产状态的物品。广义的库存还包括处于制造加工状态和运输状态的物品。

一般情况下，人们设置库存的目的是防止短缺，就像水库里储存的水一样。另外，它还具有保持生产过程连续性、分摊订货费用、快速满足用户订货需求的作用。在企业生产中，尽管库存是出于种种经济考虑而存在，但这也是一种无奈的结果。因为库存的存在是由于人们无法预测未来的需求变化才不得已采用的应付外界变化的方法，也是由于人们无法使所有的工作都做得尽善尽美，才产生一些人们并不想要的冗余与囤积——不和谐的工作沉淀。

库存管理，是指在保障供应的前提下，以库存物品的数量最少和周转最快为目标所进行的计划、组织、协调和控制。

二、传统企业库存管理存在的问题

供应链管理环境下的库存问题与传统的企业库存问题有许多不同之处，这些不同点体现出供应链管理思想对库存的影响。如图4-6所示，传统的企业库存管理都是站在单一企业的角度，在过去市场竞争不是很激烈、客户需求变化不是很频繁的情况下，这种库存管理方法还有一定的适用性，但从供应链管理整体的角度看，这种单一企业库存管理的方法显然是不够的。

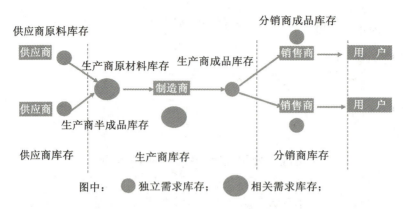

图4-6 传统库存管理模式图

传统企业管理模式下的库存控制中存在的主要问题可综合成以下几点:

1. 缺乏供应链的整体观念,库存管理的思想落后

虽然供应链的整体绩效取决于各个供应链节点的绩效,但各个部门都是各自独立的单元,都有各自独立的目标与使命。有些目标与供应链的整体目标是不相同的,甚至有可能是冲突的。因此,这种各行其道的山头主义行为必然导致供应链整体效率的低下。

> **知识拓展**
>
> **库存管理不当给供应链带来的问题**
>
> 美国北加利福尼亚的计算机制造商电路板组装作业采用每笔订货费作为其绩效评价指标,该企业集中精力于减少订货成本上。这种做法本身并无不妥,但是它没有考虑这样做对整体供应链的其他制造商和分销商的影响,结果使该企业要维持过高的库存以保证大批量订货生产。
>
> 而印第安纳的一家汽车制造配件厂却在大量压缩库存,因为它的绩效评价是由库存决定的,结果使它到组装厂与零配件分销中心的响应时间变得更长和波动不定,组装厂与分销中心为了满足顾客的服务要求不得不维持较高的库存。

一般的供应链系统都没有针对全局供应链的绩效评价指标,这是普遍存在的问题。有些企业采用库存周转率作为供应链库存管理的绩效评价指标,但是没有考虑对用户的反应时间与服务水平。因此,库存管理的指导思想是落后的,不能将供应链中的库存水平降低。

2. 对用户服务的理解与定义不恰当

供应链管理的绩效好坏应该由用户来评价,或者以对用户的反应能力来评价。但是,对用户服务的理解与定义各不相同,导致对用户服务水平的差异。许多企业采用订货满足率来评估用户服务水平,这是一种比较好的用户服务考核指标。但是用户满足率本身并不保证运作问题,比如一家计算机工作站的制造商要满足一份包含多产品的订单要求,产品来自各供应商,用户要求一次性交货,制造商要等各个供应商的产品都到齐后才一次性装运给用户,这时,用总的用户满足率来评价制造商的用户服务水平是恰当的,但这种评价指标并不能帮助制造商发现是哪家供应商的交货迟了或早了。

传统的订货满足率评价指标也不能评价订货的延迟水平。两家同样具有90%的订货

满足率的供应链,在如何迅速补给余下10%订货要求方面差别是很大的。其他的服务指标也常常被忽视了,如总订货周转时间、平均回头订货率、平均延迟时间、提前或延迟交货时间等。

3. 不准确的交货状态数据

当顾客下订单时,他们总是想知道什么时候能交货。在等待交货过程中,也可能会对订单交货状态进行修改,特别是当交货被延迟以后。我们并不否定一次性交货的重要性,但我们必须看到,许多企业并没有及时和准确地把推迟的交货订单的修改数据提供给用户,其结果当然会使用户不满。如一家计算机公司花费了一周的时间安排用户交货计划,实施的结果是30%的订单是在承诺交货日期之后交货的,40%的订单实际交货日期与承诺交货日期延迟了10天之久,而且交货日期修改过几次。交货状态数据不及时、不准确,不仅会给本企业的库存管理带来问题,也会给用户服务的后续工作造成麻烦。

4. 低效率的信息传递系统

在供应链中,各个供应链节点企业之间的需求预测、库存状态、生产计划等都是供应链管理的重要数据。这些数据分布在不同的供应链组织之间。要做到有效地快速响应用户需求,必须实时地传递,为此需要对供应链的信息系统模型做相应的改变,通过系统集成的办法,使供应链中的库存数据能够实时、快速地传递。但是,目前许多企业的信息系统并没有很好地集成起来,当供应商需要了解用户的需求信息时,得到的常常是延迟的甚至是不准确的信息。由于延迟引起误差和影响库存量的精确度,短期生产计划的实施也会遇到困难。例如企业为了制订一个生产计划,需要获得关于需求预测、当前库存状态、订货的运输能力、生产能力等信息,这些信息需要从供应链的不同节点企业数据库获得,数据调用的工作量很大。数据整理完后制订主生产计划,然后运用相关管理软件制订物料需求计划,这样一个过程一般需要很长时间。时间越长,预测误差越大,制造商对最新订货信息的有效反应能力也就越弱,会造成过高的库存也就不奇怪了。

5. 库存控制策略简单化

无论是生产性企业还是物流企业,控制库存的目的都是为了保证供应链运行的连续性和不确定需求。了解和跟踪引起不确定性状态的因素是第一步,第二步是要利用跟踪到的信息去制定相应的库存控制策略。这是一个动态的过程,因为不确定性也在不断地变化。有些供应商在交货的质量方面可靠性好,而有些则相对差些;一些物品的需求可预测性大,而另外一些物品的可预测性小一些,库存控制策略应能反映这些情况。

许多公司对所有的物品采用统一的库存控制策略,物品的分类没有反映供应与需求中的定性。在传统的库存控制策略中,多数是面向单一企业的,采用的信息基本上来自企业内部,其库存控制没有体现出供应链管理的思想。因此,如何建立有效的库存控制方法,并能体现供应链管理的思想,是供应链库存管理的重要内容。

6. 缺乏合作与协调性

供应链是一个整体,需要协调各方活动才能取得最佳的运作效果。协调的目的是使满足服务质量要求的信息可以无缝地、流畅地在供应链中传递,从而使整个供应链能够根据用户的要求步调一致,形成更为合理的供需关系,适应复杂多变的市场环境。例如,当用户的订货由多种产品组成,而各产品又是由不同的供应商提供,用户要求所有的商品都一次性交货时,这时企业必须对来自不同供应商的交货期进行协调。如果组织间缺乏协调与合作会导致交货期延迟和服务水平下降,同时库存也会由此而增加。

供应链的各个节点企业为了应付不确定性,都设有一定的安全库存,正如前面提到的设置安全库存是企业采取的一种应急措施。问题在于,多厂商特别是全球化的供应链中,组织的协调涉及更多的利益群体,相互之间的信息透明度不高。在这样的情况下,企业不得不维持一个较高的安全库存,为此需要付出较高的代价。

企业之间存在的障碍有可能使库存控制变得更为困难,因为各自都有不同的目标、绩效评价尺度,拥有不同的仓库,也不愿意与其他的部门共享资源。在分布式的组织体系中,企业之间的障碍对库存集中控制的阻力更大。

要进行有效的合作与协调,企业之间需要有一种有效的激励机制。企业内部一般有各种各样的激励机制以加强部门之间的合作与协调,但是当涉及企业之间的激励时,困难就大得多。问题还不止于此,信任风险的存在也加深了问题的严重性,相互之间缺乏有效的监督机制和激励机制也是供应链企业之间合作不稳固的原因。

7. 产品的生产过程设计没有考虑供应链上库存的影响

现代产品设计与先进制造技术的出现,使产品的生产效率大幅度提高,而且具有较高的成本效益,但是供应链库存的复杂性常常被忽视了,结果所有节省下来的成本都被供应链上的分销与库存成本给稀释了。同样,在引进新产品时,如果不进行供应链的规划,也会产生如运输时间过长、库存成本高等问题而无法获得成功。

> **知识拓展**
>
> **柔性供应链的设计**
>
> 美国的一家计算机外围设备制造商,为世界各国分销商生产打印机,打印机有一些具有销售所在国特色的配件,如电源、说明书等。美国工厂按需求预测生产,但是随着时间的推移,当打印机到达各地区分销中心时,需求已经发生了改变。因为打印机是为特定国家生产的,分销商没有办法应对需求的变化,也就是说,这样的供应链缺乏柔性,其结果是造成产品积压,产生了高库存。
>
> 后来,该厂重新设计了供应链结构,主要对打印机的装配过程进行了改变,工厂只生产打印机的通用组件,让分销中心再根据所在国家的需求特点加入相应的特色组件,这样大量的库存就减少了,同时供应链也具有了柔性。这就是产品"为供应链管理而设计的思想"。在这里,分销中心参与了产品装配设计这样的设计活动,这里面涉及组织之间的协调与合作问题,因此合作关系很重要。

另一方面,在供应链的结构设计中,同样需要考虑库存的影响。要在一条供应链中增加或关闭一个工厂或分销中心,一般要先考虑固定成本与相关的物流成本,至于网络变化对运作的影响因素,如库存投资、订单的响应时间等常常放在第二位。但是这些因素对供应链的影响不可低估。

知识拓展

供应链设计与库存的联系

美国一家IC芯片制造商的供应链结构是这样的：在美国加工芯片后运到新加坡检验，再运回美国生产地做最后的测试，包装后运到用户手中。供应链之所以这样设计是因为考虑了新加坡的检验技术先进、劳动力素质高和税收低等因素。但这样显然对库存和周转时间的考虑是有欠缺的，因为从美国到新加坡来回至少要两周，而且还要加上海关手续时间，这就延长了制造周期，增加了库存成本。

从以上几个方面可以看出，传统企业管理模式下的库存控制思想和方法在供应链管理时代都已不能适应现代市场竞争的需要，因此，人们对库存控制模式进行了艰苦探索，试图找到更为有效的手段和方法。

想一想　供应链中的不确定性会对供应链中的库存产生什么影响？

三、供应链库存管理策略

供应链库存管理策略包括供应商管理库存和联合库存管理两种策略。

（一）供应商管理库存（Vendor Managed Inventory，VMI）

《中华人民共和国国家标准·物流术语》（GB/T 18354—2021）对供应商管理库存（Vendor Managed Inventory，VMI）做出如下定义：按照双方达成的协议，由供应链的上游企业根据下游企业的需求计划、销售信息和库存量，主动对下游企业的库存进行管理和控制的库存管理方式。

1. VMI管理的基本思想

长期以来，企业生产过程中的库存管理是各自为政的。整个流程各个环节中的每一个企业及部门都是各自管理自己的库存，零售商有自己的库存，批发商有自己的库存，供应商有自己的库存，各个供应链环节都有自己的库存控制策略。

由于各自的库存控制策略不同，因此不可避免地产生需求的扭曲现象，即所谓的需求放大现象，使企业无法快速响应用户的需求。在供应链管理环境下，供应链各个环节的活动都应该是同步的，而传统的库存控制方法无法满足这一要求。随着供应链管理的思想不断深化，在20世纪末期，出现了一种新的供链库存管理方法——供应商管理库存，VMI这种库存管理策略打破了传统的各自为政的库存管理模式，体现了供应链的集成化管理思想，适应市场变化的要求，是一种新的有代表性的库存管理思想。

在过去的企业管理中，库存是由库存拥有者管理的。因为无法确切知道用户需求与供应的匹配状态，所以需要库存，库存设置与管理是由同一组织完成的。这种库存管理模式并不总是最优的。例如，一个供应商用库存来应付不可预测的或某一用户不稳定的（这里的用户不是指最终用户，是指分销商或批发商）需求，用户也设立库存来应付不稳定的内部需求或供应链的不确定性。虽然供应链中每一个组织独立地保护其各自在供应链的利益不受意外干扰是有效的，但不可取，因为这样做的结果影响了供应链的优化运行。供应链的各个不同组织根据各自的需要独立运作，导致重复建立库存，因而不能产生供应链全局的最低成本,整个供应链系统的库存会随着供应链长度的增加而发生需求扭曲。VMI 库存管理系统能够突破传统的条块分割的库存管理模式,以系统的、集成的管理思想进行库存管理,使供应链系统能够获得同步化的运作。

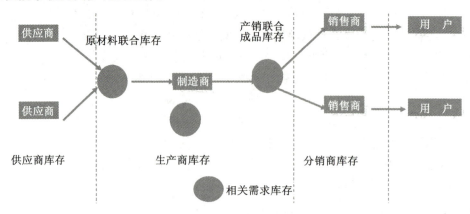

图 4-7　VMI 管理模式图

VMI 是一种很好的供应链库存管理策略。关于 VMI 的定义可以表述为:VMI 是一种在制造商(用户)和供应商之间的合作性策略,以对双方来说都是最低成本的优化产品,在一个相互同意的目标框架下由供应商管理库存。VMI 的目标是通过供需双方的合作,试图降低供应链的总库存而不是将制造商的库存前移到供应商的仓库里,从而真正降低供应链上的总库存成本。关于 VMI 也有其他的不同定义,虽然表述有所不同,但归纳起来,VMI 策略的关键措施主要体现在如下几个原则中:

(1) 合作精神(合作性原则)。在实施该策略时,相互信任与信息透明是很重要的,供应商和用户(零售商)都要有较好的合作精神,才能够相互保持较好的合作。

(2) 使双方成本最小(互惠原则)。VMI 解决的不是关于成本如何分配或谁来支付的问题,而是关于减少成本的问题。通过该策略可使双方的成本都获得减少。

(3) 框架协议(目标一致性原则)。双方都明白各自的责任,观念上达成一致的目标。如库存放在哪里,什么时候支付,是否要管理费,要花费多少等问题都要有明确的规定,并且体现在框架协议中。

(4) 总体优化原则。使供需双方能共享利益和消除浪费。

VMI 策略的主要思想是供应商在用户的允许下设立库存,确定库存水平和补给策略,并拥有库存控制权。精心设计与开发的 VMI 系统,不仅可以降低供应链的库存水平、降低成本,而且用户还可获得高水平的服务,改进资金流,与供应商共享需求变化的透明性并获得更多用户的信任。

2. 实施 VMI 的意义

供应链管理中的成功通常来源于理解并管理好存货成本和消费者服务水平之间的关系。VMI 就是一种能使供应链合作伙伴共同减少成本、改进服务的先进理念,也说明了实施 VMI 策略的必要性。

(1) 减少供应链的总库存成本。

需求的易变性是大部分供应链面临的主要问题,它既损害了对顾客的服务水平也减少了产品收入。在过去的零售情况下,管理政策常常使销售的波动状况更糟。由于需求的不确定性、有冲突的执行标准,用户所用的计划表不同、用户行为的互相孤立,产品短缺造成的订货膨胀等原因,使供应商无法把握需求的波动性。

许多供应商被 VMI 吸引是因为它缓解了需求的不确定性。尽管来自客户的大订单越来越少,但生产商依然需要维持剩余的能力或超额的成品存货量,这是为了确保能响应顾客服务的要求,是一种成本很高的方法。VMI 能够削弱产量的峰值和谷值,从而可维持小规模的生产能力和存货水平。

用户被 VMI 吸引是因为它解决了存在冲突的执行标准带来的两难状况。比如,月末的存货水平对于作为零售商的用户是很重要的,但维持顾客服务水平也是必要的,而这些标准是冲突的。零售商在月初储备货物以保证高水平的顾客服务,然后使存货水平在月末下降以达到他们的库存目标(而不管它对服务水平的影响)。在季末涉及财务报告时,这种不利的影响将更加明显。

在 VMI 中,补货频率通常由每月一次提高到每周,甚至每天一次,这会使双方都受益。供应商在工厂可以看到更流畅的需求信号。由于可以更好地利用生产及运输资源,就降低了成本,也降低了以大容量存货作为缓冲的需求。供应商可以做出与需要相协调的补货决定,而且提高了"需求倾向趋势"意识。客户从合理的低水平库存流转中受益。即使用户将所有权(物主身份)让渡给供应商,改善后的运输和仓储效率也会产生许多好处。此外,月末或季末的服务水平也会得到提高。

在零售供应链中,不同用户间的订货很少能协调,订单经常同时来,这就使及时实现所有的递送请求变得不可能。VMI 中,整个供应链的协调将支持供应商对平稳生产的需求,而不必牺牲客户服务和存储目标。

最后,VMI 将使运输成本减少。如果处理得好,这种方法将会增加低成本的满载运输的比例,减少高成本的未满载货的比例。这可以通过供应商协调补给过程来实现,而不是在收到订单时再被动回应。另一个值得注意的方案是设计更有效的路线规划,例如,一辆专用的货车可以在途中停车多次,为某几位邻近的顾客补货。

(2) 提高服务水平。

从零售商的角度看来,服务水平常常由产品的可得性来衡量。当顾客走进商店时,想买的产品却没有,这桩买卖就失去了,其结果相当严重,因为失去一桩生意的"成本"可能是失去"信誉"。所以在计划时,零售商希望供应商是值得信任的、可靠的。在商品销售计划中,零售商更希望供应商拥有极具吸引力的货架空间。因此,以可靠而著称的供应商可以获得更高的收入。在其他条件相同的情况下,人人都可以从改善了的服务中受益。

在 VMI 中,在多用户补货订单递送间的协调大大改善了服务水平。一项不重要的递送可以推迟一两天,而先完成主要的递送业务。类似地,相对于小的业务,可以先完成大的补货业务。由于有能力平衡所有合作伙伴的需求,供应商可以改善系统的工作状况而不用让任何个体顾客冒险。他们向顾客保证:顾客最主要的需要将会受到最密切的关注。如果没有 VMI,供应商很难有效地安排顾客需求的先后顺序,如果扩大有效解决现有问题的范围,服务水平就可以进一步提高。比如说,在缺货的时候,一个用户的配送中心之间(或多个用户的配送中心之间)平衡存货是十分必要的。有时,在顾客间实行存货的重新平衡可能是最经济的方法。如果没有 VMI 就无法这样做,因为供应商和顾客都看不到整体存货的配置(分布)。在 VMI 下,当用户将货物返还给供应商时,供应商可以将其供给另一位用户,这时就实现了存货平衡。这种方法最坏的结果也就是多了一些运输成本而已。

另外的一个好处就是，VMI 可以使产品更新更加方便，将会有更少的旧货在系统中流通，顾客可以避免抢购。此外，新产品的上架速度将更快。由于有信息共享，货物更新时不用为推销而着急，而且可以让零售商保持"时尚"的好名誉。

VMI 中的运输过程更进一步改善了顾客服务，如果没有 VMI，集中的用户和分散的配送中心之间的沟通障碍有时会使货物的运送被拒绝。VMI 的供应商会预先规划如何补货和递送，以期保证实现递送计划。

3. 实施 VMI 的方法

实施 VMI 策略，要改变订单的处理方式，建立基于标准托付订单的处理模式。首先，供应商和批发商要一起确定供应商订单业务处理过程所需要的信息和库存控制参数，然后建立一种订单的标准处理模式，如 EDI 标准报文，最后把订货，交货和票据处理各个业务功能集成在供应商一边。

库存状态透明性（对供应商）是实施供应商管理用户库存的关键。它使供应商能够随时跟踪和检查到销售商的库存状态，从而快速响应市场的需求变化，对企业的生产（供应）状态进行相应的调整。为此需要建立一种能够使供应商和用户（分销、批发商）的库存信息系统透明连接的方法。

供应商管理库存的策略实施可以分为如下几个步骤：

（1）建立顾客信息系统。要有效地管理销售库存，供应商必须能够获得顾客的有关信息。通过建立顾客的信息库，供应商能够掌握需求变化的有关情况，把由批发商（分销商）进行的需求预测与分析功能集成到供应商的系统中来。

（2）建立销售管理系统。供应商要很好地管理库存，必须建立完善的销售网络管理系统，保证自己产品的需求信息和物流畅通。为此，必须：① 保证自己产品条码的可读性和唯一性；② 解决产品分类、编码的标准化问题；③ 解决商品存储运输过程中的识别问题。

（3）建立供应商与分销商（批发商）的合作框架协议。供应商和销售商（批发商）一起通过协商，确定订单处理的业务流程以及库存控制有关的参数，如再订货点、最低库存水平等；确定库存信息的传递方式，如 EDI 或 Internet 等。

（4）组织机构的变革。这一点也很重要，因为 VMI 策略改变了供应商的组织模式。传统上，由财务经理处理与用户有关的事情，引入 VMI 策略后，在订货部门产生了一个新的职能负责控制用户的库存、库存补给和服务水平。

一般来说，在以下的情况下适合实施 VMI 策略：零售商或批发商没有 IT 系统或基础设施来有效管理他们的库存；制造商实力雄厚并且比零售商市场信息量大；有较高的直接存储交货水平，因而制造商能够有效规划运输。

4. VMI 的三种形式

（1）"制造商—零售商"VMI 模式。

这种模式通常存在于制造商作为供应链的上游企业的情形中，制造商对其客户（如零售商）实施 VMI，如图 4-8 所示。图中的制造商是 VMI 的主导者，负责对零售商的供货系统进行检查和补充，这种模式多出现在制造商是一个比较大的产品制造者的情况下，制造商具有相当的规模和实力，完全能够承担起管理 VMI 的责任。如美国的宝洁（P&G）就发起并主导了对国内大型零售商的 VMI 管理模式的实施。

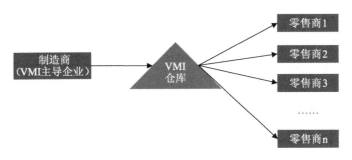

图 4-8 "制造商—零售商"VMI 模式

(2)"供应商—制造商"VMI 模式。

这种模式通常存在于制造商是供应链上实施 VMI 的上游企业的情况中,制造商要求其供应商应按照 VMI 的方式向其补充库存,如图 4-9 所示。此时,VMI 的主导者可能还是制造商,但它是 VMI 的接受者,而不是管理者,此时的 VMI 管理者是该制造商的上游的众多供应商。例如在汽车制造业,这种情况比较多见。一般来说,汽车制造商是这一供应链上的核心企业,为了应对激烈的市场竞争,它会要求它的零部件供应商为其实施 VMI 的库存管理方式。由于很多零部件供应商的规模很小、实力很弱,完全由这些中小供应商完成 VMI 可能比较困难。

另外,制造商也要求供应商按照 JIT 的方式供货。所以,供应商不得不在制造商的周边建立自己的仓库。这样,会导致供应链上的库存管理资源重复配置。表面上看,这些库存管理成本是由供应商支付的,但是实际上仍然会分摊到供货价格里面去,最终对制造商也是不利的。所以,近几年来这种形式的 VMI 模式越来越少了。

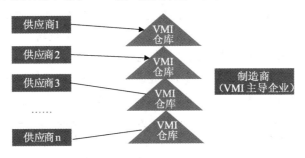

图 4-9 "供应商—制造商"VMI 模式

(3)"供应商—3PL—制造商"VMI 模式。

为了克服第二种模式的弊端,人们创造出了新的方式:"供应商—3PL—制造商"VMI 模式。这种模式是引入了一个第三方物流(3PL)企业,由其提供一个统一的物流和信息流管理平台,统一执行和管理各个供应商的零部件库存控制指令,负责完成向制造商生产线上配送零部件的工作,而供应商则根据 3PL 的出库单与制造商按时结算,如图 4-10 所示。

这一模式的优点还有:3PL 推动了合作三方(供应商、制造商、3PL)之间的信息交换和整合;3PL 提供的信息是中立的,根据预先达成的框架协议,物料的转移标志了物权的转移;3PL 能够提供库存管理、拆包、配料、排序和交付,还可以代表制造商向供应商下达采购订单。由于供应商的物料提前集中在由 3PL 运营的仓库中,使得上游的众多供应商省去了仓储管理及末端配送的成本,从而大大地提高了供应链的响应性并同时降低了成本,因此,也有人将这种 VMI 的实施模式称为 VMI-HUB。

将 VMI 业务外包给 3PL,最大的阻力还是来自制造商企业内部。制造企业的管理人员对 3PL 是否可以保证 VMI 业务的平稳运作存在怀疑和不理解,有人担心引入 3PL 后会失去自己的工作岗位,也有人认为 VMI 业务可以带来利润,因此希望"肥水不流外人田",而把这业务保留在公司以获得额外的"利润"。因此,为了使 VMI 能够真正为供应链带来竞争力的提升,必须对相关岗位的职责进行重新组织,甚至是对企业文化进行变革。

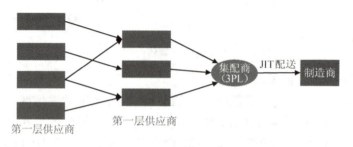

图 4-10 "供应商—3PL—制造商"VMI 模式

案例衔接:

家乐福从 VMI 中受益

VMI 是仓储管理的一种重要模式,是仓储管理走向高级管理阶段的重要标志。VMI 的思想在于需方放弃商品库存控制权,而由供应商掌握供应链上的商品库存动向,即由供应商依据需求商提供的需求资料和库存情况来集中管理库存,替需求商下订单或补货,从而实现对顾客需求变化的快速反应。VMI 不仅可以大幅度改进企业对市场的运作和反应效率,加快整个供应链面对市场的回应时间,较早地得知市场准确的销售信息,而且可以极大地降低整个供应链的物流运作成本,即降低供应商与零售商应对市场变化带来的不必要的库存,达到挖潜增效、开源节流的目的。

正是看到了 VMI 的上述特殊功效,家乐福一直努力寻找合适的战略伙伴,以实施 VMI 计划。经过慎重挑选,家乐福最后选择了其供应商雀巢公司。就家乐福与雀巢公司的既有关系而言,双方只是单纯的买卖关系,唯一特殊的是,家乐福对雀巢来说是个重要的零售商客户。在双方的业务往来中,家乐福具有十足的决定权,决定购买哪些产品与数量。两家公司经协商,决定由雀巢建立整个 VMI 计划的机制,总目标是增加商品的供应率,降低家乐福的库存天数,缩短订货前置时间,以及降低双方物流作业的成本等。

由于双方各自有独立的内部 ERP 系统,彼此并不相容,因此家乐福决定与雀巢以 EDI 连接方式来实施 VMI 计划。在 VMI 系统的经费投入上,家乐福主要负责 EDI 系统建设的花费,没有其他额外的投入;雀巢公司除了 EDI 建设外,还引进了一套 VMI 系统。经过近半年的 VMI 实际运作后,雀巢对家乐福配送中心产品的到货率由原来的 80% 左右提升至 95%(超过目标值)。家乐福配送中心对零售店铺产品到租赁率也由 70% 提升至 90% 左右,并仍在继续改善中;库存天数由原来的 25 天左右下降至 15 天以下,在订单修改方面也由 60% ~70% 下降至现在的 10% 以下,每日商品销售额则上升了 20% 左右。总体而言,VMI 使家乐福受益无穷,极大地提升了其市场反应能力和市场竞争能力。

(二)联合库存管理(Joint Managed Inventory,JMI)

1. 联合库存管理的定义

《中华人民共和国国家标准·物流术语》(GB/T 18354—2021)对联合库存管理(Joint Managed Inventory,JMI)做出如下定义:供应链成员企业共同制订库存计划,并实施库存控制的供应链库存管理方式。

VMI 是一种供应链集成化运作的决策代理模式,它把用户的库存决策权代理给供应商,由供应商代理分销商或批发商行使库存决策的权力。联合库存管理则是一种风险分担的库存管理模式。

2. 联合库存管理的基本思想

联合库存管理的思想可以从分销中心的联合库存功能谈起。地区分销中心体现了一种简单的联合库存管理的思想。传统的分销模式是分销商根据市场需求直接向工厂订货,比如汽车分销(或批发商),根据用户对车型、款式、颜色、价格等的不同需求,向汽车制造厂订货,需要经过一段较长时间货才能达到,因为顾客不想等待这么久的时间,因此各个推销商不得不进行库存备货,这样大量的库存使推销商难以承受,以至于破产。据估计,在美国,通用汽车公司销售 500 万辆轿车和卡车,平均价格是 18 500 美元,推销商维持 60 天的库存,库存费是车价值的 22%,一年总的库存费用达到 3.4 亿美元。而采用地区分销中心,就大大减缓了库存浪费的问题。图 4-11 为传统的分销模式,每个销售商直接向工厂订货,每个销售商都有自己的库存,而图 4-12 为采用分销中心后的销售方式,各个销售商只需要少量的库存,大量的库存由地区分销中心储备,也就是各个销售商把其库存的一部分交给地区分销中心负责,从而减轻了各个销售商的库存压力。分销中心就发挥了联合库存管理的功能。分销中心既是各商品的联合库存中心,同时也是需求信息的交流与传递枢纽。

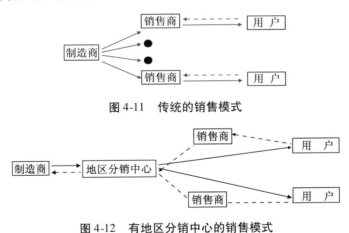

图 4-11 传统的销售模式

图 4-12 有地区分销中心的销售模式

从分销中心的功能我们得到启发,对现有的供应链库存管理模式进行新的拓展和重构,提出联合库存管理新模式——基于协调中心的联合库存管理系统。近年来,在供应链企业之间的合作关系中,更加强调双方的互利合作关系,联合库存管理就体现了战略供应商联盟的新型企业合作关系。在传统的库存管理中,把库存分为独立需求和相关需求两种库存模式来进行管理。相关需求库存问题采用物料需求计划(MRP)处理,独立需求问题采用订货点办法处理。一般来说,产成品库存管理为独立需求库存问题,而在制品和零部件以及原材料的库存控制问题为相关需求库存问题。图4-13所示为传统的供应链活动过程模型,在整个供应链过程中,从供应商、制造商到分销商,各个供应链节点企业都有自己的库存,供应商作为独立的企业,其库存(即其产品库存)为独立需求库存,制造商的材料、半成品库存为相关需求库存,而产品库存为独立的需求库存,分销商为了应付顾客需求的不确定性也需要库存,其库存也为独立需求库存。

联合库存管理是解决供应链系统中,由于各节点企业的相互独立库存运作模式导致的需求放大现象,提高供应链的同步化程度的一种有效方法。联合库存管理和供应商管理不同,它强调双方同时参与,共同制订库存计划,使供应链过程中的每个库存管理者(供应商、制造商、分销商)都从相互之间的协调性考虑,保证供应链相邻的两个节点之间的库存管理者对需求的预期保持一致,从而消除了需求变异放大现象。任何相邻节点需求的确定都是供需双方协调的结果,库存管理不再是各自为政的独立运作过程,而是变成供需连接的纽带和协调中心。

图4-14为基于协调中心联合库存管理的供应链系统模型。基于协调中心的库存管理和传统库存管理模式相比,有如下几个方面的优点:

(1)为实现供应链的同步化运作提供了条件和保证。

(2)减少了供应链中的需求扭曲现象,降低了库存的不确定性,提高了供应链的稳定性。

(3)库存作为供需双方信息交流和协调的纽带,可以暴露供应链管理中的缺陷,为改进供应链管理水平提供依据。

(4)为实现零库存管理、准时采购以及精细供应链管理创造了条件。

(5)进一步体现了供应链管理环境下的资源共享和风险分担的原则。

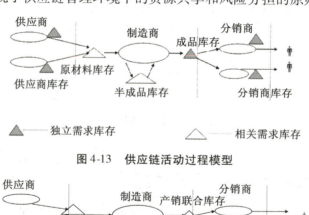

图4-13 供应链活动过程模型

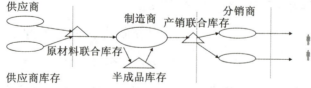

图4-14 基于协调中心联合库存管理的供应链系统模型

3. 联合库存管理的实施策略

(1)建立供需协调管理机制。

为了发挥联合库存管理的作用,供需双方应从合作的精神出发,建立供需协调管理的机制,通过相互的协调作用,明确各自的目标和责任,建立合作沟通的渠道,为供应链的联合库存管理提供有效的机制,图4-15为供应商与分销商协调管理机制模型。没有一个协调的管理机制,就不可能进行有效的联合库存管理。

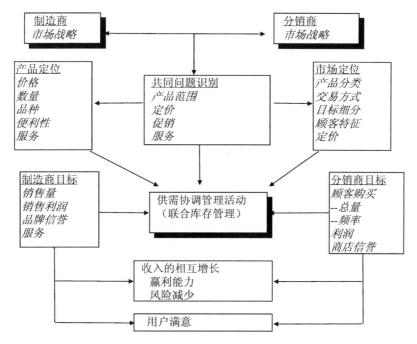

图4-15 供应商与分销商的协调管理机制

建立供需协调管理机制,应从以下几个方面着手。

建立共同合作目标。要建立联合库存管理模式,首先供需双方应本着互惠互利的原则,建立共同的合作目标。为此,要理解供需双方在市场目标中的共同之处和冲突点,通过协商形成共同的目标,如用户满意度、利润的共同增长和风险的减少等。

建立联合库存的协调控制方法。联合库存管理中心担负着协调供需双方利益的角色,起协调控制器的作用。因此需要对库存优化的方法进行明确。这些内容包括库存如何在多个需求商之间调节与分配,最大和最低库存水平、安全库存的确定、需求的预测等。

建立一种信息沟通的渠道或系统。信息共享是供应链管理的特色之一。为了提高整个供应链需求信息的一致性和稳定性,减少由于多重预测导致的需求信息扭曲,应增加供应链各方对需求信息获得的及时性和透明性。为此应建立一种信息沟通的渠道或系统,以保证需求信息在供应链的畅通和准确。要将条码技术、RFID技术、扫描技术、POS系统和EDI集成起来,并且要充分利用互联网的优势,在供需双方之间建立一个畅通的信息沟通桥梁和联系纽带。

建立利益的分配和激励机制。要有效运行基于协调中心的库存管理,必须建立一种公平的利益分配制度,并对参与协调库存管理中心的各个企业(供应商、制造商、分销商)进行有效的激励,防止机会主义行为,增加协作性和协调性。

(2)发挥两种资源计划系统的作用。

为了发挥联合库存管理的作用,在供应链库存管理中应充分利用目前比较成熟的两种资源管理系统:MRP和DRP。原材料库存协调管理中心应用制造资源计划系统(MRPI),

而在产品联合库存协调管理中心则应用物资资源配送计划(DRP),这样就能把两种资源计划系统很好地结合起来。

案例衔接:

襄汉公司联合库存管理

襄汉公司成立于1993年,是一家大型设备制造企业,主要生产举重机械设备和混凝土设备,如汽车举重机、混凝土运输车等,是武汉市重点扶植企业,实力雄厚。公司产品品种多,结构复杂,所需要的零部件和所用的材料种类多,库存物料品种多,库存管理难度大。

一、襄汉公司库存管理存在的问题

1. 库存管理多极化

襄汉公司没有统一的物流中心,没有大型立体化仓库,没法统一管理物料的采购、运输、仓储和配送。销售、制造、计划、采购、运输和仓储等控制系统和业务过程各自独立,相互之间缺乏业务合作,从而导致多级库存。

2. 库存质量控制成本高

襄汉所需物料种类和规格型号多,企业供应商数量多,分布范围广,质量标准不一,因此就增加了襄汉公司产品质量控制的工作量,增加了检测人员及检测设备,从而导致库存质量控制成本高。

3. 库存持有成本高

襄汉的各个事业部或分公司单独进行库存管理。仓库、货场、设施和设备没有进行统一规划和管理,利用率低,增加了库存的空间成本;仓库未统一管理,物料信息不共享,难以调节不同部门库存物料的余缺。导致库存的资金成本增加;由于仓库多,管理人员也就多,整体工作效率低,人员工资和办公费用多,提高了库存的管理成本。

二、襄汉公司库存管理存在问题的原因分析

1. 面向企业外部的供应链库存问题分析

(1)襄汉与供应商联系不紧密,无法充分共享供需双方库存、采购、供货等信息。供应商只是获得粗略的月需求预测、临时加急订货和月消耗与库存盘点的信息,导致"牛鞭效应"显著。

(2)分销商需求的不稳定,促使公司的库存不稳定。

2. 面向企业内部的供应链库存问题分析

企业内部的供应链库存问题主要是指生产系统中的不确定因素。因为企业无法准确地预测下一生产周期的需求,为保证供给的可得性,不得不设置一定数量的安全库存,增加企业的库存成本及生产风险程度。

三、襄汉公司联合库存管理实施策略

1. 建立全新的库存管理模式,成立联合库存协调管理中心,负责供应链各节点企业信息的传递。公司总部设立一个总库作为产品和原材料储备中心,由总部统一调配,如图4-16所示。

2. 降低分销商销售成本。分销商取消了自己建立仓库费用对所售商品的分摊，把所有的精力放到了销售上，从而提高了分销商的主动性和积极性，促进了公司销售量的增加。

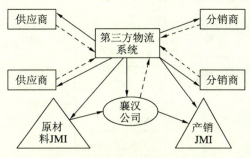

图 4-16　襄汉公司联合管理库存

其具体措施如下：

（1）总库和分库建立基于标准的托付订单处理模式。

（2）建立网络使分销商能够定期跟踪和查询到计算机的库存状态，从而快速地响应市场的需求变化，对企业的生产（供应）状态做出相应的调整。

（3）为实现与供应商的联合库存，总部应提供 ID 代码、条形码、Internet 等支持技术。

（3）建立快速响应系统。

目前在欧美等西方国家，QR 系统应用已达到第三阶段，通过联合计划、预测与补货等策略进行有效的用户需求反应。美国的 Kurt Salmon 协会调查分析认为，实施快速响应系统后供应链效率大有提高，缺货大大减少，通过供应商与零售商的联合协作，保证 24 小时供货；库存周转速度提高 1~2 倍；通过敏捷制造技术，企业的产品中有 20%~30% 是根据用户的需求而制，快速响应系统需要供需双方的密切合作，因此协调库存管理中心的建立为快速响应系统发挥更大的作用创造了有利的条件。

（4）发挥第三方物流企业的作用。

第三方物流企业（3PL）是供应链集成的一种技术手段。3PL 也叫作物流服务提供商（Logistics Service Provider，LSP），它为用户提供各种服务，如产品运输，订单选择、库存管理等。第三方物流系统的一种产生形式是由一些大的公共仓储公司通过提供更多的附加服务演变而来，另外一种产生形式是由一些制造企业的运输和分销部门演变而来，把库存管理的部分功能代理给第三方物流系统管理，可以使企业更加集中精力于自己的核心业务，第三方物流系统起到了供应商和用户之间的联系的桥梁作用（如图 4-17 所示）。第三方物流系统可以为企业获得以下好处：

（1）减少成本；

（2）使企业集中于核心业务；

（3）获得更多的市场信息；

(4)获得一流的物流咨询;

(5)改进服务质量。

第三方物流系统使供与求双方都取消了各自独立的库存,增加了供应链的敏捷性和协调性,并能够大大改善供应链的用户服务水平和运作效率。

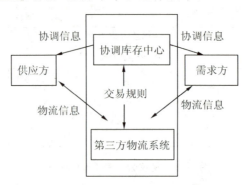

图 4-17 第三方物流系统在供应链中的作用

任务拓展

查阅资料,结合案例,谈谈供应链中的不确定性会对供应链中的库存产生什么影响。

任务五　透析客户关系管理

任务目标

- 了解客户关系管理提出的时代背景
- 了解客户关系管理的核心管理思想
- 理解客户关系管理的四大功能
- 理解客户关系管理应用的三大要点
- 理解供应链中的客户关系管理

任务描述

客户关系管理是在供应链管理环境下提出的强调企业与企业之间的合作关系的一种管理模式。为了满足客户的个性化需求,尤其是随着供应链管理等先进思想的提出和应用,客户关系管理已经成为供应链伙伴关系管理的重要领域。那么,客户关系管理的核心管理思想是什么?客户关系管理的四大功能和应用三大要点是什么?供应链中的客户关系管理是怎样的?

知识链接

一、客户关系管理提出的时代背景

蒸汽机革命使得人类社会从农业经济时代进入到工业经济时代,历时两个多世纪的工业经济时代,整个社会的生产能力不足、商品匮乏。为此,企业依据亚当·斯密的"劳动分工"原理组织规模化大生产,以取得分工效率和最大限度地降低成本,同时通过建立质量管理体系以管理控制产品质量,从而取得市场竞争优势。可以说,工业经济时代是以"产品生产"为导向的"卖方市场"经济,也可以说是产品经济时代。产品生产的标准化及企业生产的规模大小决定其市场竞争地位,"大鱼"可以吃掉"小鱼"。企业管理最重要的指标就是成本控制和利润最大化。

工业经济时代生产力的不断发展,逐步改变了全社会生产能力不足和商品短缺的状况,并导致了全社会生产能力的过剩,商品极大丰富并出现过剩。在这种情况下,客户选择空间及选择余地显著增大,客户需求开始呈现出个性化特征。只有最先满足客户需求的产品才能实现市场销售,市场竞争变得异常残酷。因此,企业管理不得不从过去的"产品导向"转变为"客户导向",只有快速响应并满足客户个性化与瞬息万变的需求,企业才能在激烈的市场竞争中得以生存和发展。标准化和规模化生产方式不得不让位于多品种小批量的生产方式,企业取得市场竞争优势最重要的手段不再是成本而是技术的持续创新,企业管理最重要的指标也从"成本"和"利润"转变为"客户满意度"。

为了提高"客户满意度",企业必须要完整掌握客户信息,准确把握客户需求,快速响应个性化需求,提供便捷的购买渠道、良好的售后服务与经常性的客户关怀等。在这种时代背景下,客户关系管理理论不断完善,并随着互联网技术的广泛应用而推出客户关系管理软件系统。

客户关系管理(Customer Relationship Management,CRM)起源于20世纪80年代初出现的接触管理(Contact Management),即专门收集整理客户与公司联系的所有信息。到20世纪90年代初期则演变成为包括电话服务中心与支援资料分析的客户服务(Customer Care)。经历了近20年的不断发展,客户关系管理不断演变发展并趋向成熟,最终形成了一套完整的管理理论体系。《中华人民共和国国家标准·物流术语》(GB/T 18354—2021)对客户关系管理(Customer Relationships Management,CRM)做出如下定义:一种致力于实现与客户建立和维持长久、紧密合作伙伴关系,旨在改善企业与客户之间关系的管理模式。

二、客户关系管理的核心管理思想

CRM的核心管理思想主要包括以下几个方面。

(一)客户是企业发展最重要的资源之一

企业发展需要对自己的资源进行有效地组织与计划。随着人类社会的发展,企业资源的内涵也在不断扩展,早期的企业资源主要是指有形的资产,包括土地、设备、厂房、原材料、资金等。随后企业资源概念扩展到无形资产,包括品牌商标、专利、知识产权等。再后来,人们认识到人力资源成为企业发展最重要的资源。时至工业经济时代后期,信息又成为企业发展的一项重要资源,乃至人们将工业经济时代后期称为"信息时代"。由于信息存在一个有效性问题,只有经过加工处理变为"知识"才能促进企业发展,为此,"知识"成为当前企业发展的一项重要资源,信息主管(CIO)让位于知识主管(CKO),这在知识型企业中尤显重要。

在人类社会从"产品"导向时代转变为"客户"导向时代的今天,客户的选择决定着一个企业的命运,因此,客户已成为当今企业最重要的资源之一。CRM 系统中对客户信息的整合集中管理体现出将客户作为企业资源之一的管理思想。在很多行业中,完整的客户档案或数据库就是一个企业颇具价值的资产。通过对客户资料的深入分析并应用销售理论中的 20/80 法则将会显著改善企业营销业绩。

(二) 对企业与客户发生的各种关系进行全面管理

企业与客户之间发生的关系,不仅包括单纯的销售过程所发生的业务关系,如合同签订、订单处理、发货、收款等,而且要包括在企业营销及售后服务过程中发生的各种关系。如在企业市场活动、市场推广过程中与潜在客户发生的关系。在与目标客户接触过程中,内部销售人员的行为、各项活动及其与客户接触全过程所发生的多对多的关系。还包括售后服务过程中,企业服务人员对客户提供关怀活动、各种服务活动内容,服务效果的记录等,这也是企业与客户的售后服务关系。

对企业与客户间可能发生的各种关系进行全面管理,将会显著提升企业营销能力、降低经营成本、控制营销过程中可能导致客户抱怨的各种行为,这是 CRM 系统的另一个重要管理思想。

(三) 进一步延伸企业供应链管理

20 世纪 90 年代提出的 ERP 系统,原本是为了满足企业的供应链管理需求,但 ERP 系统的实际应用并没有达到企业供应链管理的目标,这既有 ERP 系统本身功能方面的局限性,也有 IT 技术发展阶段的局限性,最终 ERP 系统又退回到帮助企业实现内部资金流、物流与信息流一体化管理的系统。

CRM 系统作为 ERP 系统中销售管理的延伸,借助信息技术,突破了供应链企业间的地域边界和不同企业之间信息交流的组织边界,建立起企业自己的 B2B 网络营销模式。CRM 与 ERP 系统的集成运行才真正解决了企业供应链中的下游链管理,将客户、经销商、企业销售全部整合到一起,实现企业对客户个性化需求的快速响应。同时也帮助企业清除了营销体系中的中间环节,通过新的扁平化营销体系,缩短响应时间,降低销售成本。

案例衔接:

上海通用汽车的 CRM

上海通用汽车有限公司是上海汽车工业(集团)总公司和美国通用汽车公司各投资 50% 组建而成的迄今为止我国最大的中美合资企业。上海通用强调建立与客户之间的长久对话,即通常所说的 CRM(客户关系管理)系统,这在国内汽车厂家中是第一个。

与众不同的是,通用不但最早建立 CRM,而且最早建立比较规范的客户支持中心,在整个汽车工业中是第一个用互联网和客户交流的厂商。由于上海通用基本是按订单生产,因此物料计划、生产计划、销售订单信息都是连通的。2018 年美国最具权威性的独立调查机构针对中国市场上绝大部分进口和国产的轿车所作的调查中，上海通用的销售满意度名列第二位，售后服务满意度居第一位。

别克通用汽车"以客为尊"的核心理念和实在的体贴服务打造了别克良好的售后服务口碑，并且在此基础上促进了别克汽车品牌的销售。别克投权售后服务中心经常组织为所有的别克客户提供免费的发动机全面检测服务，具体包括清洗PVC阀、检测发动机等，共15项内容。上海通用汽车市场营销部售后服务经理认为，"致力于为顾客创造价值的专业售后服务是别克品牌的一大优势"。别克式的"汽车健康中心"配合不同季节，多次推出相应的免费检测活动，受到用户的热烈欢迎。

与通用一样，别克第一个在国内建立3S体系，使维修站与专卖店"并联"：保证售后服务及时跟进；开通800免费服务热线并多次改版公司网站，实现与消费者零距离接触；在销售环节开展"MOT(moments of truth)真实一刻"（又叫关键时刻）服务比拼，让消费者从踏进展厅的那一刻起从细节处感受贴心服务。别克又首先提出"汽车健康中心"的理念，要把特约维修站打造成集定期检查、维修保养和专家咨询于一身更为人性化的售后服务中心，每季一至两次向全国车主提供的专项免费检查就是"健康中心"的一项贴心的服务。

三、客户关系管理的四大功能

客户关系管理就是要通过对企业与客户间发生的各种关系进行全面管理，以赢得新客户，巩固保留既有客户，并增进客户利润贡献度。客户关系管理的功能主要分为四大部分，概述如下：

（一）客户信息管理

整合记录企业各部门、每个人所接触的客户资料并进行统一管理，这包括对客户类型的划分、客户基本信息、客户联系人信息、企业销售人员的跟踪记录、客户状态合同信息等。

（二）市场营销管理

制订市场推广计划，并对各种渠道（包括传统营销、电话营销、网络营销）接触的客户进行记录、分类和辨识，提供对潜在客户的管理，并对各种市场活动的成效进行评价。CRM营销管理最重要的是实现"1对1营销"，从"宏营销"到"微营销"的转变。

（三）销售管理

功能包括对销售人员电话销售、现场销售、销售佣金等进行管理，支持现场销售人员的移动通信设备或掌上电脑设备接入。进一步扩展的功能还包括帮助企业建立网上商店、支持网上结算管理及与物流软件系统的接口。

（四）服务管理与客户关怀

功能包括产品安装档案、服务请求、服务内容、服务网点、服务收费等管理，详细记录服务全程进行情况。支持现场服务与自助服务，辅助支持实现客户关怀。

CRM可以集成呼叫中心（Call Center）技术，以快速响应客户需求。CRM系统中还要应用数据仓库和数据挖掘技术进行数据收集、分类和数据分析，以实现营销的智能化。

知识拓展

CRM 的重要性

员工的素质和积极性直接影响到客户服务质量，即影响企业所创造的客户价值。借助客户数据库可以使客户组合分析更为准确，而运用数据挖掘技术能使企业对目标客户有更深入的认识。良好的企业文化和管理层的支持能对几乎所有的基本活动提供强有力的支持。各种基本活动之间的联系则显得更为微妙。

例如，企业不可能对所有的客户都进行详细了解，只有通过客户组合分析确定了目标客户，才能对所选定的对象进行进一步深入的认识。由于客户价值由多方面因素构成，因此创造和传递客户价值需要 CRM 关系网络成员的协调一致和共同努力。没有供应商的配合，产品质量和交货期就得不到保证；没有企业全体员工的共同努力，客户服务水平就会受到影响；没有合作者的参与，新产品开发的成本和风险就得不到分摊，新产品的价格必然居高不下；没有股东的支持，企业就不会以一种长远的眼光来保持和发展与客户的互利关系；等等。而如果要提高客户服务水平，必然要改善企业相关的业务流程，如客户订单处理流程、客户投诉流程等。

四、客户关系管理应用的三大要点

随着时代的转变，企业应用 CRM 系统势在必行。但 CRM 系统的应用必须要注意以下三个方面。

（一）转变管理思想，建立新的管理理念

CRM 系统的应用不仅仅是一项技术工程，而是要在系统应用之前，接受 CRM 系统中的管理思想，建立以"客户"为导向的管理理念，不断提升企业的客户满意度。

（二）重组营销体系

众所周知，业务流程重构（BPR）是 ERP 应用成功的前提，而 BPR 又可以有两种方式：一是渐进改良，二是彻底重新设计。同样，CRM 应用成功的前提也取决于 BPR 过程，不同的是，在应用 CRM 过程中的 BPR 必须要对企业原有的营销体系进行一次彻底的重新设计，因为 CRM 应用要帮助企业建立一套崭新的 B2B 扁平化营销体系，这将会涉及企业原有分公司或办事处岗位、职能的重新定位，销售体系与物流体系的分离，第三方物流的引入与银行结算体系设计、供应链分布库存控制策略调整以及企业营销组织架构的重新设计等。CRM 应用能否取得成效在很大程度上取决于 BPR 工作，这是 CRM 应用成功难点之所在。CRM 应用成功意味着企业成功实现营销电子化，并为企业未来进入网上电子市场（E-Market-Place），迎接电子商务时代的到来做好了充分准备。

（三）打好基础，用好企业内部 ERP 系统

CRM 系统的应用主要是提升企业营销能力，改善销售绩效，因此 CRM 应用会给企业带来直接的经济效益，这一点不同于关注内部成本控制与工作效率的 ERP 系统应用。CRM 系统作为 ERP 系统销售管理功能的延伸，一般要求企业应在 ERP 实施成功之后再应用 CRM 系统。但由于 ERP 在中国企业的应用普及率不是太高，这会导致很多企业会先上 CRM 再考虑 ERP，可能出现的风险将是企业从网上接收众多订单而难以靠手工方式进行高

效处理,甚至会造成业务的混乱。

五、供应链中的客户关系管理

在企业外部下游供应链上,客户关系是最为重要的供应链成员关系。因此,客户关系管理也是下游供应链成员管理的重点。从供应链的管理内容来看,客户是供应链的焦点,特别是由于当前的供应链管理是由市场驱动的"拉"式供应链模式,有效的客户关系管理会对整个供应链起到强有力的导向作用。它能促使下游供应链上成员间更好地沟通和进行信息传递,为企业内部供应链和上游外部供应链带来更准确的需求预测和更大的市场需求,并减少需求变异,使整个供应链的成员都能对供应链有快速的响应。

（一）供应链管理与客户关系管理之间的关系

供应链管理与客户关系管理最大的共同点是十分重视客户。目前,所有的企业都必须在提高客户服务水平的同时努力降低运营成本;必须在提高市场反应速度的同时给客户以更多的选择。对客户实际需求的绝对重视是供应链发展的原则和目标,因而供应链应从客户开始,到客户结束。为了赢得客户、赢得市场,企业管理进入了以客户及客户满意度为中心的管理。它以客户为起点,得到市场的需求量,再制订相应的生产计划,然后再进行生产,从而达到满足客户需求、提高客户满意度的目的,最终使企业生产出的产品转化成利润。

供应链管理思想也由以前的"推"式转为以客户需求为原动力的"拉"式供应链管理,也就是更加重视客户。它的精髓表现在:以顾客的需求为大前提,透过供应链内各企业紧密合作,有效地为顾客创造更多附加价值;对从原材料供应商、中间生产过程到销售网络的各个环节进行协调;对企业实体、信息及资金的双向流动进行管理;强调速度及集成,并提高供应链中各个企业的即时信息可见度,以提高效率。

客户关系管理主要应用于企业市场营销、销售、服务与技术支持等企业外部资源整合的领域。应用 CRM 系统的企业一方面通过提供快速和周到的优质服务保持和吸引更多的客户,另一方面通过对企业业务流程的重组降低企业成本。因此,客户关系管理是通过对客户详细资料的深入分析来提高客户满意度,从而提高企业竞争力的一种手段。CRM 帮助企业最大限度地利用以客户为中心的资源(包括人力资源,有形和无形资产),并将这些资源集中应用于现有客户和潜在客户身上,因此,客户关系管理是供应链管理与外部客户打交道的平台,它在企业系统与外部客户之间建立一道智能的过滤网,同时又提供了一个统一高效的平台,两者形成无缝的闭环系统。两者之间的关系如图 4-18 所示。

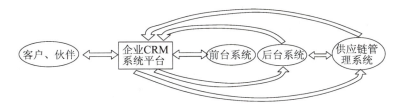

图 4-18　供应链管理与客户关系管理的关系模型

（二）面向供应链的客户关系管理系统的构建原则

大多数企业的销售、营销、客户服务与支持等业务之间是分开进行的,这些前台的业务在后台部门以及供应链上各企业间也是分开进行的。这使得企业内部与供应链上各环节间很难以合作的姿态对待客户。企业 CRM 系统的构建原则是在最大化满足客户需要的同时，完整地认识整个客户生命周期，提供与客户沟通的统一平台，提高员工与客户接触的效率和客户反馈率，真正解决企业下游供应链管理问题。具体要求如下：

1. 将客户与供应链联接起来

首先，这意味着在伙伴之间共享交易数据，以保证较低的库存。其次，可以在供应链中通过正确的数据将位于第一线的员工联系起来。第一线员工接到订单之后，应该清楚地了解不断更新的库存和产品数据，据此就可以为客户提供准确的交付信息。同时，网络使得这些信息在供应链伙伴中的共享成为可能。如一个制造商或零售商可以利用 CRM 收集到的客户需求信息，为上游伙伴提供指导产品开发与产品制造的信息。通过将客户与供应链联接起来，再加上在供应链的上游与下游企业之间运用电子手段联系的能力，供应链就会反应迅速。

2. 帮助实现供应链运作的可计划性和可控制性

企业系统中的计划体系主要包括：生产计划、物料需求计划、能力计划、采购计划、销售执行计划、利润计划、财务预算计划等。而且计划功能与价值控制功能已完全集成到整个供应链系统中。在供应链的每一个环节上，要通过协同运作保持各种计划的协调一致。同时，销售和运营计划必须能起到监测整个供应链的作用，以使供应链及时发现需求变化，并据此安排和调整生产和采购计划。另外，通过新技术的运用，使业务处理流程的自动化程度提高，提高企业员工的工作能力，减少培训需求，使整个供应链能够更高效地运转。

3. 支持企业由"科层制"向"流层制"管理模式的转变

许多企业管理人员认为，"科层制"企业的组织结构和功能设置影响了客户关系的建立。这种体制使得组织内服务客户的不同活动被分割开来，难以将客户信息完整地反馈回组织。流层制的管理模式打破了以功能划分的组织边界，使得组织将精力集中于最终结果，围绕客户而不是企业内部组织活动。流层制的管理模式促进了前端活动与上游供应链的集成，其中也包括跨组织的活动，因此，流层制的模式可以大大提高客户支持供应链的能力。

4. 倾听市场的需求信息，及时传达给整条供应链

在瞬息万变的动态环境下，通过营销策略和信息技术掌握确切的需求，使得企业供应链上的供应活动建立在可靠的基础上，保持需求与供应的平衡。同时，CRM 使企业通过新的业务模式，利用最新信息技术，扩大企业经营活动范围，及时把握新的市场机会，拥有更多的市场份额。

5. 全面管理企业与客户发生的各种关系

企业与客户之间发生的关系，不仅包括在单纯的销售过程中所发生的业务关系，如合同签订、订单处理、发货、收款等，而且也包括在企业营销及售后服务过程中发生的各种关系，如市场推广过程中与潜在客户发生的关系等。对企业与客户间可能发生的各种关系进行全面管理，将会显著提升企业营销能力，降低营销成本，控制营销过程中可能导致客户抱怨的各种行为。

6. 使企业与客户有一种互动式关系，促进企业与外界的沟通

企业可以选择客户喜欢的方式同客户进行交流，方便地获取信息，使客户得到更好的服务，提高客户的满意度，帮助保留更多的老客户，并更好地吸引新客户。

(三) CRM 价值链分析

1. CRM 价值链

CRM 是通过客户细分来组织企业,鼓励满足客户需要的行为,并通过加强企业与客户、分销商及供应商等之间联系来提高客户满意度和客户盈利能力的商业策略。CRM 的核心就是客户价值管理。

CRM 是一个复杂的系统,它是一系列对客户管理的过程以及辅助过程的集合。为了深入剖析 CRM 系统,我们运用迈克尔·波特的价值链思想,以 CRM 价值链作为分析的基本工具,CRM 价值链将 CRM 系统分解为战略性相关的各种活动,即分析客户、了解客户、发展关系网络、传递客户价值,管理客户关系以及起辅助作用的各种活动的集合,如图 4-19 所示,其最终目标在于企业与目标客户之间建立一种长期的、互惠互利的关系。比竞争对手更好地进行这些活动,能使企业赢得竞争优势。

图 4-19 CRM 价值链

CRM 价值链由基本环节和支持条件构成。CRM 价值链的基本环节包括:第一步,客户终生价值分析,就是通过分析客户数据,识别具有不同终生价值的客户或客户群;第二步,客户亲近,就是了解、跟踪精选的客户,为其提供个性化服务,与客户建立良好关系;第三步,网络发展,就是同客户、供应商、分销商及合作伙伴等建立一个强有力的关系网;第四步,价值主张,就是同关系网一起发展客户和公司双赢的价值观;第五步,关系管理,就是在价值观的基础上加强对客户关系的管理,最终产生客户盈利能力。

CRM 价值链的支持条件包括:公司文化及公司领导的支持,它是任何项目取得成功的必要条件;IT 和数据库基础设施,它是进行客户交流、数据挖掘的必要的信息平台;企业组织结构和业务流程重新设计是新的价值链形成的基础;人力资源管理等其他条件也是必不可少的。CRM 价值链表明了企业创造的客户关系价值,它包括价值活动和客户盈利两个方面。价值活动是企业所从事的与客户有关的物质和技术的各种活动,它们是企业创造有价值的产品或服务的基础。每种价值活动都使用外购投入,人力资源和技术来发挥作用。客户盈利则表示了客户关系价值与价值活动中围绕客户所投入的客户成本之间的差额。而对于价值活动的分析是整个 CRM 价值链分析的关键。

2. CRM 价值活动

CRM 侧重于对客户的有效管理,因此 CRM 的价值活动分为直接对客户进行管理的活动和辅助基本活动的各种支持活动。所谓 CRM 的基本活动可分为五个阶段,即客户组合分析、深入了解目标客户、关系网络的发展、创造和传递客户价值以及管理客户关系。

第一步,客户组合分析。对企业来说,不是所有的客户都具有相同的潜在生命周期价值的,对最具潜在盈利性的客户关系进行投资无疑是一种明智的选择。CRM 策略获得成功的前提条件是能够区分企业客户,因此首先必须进行客户分析,通过对客户数据库的分析,进行客户识别和客户定位。同时,由于 CRM 的策略强调客户维系,因此对现有客户情况的分析是重点,而常用的方法是客户组合分析法,如图 4-20 所示。这种分析方法是按客户在客户关系中的价值(纵坐标)和潜在的生命周期价值(横坐标)对客户进行分类的。矩阵中的四个方格代表了四种不同的策略。

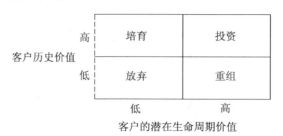

图 4-20　客户组合策略

第二步,深入了解目标客户。这是通过运用数据库分析技术,深入了解所选择的目标客户。可以采用 5WH 法,即寻找以下几方面的答案:是谁(Who),是什么(What,客户特征),为什么(Why),什么地点(Where),什么时间(When),如何进行(How)。在已有的客户数据库的基础上,进一步运用各种统计技术对客户数据进行分析,以确定客户行为。这里的统计分析方法既包括一些比较简单的技术,如置信区间、假设检验和相关分析等,也包括回归分析 Logistics 模型、CHAID、因子分析和聚类分析等复杂技术。目前信息技术高度发达,如数据挖掘技术就包含了各类统计分析工具,只需具备一定的统计知识,借助强大的数据挖掘技术就能轻松完成复杂的数据分析工作。而对于企业来说,关键在于理解和运用分析出来的结果,以作为相关的决策信息。

第三步,关系网络的发展。当今的竞争已经超越了企业与企业之间的竞争,已成为关系网络与关系网络之间的竞争,因此建立一个强有力的关系网络显得尤为重要。所谓关系网络包括客户、供应商、分销商、股东投资者、企业员工以及其他的合作伙伴。CRM 关系管理的范畴中,其实已经超出了仅仅对客户关系的管理。要成功地实施 CRM 战略,必须考虑与关系网络中其他成员的合作关系,通过合作能够带来很多益处,如共同分担成本、加快新技术的吸收,客户信息共享带来市场的扩张,新产品的共同开发所带来的风险和成本的降低,增加的客户让渡价值使得客户满意度提高,等等。

第四步,创造和传递客户价值,即在关系网络的合作中,为客户提供更多的价值。所谓客户价值,是指客户在购买和消费过程中所得到的全部利益。在产品差异非常细微的今天,人、流程和服务已成为构成客户价值的主要因素。创造价值的关键在于理解客户的需要,一切从客户的切身利益出发。CRM 的以客户为中心的管理模式充分反映了营销的"4C",即首先理解客户的需求(Customer's Needs and Wants),估计满足客户需求的成本(Cost and Value to Satisfy Consumer's Needs and Wants),尽可能为客户提供购买和使用便利(Convenience to Buy and Use),同时传递产品及企业的信息,与客户进行良好的沟通(Communication with Consumer)。前两个 C 可视作企业创造客户价值的过程,而后两个 C 则可看作是体现企业传递客户价值的活动。借助强大的信息技术,如 OLAP 和数据挖掘技术,可以更好地帮助企业了解客户需求和期望值。随着客户需求的日益多样化和个性化,满足目标客户需求意味着客户化定制(customized offer/marketing),即在产品、服务、流程、人、分销、价格和沟通等诸多方面满足客户特殊的需求。

最后一个阶段,即管理客户关系,重点则是在组织结构的变化和企业流程的改进。为了与目标客户建立长期互惠互利的关系,赢得他们的忠诚度,企业必须适当地调整组织结构和相关流程。传统的金字塔形、层次繁多的组织结构已经不适应以客户需求为导向的要求,取而代之的必然是组织结构的扁平化以及前台部门员工的适度授权;以往前台各部门业务分离,信息不共享的局面面临着变革,取而代之的必然是集成化的精简和客户导向的业务流程和共享数据库;建立客户忠诚计划,依此严格执行并加以监控;除了保留客户满意度和销售量等传统的绩效评估手段外,引入客户维系成本、客户维系率以及争取新客户的成本等新的绩效评估手段也是十分必要的,当然还包括对关系网络成员表现的有关评估手段。

任务拓展

查阅资料,结合具体公司,谈谈在供应链管理中如何进行客户关系管理。

项目练习

一、判断题

1. 日常活动中的采购是指以购买方式为主的商品采购活动。( )
2. 所有的采购都是从资源市场取得资源的过程。( )
3. 工业采购的特点是批量大、价值高。( )
4. 采购管理就是为保障企业物资供应而对企业采购活动进行计划、组织、协调和控制的管理活动。( )
5. 为促进采购的专业化,供应链环境下的采购只需要做好企业采购部门的资源管理。( )
6. 供应链环境下的采购是一种供应商主动采购的方式。( )
7. 准时采购是由准时生产发展而来的。( )
8. 准时采购与准时生产是两个独立的系统。( )
9. 准时化采购可以保证供应链的整体同步化运作。( )
10. 准时化采购要求尽可能少的供应商,甚至是单源供应。( )
11. 符合准时采购要求的供应商,所提供的产品无须再进行验收。( )
12. 供应商管理就是对供应商了解、选择、开发、使用和控制等综合性管理工作的总称。( )
13. 传统的供应商管理是一种竞争关系,是由订单驱动的。( )
14. 供应链环境下的供应商管理是一种战略伙伴关系。( )
15. 在供应链管理环境下,纵向信息的集成是指生产相同或类似产品的企业之间的信息共享,横向信息的集成是指供应链上下游企业之间的信息集成。( )

16. 供应链的同步化计划需要解决供应链企业之间的生产同步化问题。 （　　）
17. 在供应链的生产计划执行过程中,需要建立在线分析处理系统,实现生产异常预报。 （　　）
18. 传统的成本控制范围仅限于生产耗费。 （　　）
19. 供应链成本控制的目的就是要降低核心企业的运作成本。 （　　）
20. 时间压缩策略就是要减少供应链业务中的非增值时间。 （　　）
21. 生产方式的转变、顾客需求的瞬时变化,决定了企业的物流系统要与制造系统协调运作,以提高供应链的敏捷性和适应性。 （　　）
22. 物流是供应链流程的一部分。 （　　）
23. 在供应链中,要充分运用3C策略,即Cooperation(协作)、Coordination(协调)、Collaboration(协同),从而提高供应链物流整体效率。 （　　）
24. 在供应链中,相较于物流所创造的价值,制造过程中所创造的价值仍然占绝大多数。 （　　）
25. 第三方物流就是由供方与需方以外的物流企业提供物流服务的业务模式,如苏宁电器,在其业务繁忙的时候,临时安排某货运车辆的送货业务。 （　　）
26. 只要拥有一个存储货物的场地,就可以提供第三方物流服务。 （　　）
27. 第四方物流就是要给客户提供一套供应链运作方案。 （　　）
28. 第四方物流需要承担实际的物流工作。 （　　）
29. 电子物流就是利用电子化的手段,尤其是利用互联网技术来完成物流全过程的协调、控制和管理,实现从网络前端到最终客户端的所有中间过程服务。 （　　）
30. 企业的客户就是其用户。 （　　）
31. 客户服务就是指售后服务。 （　　）
32. 客户不仅是企业的营销对象,也是企业的重要资源。 （　　）
33. 对市场份额的争夺实质上是对客户的争夺。 （　　）
34. 并非所有的流失型客户都值得挽留。 （　　）
35. 企业收到请求后,通过电话、邮件、上门等方式提供服务属于主动服务。 （　　）
36. 建立和维系客户关系,其基础是企业的服务水平。 （　　）
37. 客户价值和客户关系价值构成了客户关系管理的两大价值支柱。 （　　）
38. 客户价值是客户为企业带来的价值,客户关系价值是企业为客户创造的价值。 （　　）
39. 客户对企业产品的感知质量是衡量客户价值的重要标志。 （　　）
40. 客户关系价值是企业建立、维持和增进客户关系的前提和基础。 （　　）
41. 客户关系价值可以用客户终身价值来衡量。 （　　）
42. 狭义库存仅仅指的是仓库中处于暂时停滞状态的物资。 （　　）
43. 在途物资也是库存的一种。 （　　）
44. 传统的库存管理仅仅从单一企业的角度看待库存管理。 （　　）
45. 供应链库存管理的目标就是要实现供应链上总库存成本最小化,避免重复建设。 （　　）
46. 高效库存管理,就是既要保证生产不间断、有节奏地进行,又要及时补充不断消耗

掉的货品储备量。( )

47. 供应链库存管理考虑的因素少,传统库存管理考虑的因素多。( )

48. 供应链库存管理和传统库存管理都是追求供应链总体成本最低。( )

49. 与传统库存管理不同的是,供应商管理库存模式下的相关库存减少了,而独立库存增多了。( )

50. 在供应链管理库存模式下,供方能随时跟踪和检查需方的库存状态,建立能够使供方与需方的库存信息系统的透明连接。( )

二、单选题

1. 过年去超市采购年货,属于( )。
   A. 工业采购　　　B. 消费采购　　　C. 集中采购　　　D. 集团采购

2. 实施供应链采购的最根本目的是( )。
   A. 降低采购成本,提高产品质量　　　B. 提高生产效率
   C. 加快货物周转速度　　　　　　　　D. 加强供应链各环节的衔接

3. 现代市场环境下的顾客需求是变化的,这要求供应链环境下的生产要做到( )。
   A. 决策信息多源化　　　　　　　　　B. 群体决策
   C. 信息反馈机制多样性　　　　　　　D. 注重计划的有效性

4. 供应链管理环境下生产计划的特点不包括( )。
   A. 开放性　　　　B. 动态性　　　　C. 个体性　　　　D. 集成性

5. 供应链是分布式的网络化组织,这说明了供应链管理环境下企业生产计划具有( )这一特点。
   A. 开放性　　　　B. 动态性　　　　C. 分布性　　　　D. 群体性

6. 下列说法,正确的是( )。
   A. 延迟制造所面对的市场环境是变化多端的
   B. 延迟制造的对象在最终加工中难度太大
   C. 延迟制造要求对客户的订单尽量延迟
   D. 延迟制造的对象很难分离

7. 物料管理属于供应链管理中的( )。
   A. 全局性战略　　B. 基础性战略　　C. 功能性战略　　D. 结构性战略

8. 渠道设计属于供应链管理中的( )。
   A. 全局性战略　　B. 基础性战略　　C. 功能性战略　　D. 结构性战略

9. 手机回收处理属于( )。
   A. 第三方物流　　B. 第四方物流　　C. 逆向物流　　　D. 绿色运输

10. 供应链再造属于( )的基本功能之一。
    A. 第三方物流　　B. 第四方物流　　C. 电子物流　　　D. 逆向物流

11. 在客户关系管理中,对于客户价值的分析与评价,常用所谓的"二八原理",这个原理指的是( )。
    A. VIP客户与普通客户通常呈20∶80的比例分布
    B. 企业的利润的80%或更高是来自于20%的客户,80%的客户给企业带来收益不到20%

C. 企业的内部客户与外部客户的分布比例为 20∶80
D. 企业的利润的 80% 是来自于 80% 的客户,20% 的客户给企业带来 20% 的收益

12. 在客户关系管理里,客户的满意度是由( )两个因素决定的。
A. 客户的期望和感知 B. 客户的抱怨和忠诚
C. 产品的质量和价格 D. 产品的性能和价格

13. 下列对 CRM 的基本特点的描述,错误的是( )。
A. CRM 是一种管理理念 B. CRM 是一种管理机制
C. CRM 是一种简单的员工管理方法 D. CRM 是一种管理软件和技术

14. 下列不属于客户周期理论三段论的是( )。
A. 获得新客户 B. 提高对现有客户的利润贡献
C. 与利润客户保持永久关系 D. 开发新产品

15. 下列属于"1 对 1"的营销思想的是( )。
A. 企业获得一个新客户的投入是留住一个老客户的多倍
B. 企业要尽最大的努力满足每个客户独特的个性化需要
C. 强调企业通过各种传播媒介向客户、分销商、提供商以及任何其他关系对象,如政府、公众等发出的信息必须是统一的和一致的
D. 一个满意的客户可以向多人宣传企业的好处;一个不满意的客户会迫不及待地向更多的人讲述他的"苦难"经历

16. 以下属于客户让渡价值的影响因素的是( )。
A. 外部环境因素 B. 企业因素 C. 企业与客户的互动 D. 以上都对

17. ( )是指对一个新客户在未来所能给公司带来的直接成本和利润的期望净现值。
A. 客户历史价值 B. 客户当前价值 C. 客户终身价值 D. 客户潜在价值

18. "战略始于客户,客户决定产品"是指( )。
A. 服务环境的变化 B. 客户成本的变化
C. 效益目标的变化 D. 销售环境的变化

19. 下列不属于 CRM 中企业内部环境的是( )。
A. 财务状况 B. 营销能力
C. 企业曾经用过的战略目标 D. 销售环境

20. 以下对识别客户需求描述,正确的是( )。
A. 会见头等客户 B. 意见箱、意见卡和简短问卷
C. 调查和客户数据库分析 D. 以上都对

21. 以下属于立即获得客户好感方法的是( )。
A. 问候 B. 感谢与称赞 C. 介绍 D. 以上都对

22. 以下不属于间接寻找客户的方法的是( )。
A. 咨询寻找法 B. 猎犬法 C. 会议寻找法 D. 资料查询法

23. 以下属于直接寻找客户的方法的是( )。
A. 中心开花法 B. 电话寻找法
C. 在亲朋故友中寻找 D. 信函寻找法

24. 客户对供电公司所提供的电力服务的使用是基于( )类型的忠诚。
A. 垄断忠诚　　　　B. 亲友忠诚　　　　C. 惰性忠诚　　　　D. 信赖忠诚
25. 供应商管理库存的英文缩写是( )。
A. EDI　　　　　　B. VMI　　　　　　C. JMI　　　　　　D. POS

三、多选题

1. 面向供应链的生产组织计划模式的实施可分为( )几个阶段。
A. 计划制订　　　　B. 计划执行　　　　C. 计划控制　　　　D. 计划考核
2. 供应链管理环境下生产计划编制的特点包括( )。
A. 具有纵向和横向的信息集成过程　　　B. 加强了能力平衡在计划中的作用
C. 注重顾客的需求变化　　　　　　　　D. 计划的循环过程突破了企业的限制
3. 供应链管理环境下的计划控制包括( )。
A. 生产异常控制　　B. 采购进度控制　　C. 销售进度控制　　D. 生产节奏控制
4. 下列现象中,( )属于生产延迟。
A. 汽车的喷漆　　　B. 刀片的分装　　　C. 面料的染色　　　D. 电脑的组装
5. 下列选项中,( )属于供应链中的隐性成本。
A. 逆向物流成本　　　　　　　　　　　B. 过量生产所产生的浪费
C. 各环节的信息共享费用　　　　　　　D. 各工序的等待造成的损失
6. 生产计划部门的主要功能有( )。
A. 滚动编制生产计划　　　　　　　　　B. 保证对下游企业的产品供应
C. 保证上游企业对本企业的供应　　　　D. 为用户建立订单档案
7. 供应链管理强调准时,包括( )。
A. 准时销售　　　　B. 准时采购　　　　C. 准时生产　　　　D. 准时配送
8. 采购的途径包括( )。
A. 购买　　　　　　B. 租赁　　　　　　C. 借贷　　　　　　D. 交换
9. 采购管理的作用包括( )。
A. 保障供应　　　　B. 质量保障　　　　C. 降低成本　　　　D. 信息保障
10. 下列选项中,属于传统采购特点的是( )。
A. 传统采购过程是典型的非信息对称博弈过程
B. 采购部门需要对物品进行验收检查
C. 买卖双方的长期合作
D. 及时响应客户的需求
11. 采购管理的目标有( )。
A. 为企业提供所需的物料及服务　　　　B. 为实现企业目标而不惜成本
C. 使存货和损失降到最低　　　　　　　D. 保障并提高自己的产品或服务质量
12. 供应链采购的特点有( )。
A. 小批量、多频次　B. 供应商数量多　　C. 交货期短　　　　D. 合同期限短
13. 供应链环境下的采购双方需要建立战略协作伙伴关系,这要求双方解决的问题有( )。
A. 库存问题

B. 风险问题

C. 双方可以为制订战略性的采购供应计划而共同协商

D. 降低采购成本问题

14. 降低采购成本的措施有(　　)。

   A. 区分采购物品的性质　　　　　　　　B. 认清采购物品的生命周期

   C. 选择报价低的供应商　　　　　　　　D. 与供应商搞好关系

15. 下列选项中,属于准时制采购的特点是(　　)。

   A. 送货频率高　　B. 文书工作量大　　C. 标准化容器包装　　D. 消除验收工作

16. 在对供应商进行评价时,可选择的评价指标有(　　)。

   A. 供应商的资信等级　　　　　　　　　B. 供应商的报价

   C. 供应商的服务能力　　　　　　　　　D. 供应商的保障能力

17. 下列选项中,属于与供应商制订长期契约的措施有(　　)。

   A. 制订损害双方合作的行为的判定标准,以及此行为要受到的惩罚

   B. 制订激励条款

   C. 制订与质量控制的相关条款

   D. 防止信息共享

18. 物流在供应链管理的作用体现在(　　)。

   A. 创造用户价值,降低用户成本　　　　B. 协调制造活动,提高企业敏捷性

   C. 提供用户服务,塑造企业形象　　　　D. 提供用户反馈,协调供需矛盾

19. 供应链环境下的战略管理的内容有(　　)。

   A. 全局性战略　　B. 基础性战略　　C. 功能性战略　　D. 结构性战略

20. 下列属于供应链基础性战略的有(　　)。

   A. 组织系统构建　　B. 基础设施管理　　C. 信息系统管理　　D. 政策和策略

21. 关于供应链物流的特点,下列说法正确的是(　　)。

   A. 各个环节的信息实现了共享

   B. 在长期合作的前提下,其目的是实现多赢

   C. 要不计成本来实现客户满意

   D. 交货要做到及时

22. 第三方物流可以提供的服务有(　　)。

   A. 顾客订单处理　　B. 仓库管理　　C. 集成运输模式　　D. 代理报关报检

23. 第三方物流的作用体现在(　　)。

   A. 集中主业　　B. 节省费用　　C. 减少库存　　D. 提升企业形象

24. 常见的第三方物流服务内容有(　　)。

   A. 运输类业务　　　　　　　　　　　　B. 仓储及配送类业务

   C. 增值服务　　　　　　　　　　　　　D. 信息服务

25. 属于供应链环境下的新型物流有(　　)。

   A. 第四方物流　　B. 电子物流　　C. 逆向物流　　D. 绿色物流

26. 下列选项中,属于逆向物流的有(　　)。

   A. 投诉退货　　　　　　　　　　　　　B. 会员日企业提供的赠品服务

C. 包装材料的重复使用　　　　　　D. 产品维修
27. 下列选项中,(　　)属于物流对环境造成的影响。
A. 运输过程中产生的废气
B. 油轮在海上航行时所产生的原油泄漏
C. 天津港爆炸所产生的空气污染
D. 国家大力发展的高铁建设,有效地提高运输效率
28. 传统库存管理的缺陷有(　　)。
A. 缺乏供应链的整体观念　　　　　B. 不准确的交货状态数据
C. 低效率的信息传递系统　　　　　D. 注重合作与协调性
29. 下列选项中,属于供应链库存管理的特点的是(　　)。
A. 管理集成化　　　　　　　　　　B. 资源范围扩大
C. 成本最低化　　　　　　　　　　D. 企业间关系伙伴化
30. 下列说法中,正确的是(　　)。
A. 采用供应商管理库存这一策略,需要供应商来管理供应链上的库存
B. 供应商管理库存的一大缺陷就是供应商比较被动
C. 在供应商管理库存这一模式下,供应商可以不在用户的允许下设立库存
D. 供应商管理库存改变了对信息使用的传统模式

四、案例分析

案例一：沃尔玛的客户关系管理

一般看来,啤酒和尿布是顾客群完全不同的商品。但是沃尔玛一年内数据挖掘的结果显示,在居民区中尿布卖得好的店面啤酒也卖得很好。原因其实很简单,一般太太让先生下楼买尿布的时候,先生们一般都会犒劳自己两听啤酒。因此啤酒和尿布一起购买的机会是最多的。这是一个现代商场智能化信息分析系统发现的秘密。

沃尔玛能够跨越多个渠道收集最详细的顾客信息,并且能够造就灵活、高速供应的信息技术系统。沃尔玛的信息系统是最先进的,其主要特点是：投入大、功能全、速度快、智能化和全球联网。目前,沃尔玛中国公司与美国总部之间的联系和数据都是通过卫星来传送的。沃尔玛美国公司使用的大多数系统都已经在中国得到充分的应用发展,已在中国顺利运行的系统包括：存货管理系统、决策支持系统、管理报告工具以及扫描销售点记录系统等。这些技术创新使得沃尔玛得以成功地管理越来越多的营业单位。当沃尔玛的商店规模成倍地增加时,它们不遗余力地向市场推广新技术。

案例分析
(1) 沃尔玛采用了哪些技术和方法提高客户服务水平?
(2) 沃尔玛的做法体现了客户关系管理的哪些核心思想?

案例二：国内面皮供应商与肯德基失之交臂

据报道,肯德基新推出的"墨西哥鸡肉卷"在中国近700家餐厅甫一上市,就大受欢迎。但是令人遗憾的是,这个看似简单的洋肉卷除调料"莎莎酱"进口外,连外面那层薄薄的面皮也要进口。实际上,肯德基一直致力于在国内寻找供应商,不过在整个中国却找不到一家合格的面皮供应商。因为所有的面皮都要做到大小、厚度、规格、韧性、温度控制一模一样,

而且要求保证每日的供应数量和质量持续和长期稳定,其背后更深层次的要求是供应商整个生产的所有环节和物流过程标准、高效、精确和安全,因而要求供应商要有长期的战略考虑。这对国内面皮供应商而言是一个很好的机会,但遗憾的是,国内很多供应商更看重的是短期利润,不能致力于长期的标准和稳定发展,不愿下功夫整合供应链系统,因此肯德基在国内找不到合适供应商的情况下,不得不从美国和澳大利亚进口面皮。

案例分析

你从国内面皮供应商与肯德基失之交臂的案例中悟出了什么道理?

案例三:戴尔采取的"buy—and—sell"采购模式

根据市场调查公司 DisplayBank 的数据,美国戴尔公司是 2005 年最大的 LCD 显示器厂商,其出货量为 2 000 万台,在全球 LCD 显示器需求市场中占据 20% 的份额。中国台湾 Acer 排第四位,占 7.2% 全球市场份额,而联想排在第六位。

中国台湾 LCD 显示器制造商明基、建兴和冠捷科技是戴尔公司主要的 OEM 制造商,中国台湾 OEM 厂商指出,戴尔开始其 LCD 显示器的 buy—and—sell 商业模式后,其他领先的 LCD 厂商如 Acer、优派和联想也紧跟其后实施,优派和联想在 2006 年二季度也开始在中国台湾生产显示器。由于戴尔、Acer、优派和联想等品牌 LCD 显示器厂商收回采购权,显示器代工厂的收益被压榨了不少。

一、buy—and—sell 采购模式

戴尔公司凭借其笔记本电脑及液晶显示器雄厚的出货实力,对代工厂采取"buy—and—sell"面板采购模式。由于戴尔公司以笔记本电脑及显示器面板需求总量向面板业者议价,因此,通常能拿到较代工厂更好的面板价格,戴尔公司遂要求配合的显示器代工厂在承接订单时必须向戴尔公司采购面板。

在 buy—and—sell 模式中,戴尔公司自己采购 LCD 显示器面板,通过优化组合其笔记本电脑和台式机显示器的需求,可以得到更便宜的报价,然后把这些面板卖给那些愿意接受这种商业模式的显示器 OEM 厂家。

有消息指出,在该商业模式下,厂商限制了系统制造商面板采购的利润,将其毛利润从 10% 降至 3%,以前中国台湾显示器 OEM 厂家可以根据客户要求自行采购 LCD 面板,因而可以从面板厂商处获得少许利润。

二、品牌厂受益

buy—and—sell 采购模式对于品牌大厂有相当多好处,不仅能帮助海外采购单位(或分公司)成长,加上支付款票期天数不同,例如,代工厂给予品牌业者的付款天数为 30 天,但品牌业者给予面板厂的付款天数却高达 60 天,一来一回将让品牌业者赚到 30 天利息收入,有助于提升获利。此外,由于面板库存仍需由代工厂背负,品牌业者以此模式采购面板可说是尽获其利。

三、代工厂受苦

在戴尔公司率先采取"buy—and—sell"面板采购模式后,包括 Acer、优派(ViewSonic)、联想等显示器品牌业者也继续跟进,使得显示器代工厂几乎已完全失去面板采购主导权,让原本还能从面板采购中挤出的一些利润遭到阻断,进而造成代工厂毛利率下滑至仅剩约 3%,在获利大幅缩水情况下,恐将引发显示器代工厂相继退出,甚至出现新一波整合并购潮。

显示器代工厂为此叫苦连连。代工厂表示,过去虽然品牌业者可以指定面板来源,或者直接与面板厂议定价格后,再要求代工厂负责采购,但由于代工厂仍有机会直接面对面板厂进行采购协调,因此,往往还能从面板采购中挤出些微利润。如今,随着愈来愈多品牌业者采用 buy—and—sell 采购模式,无疑让原本还能掌握面板采购权的显示器代工厂在获利上面临更加严峻的挑战。

事实上,过去显示器代工厂获利主要来自面板采购、关键零组件采购,以及模具与制造费用等三大项,当初在代工厂毛利率仍维持在 10% 左右时,该三大项分别对代工业者的获利贡献约为 3%,然而,在代工微利化的趋势下,显示器代工厂毛利率每况愈下,如今连面板采购利润来源亦遭到完全阻断,更让代工厂毛利率下滑至仅剩约 3%,运营危机四伏。

显示器代工厂不仅无法再从面板采购中挤出利润空间,而且随着面板从业者虚拟垂直整合力量的不断提升,代工业者欲从垂直结构链整合及关键零组件掌握等环节来赚取材料成本价差的空间也受到挤压。若代工厂想要朝上游整合,却又必须承担初期因与上游供应商竞争而陷入要不到货的风险,种种不利因素让显示器代工厂面临进退两难的困境。

显示器业者感叹地表示,中国台湾厂商 IT 制造规模不断扩大、实力不断提升,整个电子产业正处于过度竞争的环境中,许多厂商不仅为利润快速下滑所苦,在竞争洪流中遭到淘汰者更是不计其数。如今显示器代工厂已逐渐在整个产业垂直链中找不到挤出利润的地方,除非业者口袋够深、规模够大,否则在获利来源仅剩下微薄的代工利润情况下,新一波淘汰、整并及退出风潮恐将难以避免。

案例分析

(1)什么是戴尔的"buy—and—sell 采购模式"?

(2)结合案例,谈谈"buy—and—sell 采购模式"的优劣。

案例四:美国本田公司的战略采购管理

美国本田在产品开发、维持供应基础和管理采购职能等方面所做的努力,表面上似乎与其他大多数汽车制造商没什么不同,但结果是本田取得的成绩往往更为卓越。据统计,过去18年中,本田公司在顾客忠诚度方面一直排名第一。

本田公司的"挑战性精神",即"保持国际化特点,努力在合理的价格水平上提供高效率的产品,以满足世界各地顾客的要求"。在这个原则基础上,本田在每个不同市场上都发展了自己的独立地位,将销售、产品开发和运作本土化,使之与每一个地区当地顾客的期望和能力相一致,以此寻求较高的顾客满意度。

本田的战略采购工作也做得很好,战略采购能力都已融入公司的日常采购实践中,在建立总成本模型、建立和维护供应商关系和利用供应商创新方面尤为出色。

一、总成本模型

1. 高度重视成本管理

本田对成本建模的关注开始于其对成本管理的高度重视。本田俄亥俄州工厂东部自由区的高级采购经理约翰·米勒解释说:"我们首先定下最终销售价格,然后扣除利润,得到的结果就应该是成本。接着分拆这些成本到各个部件,如汽车底盘、发动机等,然后为每个地区及每个部件设定目标。因此,我们实际上是先把蛋糕切开,然后再对每一块进行剖析。"

除了对成本的高度重视,俄亥俄州马瑞斯维尔工厂的高级采购经理约翰·库普还强调了本田"顾客满意至上"的哲学理念:"我们制造高质量的汽车,因而我们能维持高水平的顾客忠诚度。当我们谈到降低成本时,同时还要考虑为顾客增加附加价值。"

2. 与供应商彼此共享成本模型数据

本田还与供应商彼此共享成本模拟数据。据马瑞斯维尔工厂的采购经理里克·梅佑介绍:"成本模型让我们可以考虑各种成本构成因素,再与供应商协商降低成本,因为供应商也许会掌握我们所不知道的新技术或独特技术。"

如果与供应商的成本协商不能顺利进行,本田会派工程师去帮助供应商找出达到成本目标、同时又能维持利润水平的方法。本田的成本建模过程并不只简单地确定某一部分的成本,它还综合考虑了所有会影响总成本的因素。

有着无限前景的本田,其成本模拟过程直接来源于公司"三元主义"的哲学理念——实际的地点、实际的部件和实际的情形。"它是使我们的采购功能与众不同的重要原因。我们身处工厂,每天和生产打交道。我们看得出问题,也明白问题是什么,我们知道成本意味着什么。"

"如果要对车进行某种改进,必须到工厂,看车是如何完成的",约翰·米勒补充说,"如果不这样的话,也许会以为在部件成本上节省了 100 万美元,而接着在生产过程中却要多花费 200 万美元来完成"。

本田之所以能在大型部件上建立起自己的一套精确的成本模型,很大程度是因为本田善于充分利用各种资源。本田很早就有一个大约由 24 个具有专业产品知识的专家所组成的核心"成本研究"小组,他们与供应商合作,以开发精确的成本模型。现在在本田,成本模拟不仅成为一种个人的专业技能,而且还发展成为贯穿公司上下的一种组织能力。

二、与供应商的商业伙伴关系

本田在北美已经发展了一个有 400 多家供应商的网络,仅在俄亥俄州就有 180 家。正如本田的"你在哪里生产就在哪里购买"的理念,这些供应商给本田供应了超过 80% 的零部件及材料。

本田公司许多的供应商发展计划,如供应商奖励计划或激励计划,与其他大多数汽车制造商非常相似。但前任高级副总裁戴夫·纳尔逊认为,其间的差别在于本田将多少时间、金钱和努力投资在建立和维护与供应商之间的关系上。"在选择供应商时,我们希望能和他们长期合作。"他说,"其他公司并没有把充分的精力放在和供应商关系的发展上,所以他们的计划没有成功。而只有赢得供应商的心才能与他们一起获得成功"。

以下是一个建立供应商关系的例子:本田与 Tower Automotive(一个重要的压制部件和焊接组件的供应商)的关系中,运用了商业伙伴(BP)的程序。本田帮助 Tower 重新设计了制作 A 零件的工艺过程,这是一种前后门之间连接车顶和底盘的金属部件。本田建议使用固定位置的熔焊台,只需用简单的捡起放下式机器人在工作台之间移动部件即可,而无须让精密复杂的熔焊机器人围着部件转。这个新的工艺设计使产量翻番,从每小时生产 63 个部件增加到每小时 125 个。同时,由于焊枪的固定,降低了损耗,减少了焊接点的撕裂,因此它们的使用寿命也从 50 000 个焊接点上升到 250 000 个。

本田在每一次的供应关系改善后,都进行一次综合性的项目评估。纳尔逊说:"我们一直喜欢收集数据,用它们来设定新目标和测量未来的绩效。在早期与供应商的关系中,我们能使生产率改善100%,即使是很艰难的计划,我们也能至少提高50%。"

BP发展过程反映出本田以有组织的、制度化的方法不断地改善其与供应商的关系。用了一个通俗的类比来说明本田如何致力于供应商发展:"一旦有发生严重问题的可能,我们就会竭尽所能调配资源来帮助供应商。就好像在农场区中,只要一个谷仓着火,整个区的人都会赶来。没有人会问,'你会付钱给我或有什么回报吗?'每个人都会赶来。这就是我们的工作方式。我们从不计较我们将如何从中得到回报,这根本无须讨论。"

例如,一个资信很好的供应商意外地出现了质量和交付问题,本田就会派遣公司内部的专家去了解情况。有一次本田曾经安排了自己的四个员工到供应商公司生活工作了10个月,来帮助重组并构建供应商公司的能力,使之达到本田的要求。

本田对于供应商的帮助不会向供应商收取任何费用,这也是一种自我服务。以确保长期保持与这个供应商的关系,这对双方都有很多好处。供应商理解也赞赏本田的这种长期行为,而且这也增加了供应商们投资本田的意愿。

本田建立并维护与供应商关系的方法,远远不止提高生产率和解决实际问题这样简单。合作关系需要双方清晰表达相互了解的期望、绩效测量、对细节的关注,并时时进行沟通。与供应商进行沟通,不能一年只写一次备忘录,必须带着生产、交付和质量方面明确的目标经常地与之沟通。

三、利用供应商进行创新

为利用供应商在研发方面的能力和技术,本田开发了一个名为"参与设计"的机制,直接把重点集中在供应商的早期参与上。在一个新项目的最初期,本田从外部供应商中"邀请"嘉宾设计师——每次100个之多,让他们身处本田的生产车间,同在职工程师、设计师和技术人员们一起并肩工作。

这个机制保证本田成功地将最好的思想和最新的技术融入产品中去。本田对建立合作关系非常重视,在项目一开始就需要有外部设计师的加入。通过这些供应商很早地参与设计,就可以得到他们的最新技术,并且保证将它整合运用到本田的汽车之上。

在一些重点的战略系统上,隐含成本很大,本田因此建立起技术路线图,并和供应商一起使用。贝克说:"我们用技术路线图向我们的主要供应商展示前进的方向,希望他们协助我们,希望供应商能使用他们的最新技术,并跟上我们的步伐,共同把最终产品推向市场。"贝克还重申了本田的重点在于消费者,"我们是一个生产组织,我们致力于为消费者提供更好的产品。与那些把产品发展作为战略考虑的供应商,以及那些以科技开发为目标,并能与我们同步运用这些科技的供应商,我们会一起合作得很好"。

本田在新产品开发阶段降低成本、利用供应商方面同样是相当成功的。1998 Accord车的成本降低目标,是本田在创新中利用供应商合作的一个很好的例子。戴夫·纳尔逊回忆道:"当时我们做的第一件事情,就是列出一个能降低1998 Accord成本的各种方法的清单。事实上,其中大多数的方法是来自于供应商与我们的采购和工程部门的合作。我们对每一条进行研究,并将它们按成功的可能性概率来排列,然后开始研发。"

绝大部分削减成本的努力都放在了新模型的设计方面。供应商在这方面发挥了主要作用。"我们把竞争对手的汽车分拆开",约翰·米勒说,"让供应商告诉我们他们所生产的每个部件的情况:哪些比我们好,哪些不如我们,哪些成本高,哪些成本低,近几年内我们经常在美国和日本做这样的工作"。

本田所采取的一系列战略采购方法,包括建立总成本模型、建立和维持供应商关系和利用供应商等工作,使公司的采购功能赢得了全球的尊重和认同。据《采购杂志》刊载:"本田因与供应商的共同发展而获得名声和荣誉!"

案例分析

(1) 与传统的采购模式相比,谈谈美国本田公司的采购模式有哪些创新之处。

(2) 美国本田公司与供应商的充分合作,给双方带来了哪些好处?

案例五:摩托罗拉的物流管理

作为全球通信领域的领导者,摩托罗拉自1987年进入中国以来,一直以先进的技术和充满个性的产品引领着中国通信市场的潮流,并占领了很大的市场份额。摩托罗拉个人通信事业部在中国拥有4 000多名员工,拥有实力强大的生产、销售及研发队伍,并拥有极具创新精神的市场推广和售后服务团队。摩托罗拉天津手机厂于1992年7月投入运营,产品主要为GSM和CDMA移动电话,是摩托罗拉全球最大的手机厂,产品的60%~70%出口到欧美地区。从1999年起,该厂已连续数年占据中国手机市场份额第一的位置,从2000年开始,摩托罗拉每年安排一次全球性的招标会,确定物流服务商。而在2000年以前,每个事业部都有自己的物流服务商,共20多家货运代理公司为摩托罗拉服务。摩托罗拉招标选择物流服务商的基本原则是,根据公司全球总的物流量,按一个统一的标准进行招标,统筹考虑,最终按照"5+2"的方式来确定,即5家货运代理企业、2家快递服务商,这不仅大大地减少了物流服务商的数量,以更加集中的货物量获得具有竞争力的价格,也便于对物流服务商进行日常管理。通过招标方式,一方面可以使摩托罗拉获得国内外优秀的物流服务商提供的优质服务,另一方面,这种招标方式也在物流服务商之间形成一种潜在的竞争机制,如果某个物流服务商不能够为摩托罗拉提供始终如一的完美服务,就有可能被淘汰,使其他物流服务商也有机会入围,从而在整个物流行业形成一种竞争向上的氛围,促进物流服务质量的提高。通过对物流服务商的统一招标选择,摩托罗拉全球范围内的资源得到了整合,物流成本降低了30%~40%。

摩托罗拉对物流服务商的管理有以下几个突出的特点。

(1) 采取收货方付费的原则。

摩托罗拉在全球范围内,不论是供应商、还是摩托罗拉跨国公司内部间的物流运输,都是谁收货谁付费,并严格按照全球统一的 FCA 条进行,国际 FCA 条款中规定,作为收货方有权选择和指定物流服务公司,因为这些公司最清楚当地的海关、商检和其他政府部门的规定及政策,从而便于提供"门到门"的物流服务。

(2) 物流服务商不用交纳运输保险费,所有货物运输保险费由摩托罗拉美国总部统一交纳。

只要收货方或发货方中有任何一方是摩托罗拉公司或收发货双方都是摩托罗拉公司,其物流服务商的运输费中则不含有保险费,而且也不需要为运输单独另付保险费,使物流业务操作手续简便。一旦产生货损,物流服务商将按 LATA 条款进行赔付,摩托罗拉将按索赔程序由指定的保险公司进行追索。保险条款中有一定额度的免赔额,因此,选择好的物流服务商是摩托罗拉公司首先考虑的问题。

(3) 实行全球运输管理——百分考核制。

IT电子产品的价值相当高,一箱电路板可能价值上百万美元。在运输过程中,这些产品、零部件又不包含保险费,因此,物流服务商的招标选择以及管理工作非常重要。为此,摩托罗拉还成立了一个全球性物流资源公司,通过多种方式对备选的物流服务企业的资信、网络、业务能力等方面进行周密的调查,并给初选合格的企业以少量业务进行试运行,实际考察这些企业的服务能力与质量,对不合格者,则取消其对摩托罗拉的服务资格;对获得物流服务资格的企业则进行严格的月度作业考评,主要考核内容包括:运输周期、信息反馈、单证资料准确率、财务结算、货物安全、客户投诉等,考核标准是按照各项的完成率加权,考核结果按百分制评定。摩托罗拉根据这些考核分数值确定其服务质量,并与合同以及业务量挂钩。如果分数值在98分以上,属于优秀服务商,增加其业务量;如果分数值在94分到98分之间,属于合格服务商,需进一步改进;如果分数值在93分以下,会自动解除合同,同时针对生产线和客户的不同需求情况,摩托罗拉还要求物流服务商提供多种服务,对运输周期的考评,有两种最典型的方式:其一是标准服务,满足标准时限;另一种是应急快速服务,满足生产线和客户的紧急需求。在对服务商的考评过程中物流服务商的急货处理能力也是摩托罗拉重要的考核指标。

(4) 物流业务量分配遵循"80/20"原则。

在招标中,服务与价格比较好的物流公司可以得到80%的业务量,位于其次的物流服务公司可得到20%的业务量。

"80/20"原则包含有两层含义:一是那些优秀的物流服务公司可以获得更多的业务量,从而确保对摩托罗拉的物流服务及时到位;二是如果80%的货物由于某些原因不能及时到达生产线,还有20%的货物来补充,有效避免生产线因缺货而停止,确保生产的顺利进行。同时,也创造了一个公平竞争的环境。如果处理80%业务量的货代公司服务考核不达标,按照合同就会减少以后的业务量,而处理20%业务量的货代公司如果服务质量不错也有机会去获取更多的业务合同。同时,保持某些重要线路上有两家服务商同时操作,若因某种原因某一家服务商不能提供服务时,另外一家可以迅速接管整个业务,从而避免风险。

(5) 从小处着手抓运输成本。

在生产制造业的物流管理中,运输成本的管理是最重要的一个环节。摩托罗拉对运输成本管理有自己独到的做法,那就是"从大处着眼,小处着手"。在国内业务方面,尽管受到燃油价格上涨、航班航线等因素的影响,但是摩托罗拉的运输成本每年仍有15%的下降幅度。之所以如此,出自以下两个原因:首先,摩托罗拉不是一味地压低运价,而是与物流服务商共同研究如何整合资源来降低生产成本和运输成本。比如,通过改变产品包装模数与包装方式,提高包装内的货物量,降低了单位产品的运输成本。又如,根据国内业务发展的需要,改变运输方式。以前运往上海的货物,一般采取空运方式,现在由于高速公路的发展相对比较完善,因此在满足时限和保证服务的前提下改为公路运输。手机充电器、PCB板等零部件的供应商多数在南方地区,这些产品对运输条件要求不太严格,通常采用铁路运输,从而有效地降低了运输成本。另外,随着我国社会经济的发展,货源比较充足。比如在上海地区负责摩托罗拉零部件、产品运输的物流服务公司,它们可以做到即使摩托罗拉的产品没有满载,也可以协调众多货主的货源,并开辟班车运输,将过去的零担运输改为整车运输,从而大大降低了运输成本。

其次,将给每个城市分销商仓库配货转变为向3个配送中心配货。过去,摩托罗拉将每个分销商的订单货物直接发往该分销商的仓库。经常发生的情况是,各种型号的产品在全国各地的销售情况不同,这就造成经销商的实际销量与订货时的预期值有较大差异,有些分销商的货已销售完又继续订货,而有些分销商的货销售较慢还拥有部分库存。在这种情况下,总分销商需要在各地分销商之间进行产品调剂,以避免在推出新型号手机时旧型号产品在某个分销商处过多地压货。这样,在调剂余缺的过程中就产生了额外的物流费用。从2002年开始,摩托罗拉协同总分销商分别在北京、深圳、上海各建了1个物流库,并将流程改为:摩托罗拉将产品发到3个物流库,各分销商从就近的物流库取货,总分销商调剂产品只在3个物流库之间进行,减少了全国范围内的多点对多点的配送运输,从而降低了许多不必要的运输费用。另一方面,货物集中运输也减少了运费,摩托罗拉将节省下来的费用中的一部分作为补贴返还给分销商,提高了分销商与摩托罗拉业务配合的积极性。

在国际业务中,由于手机产品更新换代比较快,不适合海运方式,摩托罗拉主要采用空运方式。在美国的得克萨斯,摩托罗拉建有自己的配送中心,天津工厂生产的产品(如裸机、电池、充电器等)都是通过空运进行,但是由于从美洲地区回程的货物较少,造成整个航运业运力不平衡。为了解决这个问题,摩托罗拉与航空公司、物流服务公司三方签订了运输合作协议:摩托罗拉提供货源,航空公司提供舱位,货代公司保证运输正常以及运价稳定。这样,不仅满足了摩托罗拉的业务发展需要,也使合作各方都能获得稳定的收益,从而达到"多赢"的目的。

案例分析

(1)摩托罗拉的物流管理是如何做的?
(2)物流业务量分配遵循的"80/20"原则是什么?
(3)摩托罗拉对物流服务商的管理的特点有哪些?

案例六:戴尔的库存模式转变

一、戴尔公司经历的库存危机

1. 库存过量

戴尔出现库存过量的背景是,当时公司成立才4年多,就顺利地从资本市场筹集了资金,首期募集资金3 000万美元。对于靠1 000美元起家的公司来说,这笔钱的筹集,使戴尔的管理者开始认为自己无所不能。大量投资存储器,一夜之间形势逆转,导致重大存货风险。"我们并不了解,自己只知道追求成长,对其他的事一无所知,"迈克尔说,"成长的机会似乎是无限的,我们也习惯于不断追求成长,我们并不知道,每一个新的成长机会,都伴随着不同程度的风险。"

戴尔公司当时大量购买存储器的原因主要有:

(1)戴尔成长良好,其领导只看到机会,忽视了风险;
(2)戴尔当时刚刚上市,募集了数千万美元的资金,大量的现金趴在账上,导致领导者产生急于做大的心理,并为资金寻找出路;
(3)戴尔公司成立的时间不长,迈克尔本人对市场机会看得多一些,对风险则认识不足;
(4)戴尔当时的总经理沃克是个金融家,对PC行业的特性认识不足,没有人能够制约迈克尔的决策等。

2．存货风险

戴尔每年的采购金额已经高达200多亿美元，假如出现库存金额过量10%，就会出现20亿美元的过量库存，一则会占用大量的资金；二则库存若跌价10%，就会造成2亿美元的损失。在采购、生产、物流、销售等环节，戴尔保持低库存或者零库存的努力在继续，避免带来资金周转缓慢、产品积压及存货跌价方面的风险。迈克尔评价说："在电子产业里，科技改变的步调之快，可以让你手上拥有的存货价值在几天内就跌落谷底。而在信息产业，信息的价值可以在几个小时、几分钟，甚至几秒钟内变得一文不值。存货的生命，如同菜架上的生菜一样短暂。对于原料价格或信息价值很容易快速滑落的产业而言，最糟糕的情况便是拥有存货。我们在1989年经历的第一个重大挫折，原因居然与库存过量有关系。我们当时不像现在，只采购适量的存储器，而是买进所有可能买到的存储器，我们在市场景气达到最高峰的时候，买进的存储器超过实际所需，然后存储器价格就大幅度滑落。而屋漏偏逢连夜雨，存储器的容量几乎在一夕之间，从256K提升到1MB，我们在技术层面也陷入了进退两难的窘况，我们立刻被过多且无人问津的存储器套牢，而这些东西花了我们大笔的钱。这下子，我们这个一向以直接销售为主的公司，也和那些采取间接模式的竞争对手一样，掉进了存货的难题里。结果，我们不得不以低价摆脱存货，这大大降低了收益，甚至到了一整季的每股盈余只有一分钱的地步。"

3．引发资金周转危机

库存过量风险直接引发了戴尔公司的资金周转危机。假如戴尔当时把募集到的3 000万美元的30%投入购买元器件，由于市场变化，在危机后，戴尔库存价值损失90%，换句话说，在危机爆发后，戴尔就可能损失720万美元。这对一个刚成立5年的公司，打击可以说是很大的。这时只得被迫低价出售库存，以拯救公司。在成长初期，戴尔公司在论证项目和拓展业务时，比较看重收入、利润这样一些指标。假如某年戴尔的年销售收入为1亿美元，那么其容易确定翻倍的业务计划，即要求在下一年完成3亿美元的收入。在确定超高收入计划的同时，戴尔的支出指标被忽视了，利润仅仅是账面指标，不能说明问题，这是戴尔盲目追求成长的主要表现。戴尔公司从直销电脑起家，开始涉足的产品线比较单一，主要是做一些IBM的产品。后来，戴尔成长了，发展了，产品线的品种逐步丰富起来，不但做PC产品的销售，还做各类PC边缘产品的销售。后来，戴尔又向海外市场延伸业务，进入欧洲市场。由于业务增长得很快，戴尔内部出现了乱铺摊子的现象。迈克尔说："不管是当时也好，或甚至在很长一段时间内，我们并不了解其他产业的经济形态，也没有现成的系统或者管理架构来监督这种业务。我们不断地花钱，而此时的获利率却开始下降，同时存货和应收账款也愈堆愈高。"1993年，戴尔公司的"现金周转成了问题"。

二、库存过量引发重大的反思

戴尔遇到巨大的库存风险之后，通过媒体向投资者公开披露风险信息，造成股价暴跌，这使迈克尔本人第一次面临前所未有的市场压力。巨大的库存风险促使戴尔公司积极深刻地反省自己，同时也促使迈克尔深思存货管理的价值。在IT这样剧烈波动的产业中，制约决策也是很有价值的。存货过量的风险是直接引导戴尔确立"摒弃存货"原则的基础：一是充分利用供应商库存，降低自身的库存风险；二是通过强化与供应商的合作关系，并充分利用信息沟通降低存货风险。在经历风险之后，戴尔才深刻认识到库存周转的价值。在互联网技术出现之后,戴尔公司又进一步完善了库存管理模式,并丰富了"信息代替存货"的价值内涵。

三、戴尔的零库存供应链管理模式

戴尔的零库存需要客户支持、系统改进、供应商关系、市场细分等多个环节的参与配套。

戴尔供应链高度集成,上游或下游联系紧密,成为捆绑的联合体。不同于IBM(注意力横跨整个设计、制造、分销和市场的全过程)戴尔在装配和市场上做足了功夫。IT行业有它的特殊性,"电脑配件放在仓库里一个月,价格就要下降1到2个百分点"。如果没有一个很好的供应链管理和生产控制,电脑的利润只会更低。戴尔的营运方式是直销,在业界号称"零库存高周转"。在直销模式下,公司接到订货单后,将电脑部件组装成整机,而不是像很多企业那样,根据对市场预测制订生产计划,批量制成成品。真正按顾客需求定制生产,这需要在极短的时间内完成,速度和精度是考验戴尔的两大难题。

戴尔的做法是,利用信息技术全面管理生产过程。通过互联网,戴尔公司和其上游配件制造商能迅速对客户订单做出反应:当订单传至戴尔的控制中心,控制中心把订单分解为子任务,并通过网络分派给各独立配件制造商进行排产。各制造商按戴尔的电子订单进行生产组装,并按戴尔控制中心的时间表来供货。戴尔所需要做的只是在成品车间完成组装和系统测试,剩下的就是客户服务中心的事情了。

通过各种途径获得的订单被汇总后,供应链系统软件会自动地分析出所需原材料,同时比较公司现有库存和供应商库存,创建一个供应商材料清单。而戴尔的供应商仅需要90分钟的时间用来准备所需要的原材料并将他们运送到戴尔的工厂,戴尔再花30分钟时间卸载货物,并严格按照制造订单的要求将原材料放到组装线上。由于戴尔仅需要准备手头订单所需要的原材料,因此工厂的库存时间仅有7个小时。这一切取决于戴尔雄厚的技术基础——装配线由计算机控制,条形码使工厂可以跟踪每一个部件和产品。在戴尔内部,信息流通过自己开发的信息系统和企业的运营过程及资金流同步,信息极为通畅。精密的直接结果是用户的体验,一位戴尔员工说:"我们跟用户说的不是'机器可能周二或者周三到你那里',我们说的是'周二上午9点到'。"

四、对我国企业的几点启示

1. 以渠道能力为目标

中国目前的经济形势是一个买方市场,换言之就是一个"渠道为王"的市场。对于中国企业来说,渠道尤其是销售渠道在整个供应链管理中非常突出。国外的供应链管理主要是面向生产领域,是以生产制造为核心的内向型模式,在功能设计和企业应用上往往以计划优化、排产计划等为核心。而中国的供应链管理主要是外向型的,是面向渠道尤其是销售渠道管理的应用,在功能设计和企业应用上往往以规范渠道行为、提升渠道业务协同效率等为核心。

2. 以外包租用模式为实现方式

通过戴尔公司实施供应链管理的案例我们看到,戴尔公司作为一个国际知名企业,本身有实力自己建设一个强大的供应链管理平台。而在中国,并不是每一家企业都能如戴尔公司一样,有实力、有必要去建设自己的供应链管理平台。在中国中小型企业占据了绝对的主导地位,而中小型企业的IT环境、IT技能和IT价值规律都比较缺乏。中国企业的供应链管理实践、经营管理水平、技术与资金实力与戴尔公司相比存在巨大的差距,能够自建供应链管理平台的企业少之又少,就是联想这样优秀的企业在自建供应链管理平台时也会碰到非常有挑战的困难。由此可见,完全复制戴尔公司的供应链管理模式,对中国企业来说并不现实。但同样通过供应链管理来获取竞争优势,却是完全可能的。对于中国企业来说,利用第三方平台实现供应链管理,采取外包租用模式,能够非常有效地整合渠道资源,实现渠道流程优化,这种模式已成为众多企业的共同选择。

3．以先固化后持续优化为实施策略

国外的供应链管理主要立足于内部资源的深度开发,而中国则主要立足于外部资源的宽度和横向整合。作为供应链上的核心企业,在目标设定、系统功能设计上不能一味地追求内部资源深度开发,单纯强调自身应用功能的强大和先进,最重要的是要考虑供应链上的其他伙伴。他们中间有的企业IT基础薄弱,管理基础不扎实,是供应链上最弱的一环,系统功能设计必须首先满足他们的需求,先真正将供应链运转起来。也就是说,企业在实施供应链管理的过程中,一定要考虑到供应链上合作伙伴的业务承受能力和管理承受能力,必须先固化渠道行为,再追求适度的持续的优化。具体做法可以分解为以下几个方面：

首先,降低渠道成本。通过供应链管理平台,以智能、全程可视、实时响应的方式为渠道提供各种增值服务,并通过简单的界面、清晰的操作流程使各种增值服务的提供变得十分简洁,使企业能够利用渠道的行为惯性进而锁定渠道,规范渠道行为,降低渠道成本并提升渠道效率。

其次,整合渠道资源。基于供应链管理平台,实现整个渠道尤其是销售渠道上所有参与方的高度协同,减少整个供应链上的存货数量,加速对客户需求的反应能力,通过协同为最终客户创造价值,同时企业可以根据所掌握的全面、准确的信息,合理安排自己的生产和采购,又可以加强对时间的掌控。

最后,提升客户服务水平。基于供应链管理平台能够实现对合作伙伴行为的管理,包括客户信息的全面搜集、实时处理、客户的消费规律分析等,提出个性化的客户关怀、客户服务方案,全面提升客户服务水平。

未来企业之间的竞争不再是产品的竞争,而是供应链的竞争。我国企业应该借鉴国外经验,利用供应链管理的思想,立足于自身实际,以渠道管理为目标,以外包租用模式为实现方式,以先固化后持续优化为实施方法,建立一条具有国际竞争力的供应链。

案例分析

（1）结合案例,讨论哪些原因导致了戴尔的库存危机。

（2）结合案例,阐述戴尔通过哪些策略解决自身的库存危机。

（3）这个案例给我国企业带来哪些启示？

案例七：麦德龙限定目标群的供应链管理

德国人稳健做事、精益求精是世界闻名的,就连做零售也不例外,麦德龙就是一个在零售业"特立独行"的家伙。它来中国14年了,依然固执地坚持着"仓储超市"这一业态,毅然决然地沿着自己的目标走下去。它的顾客的定位、经营的模式、营销的手段等特立独行的经营理念引起人们质疑：这个完全不按中国市场理论出牌的巨人能在中国生存下去吗？然而14年之后当人们刚刚认可这种经营理念在中国一、二线城市的可行性时,这个性格怪异的巨人又要进军三、四线城市了,这次它的特立独行能在市场的博弈中大获全胜吗？

一、麦德龙的特立独行

（1）拥有自有产权的店面。

（2）禁止1.2米以下的儿童进入卖场。

（3）"透明"收银单（税法意识）。

（4）"会员制"。

（5）不做广告。

二、麦德龙的优势

（1）会员制——麦德龙的服务只限于企事业单位等专业客户。

（2）低成本，低价格——麦德龙以其强大的采购能力、低成本的运作为客户提供高质低价的商品。

（3）专业客户的超级仓库——麦德龙一直致力于成为专业客户的超级仓库。

（4）新鲜的保证——麦德龙所有的生鲜食品均来自可靠的、有关机构认可的单位。

（5）品种齐全——麦德龙商场的商品超过20 000种，大部分由国内名牌企业和合资企业提供。

三、麦德龙专注于限定客户

（1）采用工业大货架销售和存货，商品陈列一目了然，便于自取。

（2）对于专业客户需要的商品，提供整箱包装销售。

（3）极其丰富的鲜货。

（4）每个商品的库存和再订货都有严格的管理。

（5）齐全的商品品种，严格的质量控制。

（6）麦德龙C&C配销体系正是为大型高效的购物设立的。

（7）会员通过"麦德龙邮报"及时了解最新的商品及其他信息，得到最佳采购计划。

（8）完善的售后服务，免除客户的后顾之忧。

（9）依傍交通主干道，交通便利，足够的免费停车位。

（10）麦德龙客户服务部提供退货、换货和维修服务。

案例分析

（1）麦德龙成功的关键是什么？

（2）中国零售企业从麦德龙的成功经验中获得的启示有哪些？

项目五 供应链管理绩效评价

戴尔的供应链绩效评价

近年来,在全球电脑市场不景气的大环境下,戴尔却始终保持着较高的收益,并且不断增加市场份额。我们习惯于给成功者贴上"标签式"的成功秘诀,正如谈及沃尔玛成就商业王国时,"天天低价"被我们挂在嘴边;论及戴尔的成功之道,几乎是众口一词地归结为"直销模式"。事实上,沃尔玛的成功得益于其出色的后勤物流配送能力和吸引忠诚客户的经营能力;戴尔的成功源于其效率超乎寻常的供应链,其经常以200%以上的年均增长速度飞速发展。那么,戴尔高效的供应链从何而来?

1. 提高顾客满意度

(1) 戴尔采用直销模式,顾客可自由选择自己喜欢的配置和要求,满足顾客的个性化需求,提高顾客满意度。

(2) 戴尔设有专门的客户关系管理系统,顾客从订货到收货的时间最多只要5到6天,极大地提高了对顾客要求的反应能力。

(3) 戴尔是第一家为客户提供免费直拨电话技术支持的公司。顾客可以随时了解自己所定商品的状况,和顾客建立起了良好的沟通和服务支持渠道。

2. 严格遴选供应商

(1) 供应商考核标准:看供应商能否源源不断地提供没有瑕疵的产品。

(2) 考核对象:首先,具有符合标准的质量控制体系,其次是企业必须证明其在成本、技术、服务和持续供应能力等四个方面具有综合的优势,特别是供应能力必须长期稳定。

(3) 考核方法:"安全量产投放"的办法,根据对供应商考核的结果,分阶段地逐步扩大采购其产品的规模,以降低新入选企业供应能力不稳定的风险。

3. 与合作伙伴建立稳定的关系

(1) 戴尔将所有来自客户的最新信息都被以最快的速度及时反馈给供应商,以便供应商据此调整供应策略。

(2) 戴尔在一些流程和管理工具的开发上,充分考虑了与供应商的配合。

(3) 戴尔推出一个名为 valuechain dell com 的企业内联网,戴尔和供应商共享包括产品质量和库存清单在内的一整套信息。供货商可以在上面看到专属其公司的材料报告,随时掌握材料品质、绩效评估、成本预算以及制造流程变更等信息。

(4) 戴尔与其供应商建立了信息共享机制,戴尔把每天各种机型PC的销售数字,公布在内部网站让供货商查询,了解接下来有哪些零件需求多,哪些零件需求少,以便供应商更好地管理其库存。

该公司分管物流配送的副总裁迪克·亨特一语道破天机:"我们只保存可供 5 天生产的存货,而我们的竞争对手则保存 30 天、45 天,甚至 90 天的存货。这就是区别。"事实上,这条策略的有效实施,与戴尔有效的供应链管理绩效评价密不可分。

那么,戴尔是如何实施供应链绩效评价的?

1. 对整个供应链的运行绩效做出评价

通过绩效评价而获得对整个供应链运行效果的了解,为供应链的存在、组建、运行和撤销的决策提供必要的依据,并找出供应链运作方面的不足,及时采取措施予以纠正。

2. 对供应链上各个成员企业做出评价

通过评价结果,供应链能对成员企业进行激励,包括核心企业对非核心企业的激励,也包括供应商、制造商和销售商之间的相互激励,并且吸引优秀的企业加盟,剔除不良企业。

3. 对供应链内企业之间的合作关系做出评价

考察供应链的上游企业对下游企业提供产品和服务的质量,从用户满意度的角度评价上、下游企业之间的伙伴关系,能够对每一层供应商逐个评价,从而发现问题,解决问题,以优化整个供应链的管理。

案例总结

(1)采用直销模式,越过批发商、分销商和零售商同消费者直接进行沟通,加快了对顾客的响应速度,节省了时间。

(2)通过实施一系列顾客关系管理,提高了顾客的满意度,培养了一批忠诚的客户。

(3)通过严格的供应商遴选制度,保证了其产品质量,降低了零部件供应不稳的风险。

(4)与供应商建立了长期稳定的合作伙伴关系,通过与供应商的信息交流与合作,实现了物料的低库存和成品的零库存,减少库存造成的现金积压和跌价损失。

(5)优化了整条供应链,通过对供应链管理实施绩效评价,保证了供应链各节点顺利有效地运行。

任务一 | 认知供应链管理绩效评价

任务目标

- 了解传统企业绩效评价的缺陷
- 了解供应链绩效评价的特点
- 理解供应链绩效评价的原则
- 理解供应链绩效评价的作用

项目五 供应链管理绩效评价

任务描述

我们从事任何一项工作,都要通过对该活动所产生的效果进行度量和评价,以此判断这项工作的绩效及其存在的价值。同样地,在供应链管理中,绩效的杠杆作用能调动合作企业的积极性,提高整个供应链的竞争力。使供应链健康发展,科学、全面地分析和评价供应链的运营绩效,就成为一个非常重要的问题。那么,大家知道企业如何对自身的供应链进行评价?企业对供应链管理绩效评价原则是什么?供应链管理绩效评价的作用有哪些?

知识链接

一、传统企业绩效评价的缺陷

（一）绩效评价的概念

绩效评价是指运用统计学、计量学和运筹学方法,采用特定的指标体系,对照统一的评价标准,按照一定的程序,通过定量和定性分析相结合的方法,对企业在一定经营期间内的经营效益和经营者业绩,做出客观、公正和准确的综合评判,从而真实反映该企业的现实状况,预测其未来的发展前景。

20世纪50—60年代,由于客户需求大于供给,企业的主要任务是以最低的成本,生产出尽可能多的产品,以实现利润最大化为战略目标。在这种情况下,企业以财会指标作为绩效评价的唯一指标是无可厚非的。进入70年代以后,随着卖方市场向买方市场的转变以及市场竞争的加剧,企业管理的重心也逐步由成本管理向客户关系管理发展,单纯以财务指标作为绩效评价指标的弱点暴露无遗,各种批评之声也纷至沓来。从20世纪80年代开始,人们对企业绩效评价的研究迅速升温,并设计出综合的企业绩效评价指标体系。

（二）传统企业绩效评价的缺陷

现行企业绩效评价指标侧重于单个企业,评价的对象是某个具体企业的内部各个职能部门或者职工个人,其评价指标在设计上有如下一些特点:

（1）现行企业绩效评价指标的数据来源于财务结果,在时间上略为滞后,不能反映供应链动态运营情况。

（2）现行企业绩效评价指标主要评价企业职能部门工作完成情况,不能对企业业务流程进行评价,更不能科学、客观地评价整个供应链的运营情况。

（3）现行企业绩效评价指标不能对供应链的业务流程进行实时评价和分析,而是侧重于事后分析。因此,当发现偏差时,偏差已成为事实,其危害和损失已经造成,并且往往很难补偿。

供应链管理是通过前馈的信息流和反馈的物料流及信息流将供应商、制造商、分销商直到最终用户联系起来的一个整体模式的管理,因此它与现行企业管理模式有着较大区别,在对企业运行绩效的评价上也有许多不同。因此,为衡量供应链整体运作绩效,以便决策者能够及时了解供应链整体状况,应该设计出更适合于度量供应链企业绩效的指标和评价方法。

二、供应链管理绩效评价的特点

根据供应链管理运行机制的基本特征和要达到的目的,供应链绩效评价指标应该能够恰当地反映供应链整体运营状况以及上下游节点企业之间的运营关系，而不是孤独地评价某企业的运营情况。

例如，对于供应链上的某一供应商来说，该供应商所提供的某种原材料价格很低，如果孤立地对这一供应商进行评价，就会认为该供应商的运行绩效较好。若其下游节点企业仅仅考虑原材料价格这一指标，而不考虑原材料的加工性能，就会选择该供应商所提供的原材料，而如果该供应商提供的这种价格较低的原材料的加工性不能满足该节点企业的生产工艺要求，势必增加生产成本，从而使这种低价格原材料所节约的成本被增加的生产成本所抵消。所以，评价供应链运行绩效的指标，不仅要评价该节点企业（或供应商）的运营绩效，而且还要考虑该节点企业（或供应商）的运营绩效对其上层节点企业或整个供应链的影响。

现行的企业绩效评价指标主要是基于部门职能的绩效评价指标，不适用于对供应链运营绩效的评价。供应链绩效评价指标是基于业务流程的绩效评价指标。基于功能的绩效评价指标和基于供应链业务流程的绩效评价指标的构成情况如图 5-1、图 5-2 所示。通过图示可以看出它们之间的差异。

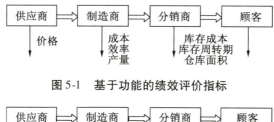

图 5-1　基于功能的绩效评价指标

图 5-2　基于供应链业务流程的绩效评价指标

三、供应链管理绩效评价的原则

随着供应链管理理论研究的不断发展和供应链实践的不断深入，为了科学、客观地反映供应链的运营情况，应该考虑建立与之相适应的供应链绩效评价方法，并确定相应的绩效定价指标体系。反映供应链绩效的评价指标有其自身的特点，其内容比现行的企业评价指标更为广泛，它不仅仅代替会计数据，同时还提出一些方法来测定供应链的上游企业是否有能力及时满足下游企业或市场的需求。在实际操作时，为了建立能有效评价供应链绩效的指标体系，应遵循如下原则：

（1）应突出重点，要对关键绩效指标进行重点分析。

（2）应采用能反映供应链业务流程的绩效指标体系。

（3）评价指标要能反映整个供应链的运营情况，而不是仅仅反映单个节点企业的运营情况。

（4）应尽可能采用实时分析与评价的方法，要把绩效度量范围扩大到能反映供应链实时的经营信息上去，因为这要比仅做事后分析有价值得多。

（5）在衡量供应链绩效时，要采用能反映供应商、制造商及用户之间关系的绩效评价指标，把评价的对象扩大到供应链上的相关企业。

想一想 （1）传统企业绩效评价指标有哪些？

（2）供应链管理环境下企业的绩效评价指标与传统企业绩效评价指标有哪些区别？

四、供应链管理绩效评价的作用

为了能有效评价供应链的实施给企业群体带来所期望的效益,方法之一就是对供应链的运行状况进行必要的度量,并根据度量结果对供应链的运行绩效进行评价。因此,供应链绩效评价主要有以下四个方面的作用。

（1）用于对整个供应链的运行效果做出评价。主要考虑供应链与供应链之间的竞争,为供应链在市场中的存在(生存)、组建、运行和撤销的决策提供必要的客观依据。目的是通过绩效评价获得对整个供应链运行状况的认识,找出供应链运作方面的不足,及时采取措施纠正。

（2）用于对供应链上各个成员企业做出评价。主要考虑供应链对其成员企业的激励,吸引企业加盟,剔除不良企业。

（3）用于对供应链内企业与企业之间的合作关系做出评价。主要考虑供应链的上游企业(如供应商)对下游企业(如制造商)提供产品和服务的质量,从用户满意度的角度评价上下游企业之间合作伙伴关系的好坏。

（4）除对供应链企业运作绩效的评价外,这些指标还可起到对企业的激励作用,包括核心企业对非核心企业的激励,也包括供应商、制造商和销售商之间的相互激励。

为了达到这些目的,供应链的绩效评价一般从三个方面考虑。

（1）内部绩效度量,它主要是对供应链上的企业内部绩效进行评价。常见的指标有：成本、客户服务、生产率、良好的管理、质量等。

（2）外部绩效度量,它主要是对供应链上的企业之间运行状况的评价。主要指标有：用户满意度、最佳实践标杆等。

（3）供应链综合绩效度量,正如有人指出的那样,21世纪的竞争是供应链与供应链之间的竞争,这就引起了人们对供应链总体绩效和效率的日益重视,要求提供能从总体上观察透视供应链运作绩效的度量方法。这种透视方法必须是可以比较的。

如果缺乏整体的绩效衡量就可能出现制造商对用户服务的看法和决策与零售商的想法完全背道而驰的现象。综合供应链绩效的度量主要从用户满意度、订单响应时间、成本、资产增值等几个方面展开。除了一般性统计指标外,供应链的绩效还辅以一些综合性的指标,如以供应链生产效率来度量,也可由某些定性指标组成的评价体系来反映,如用户满意度、企业核心竞争力、核心能力等。

任务拓展

查阅资料,分小组整理出不同物流企业的绩效评价方案进行对比,讨论不同企业间的绩效评价各有什么特点。

任务二　搭建供应链管理绩效的评价指标体系

任务目标

- 了解供应链绩效评价的目的
- 了解影响供应链绩效指标设计的外部和内部因素
- 理解供应链绩效评价侧重面
- 理解供应链设计的评价指标

任务描述

供应链管理环境下，企业的管理思想发生了巨大的变化。很多企业也都意识到供应链管理的潜力，但是由于缺少对集成供应链的全面理解，绩效评价的有效性较差。对于供应链指标而言，传统绩效评价方法重视独立部门绩效的思想是很难推动供应链生产力的。供应链管理中，管理者将注意力从内部控制转移到外部监督，组织也从单一的独立个体发展为群体的企业群落，对整个供应链运作绩效的评价也随着管理运作的方式而发生改变。那么，影响供应链绩效指标设计的外部和内部因素有哪些？由于角度不同，供应链绩效评价的侧重面分别是哪些？供应链管理绩效的评价体系是如何建立的？

知识链接

一、供应链管理绩效评价的目的

结合前面章节所学，实施供应链绩效评价的目的有：

（1）时间压缩。如果生产和物流的流程能够在较少的时间内完成，那么供应链中所有的实体都能够更为高效地运转，从而最终降低供应链中的库存。通过降低订单交付的时间周期，现金周转率也会得到相应的提高。时间压缩意味着供应链中的信息流和产品流能够十分迅速、流畅地传递。

（2）提高柔性。柔性响应意味着供应链系统中各个企业能够迅速根据客户的独特需求进行客户化的操作，也意味着客户的需求能够在合理的成本效率下得到快速满足，以及具有较高的处理客户临时性需求的正常运作能力。

（3）减少浪费。供应链企业试图通过尽量减少功能重叠，协调运作系统以及提高质量来寻找减少整个供应链浪费的途径。供应链内部存在着大量的库存节点，导致整个系统积压大量的资源，影响了供应链的竞争力。若供应链企业之间能够达到运作上的统一性和一致性，协调的系统中所传递的信息就可以做到及时的、高质量的互动，从而降低不必要的活动，以此达到减少浪费的目的。此外，保持资产、产品、运作体系的质量是整个供应链降低浪费的基础。

（4）资本利润。供应链企业高效、准时地满足客户需求的最终目的就是获取供应链企业的资本利润。最常用的指标就是降低成本，以提高边际收益。现金流将会因供应链企业的集成运作和减少浪费而得到改善，而柔性和时间绩效的提高则为供应链赢得和留住原有客户群，为供应链长期盈利提供了可能。

从本质上而言，供应链压缩提前期、减少浪费都是从资源观的角度降低或减少供应链的资源浪费，提高资源的利用率，为提高供应链的利润创造空间；而增加供应链的柔性，降低了机会成本损失，减少了因为内部流程的效率降低所造成的客户订单流失，从而增加了供应链的盈利机会。可以说，供应链的价值成为评价的核心，绩效评价体系最终反映供应链的价值。与价值相关的指标反映在以下三个方面：① 当前盈利性（货币指标）；② 增值能力的持续性（价值维持指标）；③ 增值能力的增长潜力（价值驱动因素）。由以上结合绩效变革的影响，供应链绩效评价主要基于以下三个目的：① 考察供应链的当前盈利性；② 分析供应链盈利的持续性；③ 培养供应链盈利的增长潜力。

二、影响供应链管理绩效评价指标设计的影响因素

供应链运作的环境是处于不断变化中的，供应链内部不断的改进和提高就是为了应对外部环境对供应链管理的消极作用，提高整体适应能力，增强竞争力。图5-3所示是一个对供应链运行绩效产生作用的外部驱动与内部驱动影响的分析框架。这个框架反映了环境因素和供应链运作本身因素的影响，指出需要通过优化成本、提高服务水平、加快对市场需求和机遇的响应速度及提高技术创新能力以支持供应链所拥有的竞争优势。图5-3中外层的两个同心圆表示影响供应链绩效的驱动力来自供应链外部和内部的情况。

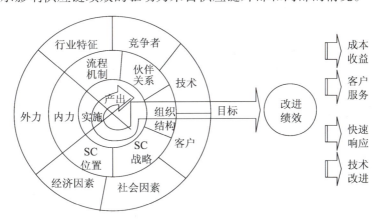

图5-3　供应链产出驱动力分析

（一）影响供应链管理绩效评价指标设计的外部影响因素

1. 行业特征

就不同的范围而言，供应链管理所涉及的行业特征使得供应链管理在绩效的考虑角度方面差异很大。例如，目前供应链的实践和理论研究多集中于制造行业和仓储、零售行业方面。在制造业企业，其供应链管理侧重于采购过程及物料管理，并将其作为一个基本战略，其管理的逻辑是传统内部行为扩展至企业外部，达到和战略合作伙伴共同发展的目的。而在仓储零售业，其供应链管理则偏重于运输和物流管理，它将过去狭隘的企业物流部门扩展为从供应商到客户的物流价值链，有效的商品分销和物流组织是其业务流程的主要组成部

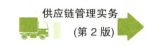

分。这两种行业的供应链管理内容和方法均有所不同,由此而言,其绩效的侧重点也有所不同。

2. 竞争者

供应链的核心竞争力为供应链在竞争过程中保持独有的竞争优势。竞争者的技术优势、产品以及流程的革新、人力资源的整合都成为影响供应链绩效的长期驱动力。一般很难用模拟或数学分析的方法准确掌握竞争者的优势所在,但是作为供应链的运作驱动力,一般情况下都从客户角度开始分析,利用标杆法,对供应链中的非增值活动进行分析,找出竞争者在可能的领域对供应链的潜在威胁和机遇,从而提出自己改进的目标和方向。

3. 技术

技术的作用主要是在产品或服务以及信息流上对供应链的绩效产生影响。不断涌现的先进开发技术对于产品设计的影响自不再说,先进的管理技术不断推进也使得供应链管理不断适应环境变化而得以提高管理绩效,供应链伙伴之间的信息集成也将信息的滞后和扭曲问题降低到最低。此外,各项技术的不断推进也使得以往实践中难以实施的绩效测评变得更为可行。

4. 客户

客户作为供应链市场导向和利润来源,是供应链绩效评价的主要驱动因素。客户不断变化的个性化要求、不断降价的要求和消费的偏好,都增加了供应链在运作成本和生产周期上的压力,同时产品的质量、计划的柔性不能有丝毫的下降。当今的客户对产品为自身带来的价值增值或成本节约愈发地注重,使得供应链要在其中的每一个环节提高管理水平和追求更好的运作绩效,否则将会失去供应链的竞争优势。

5. 经济以及社会环境

经济以及社会环境,包括世界范围内的普遍经济前景和政治环境。经济压力通常会迫使供应链降低成本以应对世界范围的竞争,而良好的供应链管理可以帮助降低成本。社会环境的变化对于形成与供应商的伙伴关系也会产生重要的影响。另外,全球性供应链在不同国家地区的工业结构、经济发展阶段,客户要求等变量的作用下,其构成和运作管理都会出现不同的绩效目标,不能一概而论。

(二)供应链管理绩效评价指标设计的内部影响因素

1. 流程机制

供应链运作的流程因其产品、服务和客户的分布性特点,在业务流程的设计上也有不同的策略,一般可分为分散采购集中制造和集中采购分散制造两种类型。但是,具体应该采用哪一种策略,则由该供应链系统所提供的产品或服务及客户的特点而定。此外,不同的市场层面也会使业务流程在设置上有相当的差异。供应链绩效评价所关注的问题也由于流程的不同而有所差异。

2. 合作伙伴

过去,由于供应链内部各个企业缺乏战略性合作意识,它们之间的关系往往被认为是"敌对的",或者是"互不相干"的。任何特定的供应链关系都被视为临时的而不是永久的关系,注重短期的个体利益而忽视了长远的战略利益和整体利益。降低价格往往成为合作的唯一砝码。传统的交易对象之间的关系视为"零和博弈",所谓"零和博弈",是指一方的收益与另一方的损失相当,都希望将自己的收益建立在别人损失的基础上。显然,这种合作是不可能长远的。供应链管理就是要将这种零和博弈转变为所有参与者都获益的"双赢"战略,从而使整个供应链获得更大的利益,并且处于供应链上的所有企业都能够获得自己应得的那部分利益。

3. 组织结构

供应链在组织结构上有四种分类。首先考虑将供应链流程分为采购/供应（Sourcing）、制造（Make）、交付（Delivery）三个大的环节,然后按照产品的模块化水平和流程的延迟原则（Postponement）分为图5-4所示的四种类型。从图5-4中可以看出,刚性型（Rigid）是典型的纵向集成的供应链,是以满足库存为目标的大量生产,追求的是大批量生产的规模经济。而另一个极端就是柔性型的结构,通过大量的外包、外协运作制造差别化组件,同时装配完工产品,满足纷繁各异的客户需求。而模块化类型的结构则有大量生产组件或部件的供应商,最终分销少量完工产品,这是最典型的供应链结构;而延迟型结构的供应链则以大规模定制的思想满足客户个性化需求,追求范围经济。不难看出,这四种不同的供应链结构在产品制造和业务流程上的差异,直接决定着供应链绩效目标的要求。

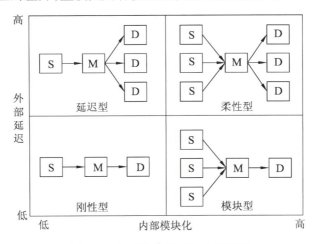

图5-4 供应链组织结构分类模型

4. 供应链战略

供应链绩效是战略执行的结果,绩效评价要求与战略目标相一致,以反映出供应链战略的执行效果。供应链运作方式的不同将导致战略管理重心的不同,以计算机制造业为例,IBM注重整个设计、制造、分销和市场的全过程;戴尔则在装配、市场和服务上下大力气;康柏注重于装配和市场。这种不同的选择和它们在外部供应链的战略是相关的,绩效指标的要求也必然有所差异。

5. 企业在供应链中的上、下游的位置

企业在整个供应链运作中所处的层次不同,对各种绩效的评价要求也是不一样的。例如,在供应链伙伴中,供应商可能更注重交货质量和交货的可靠性,地区分销商更注重于所提供的产品种类和价格,当地分销商注重产品送货速度和服务水平,等等。图5-5给出了处于不同位置的企业对于绩效评价的不同追求。

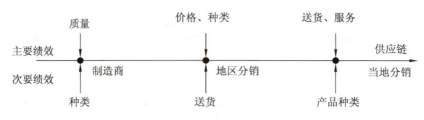

图 5-5　供应链中处于不同位置的企业对运作绩效的要求

三、供应链管理绩效评价指标的侧重面

（一）从供应链组织的角度评价

供应链组织的角度和业务流程重构是相近的。评价指标包括：

（1）柔性。供应链的组织形式就是为了能更好地适应激烈竞争的市场，提高对用户的服务水平，及时满足用户的要求，如交货期、交货数量、商品质量以及用户对产品或服务的某些特殊要求。为了提高供应链的柔性，其还需要 Internet、Intranet、EDI 等信息技术的支持，以加速市场信息在供应链中的反馈速度和在供应链中各企业的响应速度。柔性的高低就成为评价供应链组织结构合理性的一个指标。

（2）集成度。供应链不同于传统单个企业之间的相互关系，它将链中的企业加以集成，使得链中企业的资源能够共享，获得优势互补的整体效益。供应链集成度是指企业间信息集成、物流集成和管理集成的程度及发挥的作用等。集成度的高低或者说整体优势发挥的大小，关键在于信息集成和管理集成，即需要形成信息中心和管理中心。

（3）协调性。供应链是不同企业个体之间的集成链网，每个企业又是独立的利益个体，所以它比企业内部各部门之间的协调更加复杂、更加困难。供应链的协调性包括利益协调和管理协调。利益协调必须在供应链组织结构构建时，将链中各企业之间的利益分配加以明确。管理协调则要求适应供应链组织结构要求的计划、控制管理以及信息技术的支持，协调物流信息流的有效流动，降低整个供应链的运行成本，提高供应链对市场的响应速度。

（4）简洁性。供应链是物流链、信息链，也是一条增值链，它的构建并不是任意而为。供应链中每一个环节都必须是价值增值的过程，非价值增值过程不仅增加了供应链管理的难度，增加了产品或服务的成本，而且降低了供应链的柔性，影响供应链中企业的竞争实力，因此在设计供应链的组织结构时，必须慎重选择链中企业，严格分析每一环节是否存在真正的价值增值活动。

（5）稳定性。供应链是一种相对稳定的组织结构形式，影响供应链稳定的因素一是供应链中的企业，它必须是具有优势的企业，即要有竞争力。如果供应链中的企业不能在竞争中长期存在，必然会影响到整个供应链的存在。二是供应链的组织结构，比如说供应链的长度过长，供应链的环节过多，信息传导中就会存在扭曲信息，造成整个供应链的波动，稳定性就差。

（二）从供应链采购供应角度评价

现有很多文献谈到了从采购供应的角度对供应链进行评价。从这个角度看，供应链管理与从传统采购物料部门演化而来的供应基（Supply Base）集成战略是等同的。它的思想是扩展传统企业外的行为，通过达到一个共识的优化和效率目标成为交易伙伴，形成供应链战略伙伴关系。实际上，供应链管理的目的就是在共同目标的基础上建立一个虚拟企业，有效地管理单一法人的流程与运作,可见供应链管理的内容主要侧重于:供应基的设计,如供应商、制造商的选择等;供应战略;外包战略、生产计划、生产作业计划和跟踪控制、库存管理;供应商与采购管理;等等。从这个角度评价的指标包括:

(1) 提前期的评价。这是一种有效考虑整个组织经营的全面指标。降低采购提前期涉及多方面,比如过长的调整准备期(Setup Time),频繁的停机时间,不协调的工作日程,不可靠的供应商,过长的运输时间以及大规模的存货等一系列问题,都可能导致采购提前期过长。过长的提前期表现为供应链中的运输周期、加工周期、储存周期较长,并带来高额成本。

(2) 柔性的评价。所谓柔性,是指系统对于外部或内部干扰导致的变化所能做出的调整的能力。由于供应链的运行是处于不确定性因素环境下,当客户需求发生了变化,供应方的柔性就成为其生存的关键因素。Slack(1991)定义了两种柔性:范围柔性(Range Flexibility)和响应柔性(Responsive Flexibility),前者指运营可以变动的程度范围;后者指运营可以变动的时间性,即响应速度。高柔性可以提高顾客满意度,增加对需求变动的应变能力,减少过期订货和错过机会的可能性,也有利于增强开拓新市场和新产品的能力。

(3) 稳健性的评价。对于供应方而言,稳健性意味着供应方在与委托人的合作中,即使委托人的需求在一定程度上发生变化,供应方仍然能够保证产品质量,正常交货和运营,从而保证供应链整体的稳定运行。

(4) 成本的评价。从供应链整体运营的角度出发,采购供应系统所发生的成本一般以供应链总成本来反映,包括供应链通信成本、供应链库存费用及各节点企业外部运输总费用,用以反映供应链运营的成本效率。供应链通信成本包括各节点企业之间的通信费用、供应链信息系统开发和维护费等,供应链总库存费用包括各节点企业在制品库存、成品库存费用和各节点之间在途库存费用,各节点企业外部运输总费用等于供应链所有节点企业之间运输费用的总和。

(三) 从供应链物流角度评价

从这个角度看,人们在评价物流系统的运行绩效时,提出了很多基于时间、阶段的库存管理工具,如分销需求计划、物料需求计划、制造资源计划等,用于提高物流的可视性,降低需求的不确定性。物流的改进对于改进整个供应链的顾客服务水平、减少库存量、降低运输成本都有着极大的推进作用。从这个角度评价的指标包括:

(1) 物流速度指标。物流速度就是物流业务中相关行为的数据传输、计划变动以及执行的速度。

① 数据传输速度:各项业务中关键数据如计划、预测、项目的联系等各种信息的传输速度。

② 计划更新速度:计划调整、重新制订的速度,以及运输能力和产品调整能够满足计划进度变动的能力。

③ 执行速度:通过减少制造、包装、运输的时间来减少提前期,以最少的时间满足客户服务的要求,以此来考核物流需求的执行速度。

(2) 物流的可变性。可变性反映对客户物流需求变动的柔性,以及客户定制化、运输要求变动处理的能力。

(3) 物流的可视性。物流可视性描述了供应链系统中与合作伙伴共享信息的程度,以及合作伙伴进入企业内部服务器获取相关信息的程度。这样做的目的是提高供应链的整体运作透明度,消除由于信息不透明而引起的物流中断甚至更大的问题。物流的可视性可以分为企业内部和企业之间两个方面。企业内部重要员工以及相关部门可以获得生产计划以及预测信息,是更好进行客户化服务的基础;对于内部员工而言,信息的共享使得他们意识到自身在整个组织中的作用力。供应链企业之间的可视性提供了了解合作伙伴和客户的库存状况、销售计划、产品销售情况等及时信息的可能性,使企业能够及时掌握供应链的运行状态,主动做好计划修改、物流重整等应变性工作,改善整个供应链的绩效。

四、供应链管理绩效评价指标设计与选择的原则及方法

(一)供应链管理绩效评价指标设计与选择的原则

供应链绩效评价的原则与传统绩效评价的原则有一定的相似之处,但也有很大的差别,尤其是在所涉及的评价范围上,远大于传统绩效评价所覆盖的范围。

(1)供应链绩效评价必须直接与供应链绩效战略相一致,同时也要和各公司的战略相容。

(2)必须考虑非财务指标,而且特别强调非财务指标在评价中的主要地位。

(3)绩效评价指标应该易于用于基准的制定。

(4)绩效标准必须处于评价单位的直接控制之下。

(5)绩效指标应当简单易行,能够给出准确的目标和计算方式。

(6)绩效指标能够提供及时的反馈,同时考虑到前馈信息的重要性。

(7)绩效指标能够激励组织进行持续的改进,而不只是监控。

(8)相对比例指标要优于绝对指标,客观指标要优于主观指标。

(9)各个指标之间能够反映彼此的因果关系,减少彼此间的冲突和抵触。

(二)供应链管理绩效评价选择方法

作为供应链评价的重要原则,指标的选择和绩效评价方法要与供应链的战略目标相一致,供应链绩效的评价却因为每一个供应链成员企业的现有竞争地位、战略方向的不同而难以达成一致。因此,在设计供应链绩效评价指标时,必须充分考虑到这一差异,选择适当的方法消除供应链成员企业间的隔阂。绩效评价的方法因不同的评价范围和目标可分为基于部门的方法、基于流程的方法和基于跨企业的方法。

企业的经营过程一般可以分为以下三个发展阶段。

(1)功能型(Functional Excellence)。企业需要使其内部的各个单一的部门,如制造部门、客户服务、物流部门,达到优秀的业绩。这一阶段的企业绩效评价需要集中于各个功能部门。

(2)企业集成型(Enterprise-wide Integration)。此阶段的企业将竞争的优势建立于自己部门的流程之上,而不再追求单一的部门绩效。那么,绩效评价的选择就应该建立于流程功能的集成基础上。

(3)扩展企业型(Extended Enterprise Integration)。当企业的经营扩展到外部的时候,外部的影响在企业决策中起到的作用不断扩大,此时绩效的评价,就必须将目光集中到扩展企业的整体绩效上。

大多数企业目前还是集中于部门的绩效评价上,随着供应链管理的出现,企业在评价绩效时,也逐渐考虑整个供应链、考虑扩展企业的目标,但同时也必须考虑每个个体自身的部门绩效。

因此,这里提出以下几种绩效评价选择方法。

(1)以功能型评价为基础。大多数绩效评价系统所遇到的问题是指标偏重于部门化,在这些系统中,每个领域的部门绩效评价又只用于其领域本身,以达到该领域设定的目标和任务。据此评价系统以改进自身绩效的部门或组织个体,经常要以牺牲或影响其他部门的绩效为代价。当每个部门的绩效评价都孤立于其他部门的时候,会导致部门影响整个组织的目标。因此,从整个供应链来看,功能型绩效评价过于注重单一目标,而可能会与供应链整体目标相抵触。但是,在反映供销节点企业的绩效评价中则能用于系统的诊断。为供应链优化打好基础。将其纳入供应链的评价范畴就可以使之排除目标的单一性,而成为绩效评价的基础性指标。

(2)包含基于流程的企业级的绩效评价。为实现供应链运作的集成,企业必须打破部门间的孤立壁垒,按照业务流程进行组织评价。为实现这一点,可以建立一个全职负责整个业务流程的部门,或者成立跨部门的工作小组。为了支持业务流程的变动,需要为流程性指标补充功能性指标,用以强调整个流程的绩效并使用功能性指标提供影响整个供应链绩效的诊断信息。流程性指标和功能性指标之间存在着一种紧密的层阶关系。

(3)建立跨企业的评价指标。用于评价供应链的跨职能流程指标不但可以用于企业内部也适用于企业外部的流程,供应链管理不但要关注本企业的经营状况,同时还要关注合作伙伴的经营状况对供应链绩效可能产生的影响。

但是,没有一个企业能够控制整个供应链的绩效,供应链运作的增值流程往往会因为企业组织间的界限而有所迟滞。传统企业在供应链环境中,其组织界限适当模糊化之后(企业间流程的适当集成),交易成本往往可以下降。而这种"适度"也必须加以评估,确保其具备有效性,外部流程的评价也成为供应链管理中不可缺少的一环。表5-1 中给出了某些供应链评价指标,其中包含了功能型指标和跨企业级指标。

表5-1 供应链可选指标实例

客户服务指标	采购指标	流程、跨功能指标	物流方面指标
订单完成率 客户满意度 客户收益 订单执行准确性 订单运输与追踪绩效 客户抱怨 订单进入处理的时间	物料库存 供应商交货绩效 物料/元件质量 物料缺货率 单位采购成本 物料采购时间及频率	预测准确性 完美订单率 新产品推出时间 循环期 生产进度变动	完工产品库存 准时交货 库存准确率 物流成本 准时装货发运 交货时间 运输成本 仓储成本 在途库存

续表

制造方面指标	跨企业指标	财务评价	市场方面指标
产品质量 WIP 库存 产量 调整准备时间 物料利用度 生产循环期 生产能力 主生产计划稳定程度 采购制造循环期	产品完成成本 消费点产品可用量 供应链整体库存量 销售渠道在途库存 供应商库存 现金周转周期 客户库存 客户库存量(VMI/CRP) VMI/CRP 供求比例	现金流 EVA 收益率	市场占有率 新产品占销售总量比率

任务拓展

分小组收集不同的企业案例,讨论影响企业绩效评价方法设计的外因和内因各有哪些?

任务三　探究供应链管理绩效的评价方法

任务目标

- 了解供应链管理绩效的评价方法
- 了解标杆法
- 了解 SCOR 模式

任务描述

供应链绩效评价是一项复杂的系统工程,涉及供应链上的每一个企业,不同的企业根据自己的发展目标和生存原则选择不同的绩效评价方法,并且会随着环境的调整而不断发展变化。那么,常用的供应链绩效评价方法有哪些?

知识链接

一、标杆法

(一)标杆法的概念

标杆法(Benchmarking)就是以那些出类拔萃的企业作为基准,将本企业的产品、服务和管理措施等方面的实际状况与这些基准进行定量评价和比较,分析这些基准企业的绩效达到优秀水平的原因,在此基础上选取改进的最优策略。

它是将本企业经营的各方面状况和环节与竞争对手或行业内一流的企业进行对照分析的过程,是一种评价自身企业和研究其他组织的手段,是将外部企业的持久业绩作为自身企业的内部发展目标,并将外界的最佳做法移植到本企业的经营环节中去的一种方法。实施标杆法的公司必须不断对竞争对手或一流企业的产品、服务、经营业绩等进行评价来发现优势和不足。

总的来说,标杆法就是对企业所有能衡量的东西给出一个参考值,它可以是一种管理体系和学习过程,它更着重于流程的研究分析。

菲利普·科特勒解释说:"一个普通的公司和世界级的公司相比,在质量、速度和成本绩效上的差距高达 10 倍之多。标杆法是寻找在公司执行任务时如何比其他公司更出色的一门艺术。"其实中国古代战略名著《孙子兵法》也有提到"知己知彼,百战不殆;不知彼而知己,一胜一负;不知彼,不知己,每战必败"。其实这是很简单的道理。

知识拓展

标杆法的起源

Benchmarking 法起源于美国施乐公司,施乐曾是影印机的代名词,但日本公司在第二次世界大战以后,勤奋不懈地努力,在诸多方面模仿美国企业的管理、营销等操作方法。日本竞争者介入瓜分市场,1976 年到 1982 年之间,施乐复印机的占有率从 80%降至 13%。施乐于 1979 年在美国率先执行 Benchmarking,总裁柯恩斯 1982 年赴日学习竞争对手,买进日本的复印机,并通过"逆向工程",从外向内分析其零部件,并学习日本企业以 TQC 推动全面品管,从而在复印机上重新获得竞争优势。

(二)标杆法的作用

(1)做竞争对手的 Benchmarking 有助于确定和比较竞争对手经营战略的组成要素,可进一步确定企业的竞争力、竞争情报、竞争决策及其相互关系,作为进行研究对比的三大基点。

(2)通过对行业内外一流企业的 Benchmarking,可以从任何行业中最佳的企业、公司那里得到有价值的情报,用于改进本企业的内部经营,建立起相应的赶超目标。

(3)作跨行业的技术性的 Benchmarking,有助于技术和工艺方面的跨行业渗透。

(4)以客户的需求为 Benchmarking,可发现本公司的不足,从而将市场、竞争力和目标的设定结合在一起。

知识拓展

标杆指标值的确定

标杆分析比较的是具体的指标值,但分析改进的是相关的流程,因此确定适当的流程范围非常关键。例如在企业的物流领域,如果将"采购—生产—分销配送"作为分析范围则太大,而将"物料编码规则"作为分析范围则太小,选择"原料库存管理"或"成品库存管理"作为分析范围就相对适当。

(三) 绩效标杆的类型

(1) 公共性标杆：由一个独立的机构组织，参与者面向各个行业、不同种类和区域的公司。参加者提供信息并且获取标杆评估结果；参加者可以是来自不同行业，甚至来自不同的国家；结果可以被广泛运用而且是公开性的。

(2) 行业或功能标杆：将特定企业的业绩从供应链角度放在同行业或跨行业同一功能领域里进行比较。

(3) 竞争性标杆：比较特定企业和同一市场的其他竞争对手的实践和绩效。

(4) 战略性标杆：与有着相同市场的企业在产品、服务和工作流程等方面的绩效与实践进行比较，直接面对竞争对手。

(5) 操作性标杆：以职能性活动的各个方面为重点，找出有效的方法，以便在各个职能上都能取得最好的绩效。

(6) 支持活动性标杆：企业内的支持功能应该显示出竞争对手更好的成本效益，通过支持活动性标杆，控制内部间接费用和防止费用的上升。

(四) 标杆法的一般流程

实施标杆主要有确定内容、选择目标、收集分析数据、确定行动目标、实施计划和跟踪结果五个流程。

(1) 确定要进行标杆的具体项目。

(2) 选择目标。确定了进行标杆的环节后，就要选择具体的标杆对象。通常，竞争对手和行业领先企业是标杆的首选对象。

(3) 收集分析数据，包括本企业的情况和被标杆企业（可以是竞争对手，也可以是非竞争对手）的情况。分析数据必须建立在充分了解本公司目前的状况以及被标杆的企业状况的基础之上，数据必须主要是针对企业的经营过程和活动，而不仅仅是针对经营结果。

(4) 确定行动计划。找到差距后进一步要做的是确定缩短差距的行动目标和应采取的行动措施，这些目标和措施必须融合到企业的经营计划中。

(5) 实施计划并跟踪结果。标杆法是发现不足，改进经营并达到最佳效果的一种有效手段，整个过程必须包括定期衡量评估达到目标的程度。如果没有达到目标，就需要修正行动措施。

最后要注意的是研究较大的流程需花费比较多的资源，且分散注意力容易失去焦点，研究较小的流程则所能获得的改善成果比较有限，两者需要平衡。

二、SCOR 模式

(一) SCOR 模式概述

供应链运作参考模型（Supply Chain Operation Reference Model，SCOR）是于 1996 年底由美国供应链协会（Supply Chain Council International，SCCI）发布的。SCOR 模型可以应用于所有工业企业，帮助企业诊断供应链中存在的问题，进行绩效评估，确立绩效改进目标，并促进供应链管理的相关软件开发。

SCOR 模型涵盖了供应链中的所有性能指标，为企业规范供应链达到最佳实施（Best Practice）以及对相关的科技改进进行指导。SCOR 模型描述所有阶段用于满足客户需求的商业行为情况。模型结构基本划分为四个大的流程模块：计划、采购/外购、生产/制造、发运/交货,通过分别描述和界定这些供应链流程模块,SCOR模型就可以以最通用的标准把一个供应链流程完整地描述出来——不论其是非常简单的还是极其复杂的。因此应用SCOR模型的规范化标准,我们就可以完整地描述出一个基于全球范围或是在某一特定地域内发生的供应链项目并对它加以改进和完善。SCOR模型流程图如图5-6所示。

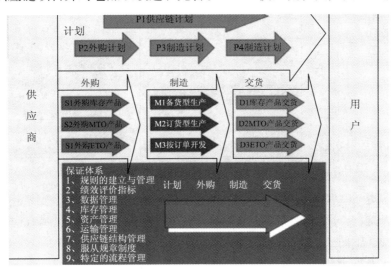

图5-6　SCOR模型流程

SCOR模型的研究范围涵盖了所有发生在供应链运作环节中的协作者之间的交互作用(从订单输入到开具发票的全过程),包括所有原材料交易(交易对象从供应商的供应商,到客户的客户;交易的材料包括设备、零部件、散货、软件等)和所有市场交易行为(从对整体需求的理解,到每一个单独订单的执行)。但SCOR模型并不试图阐述所有商业流程或行为,特别是不描述销售、市场(需求产生)新产品开发、研发和一些售前客户支持行为。

企业应用SCOR模型时,首先要确定所研究的供应链系统范围。SCOR模型将企业的供应链行为按功能归类为五大模块,并且在每一个模块中,针对不同的运作模式,又进一步划分为三个子项。以生产模块为例,其分为按库存生产、按订单生产和按订单定制的产品生产。同样,计划、采购、发运和退货管理也具体划分为相同性质的子项。在每一个子项中,还包括更加具体的流程操作步骤,这些操作步骤在SCOR模型中有非常具体的说明。

按照规则,企业在为供应链中的一些操作步骤归类时,就可以参照相关的说明把任何一个操作步骤归类到相关的模块之中去,这样,一个清晰的供应链操作系统就呈现出来。

(二) SCOR模型的层次和内容

对SCOR模型的应用开发包括三个基本层次和一个附加的执行层次,如图5-7所示。这些层次对应着企业期望对所属供应链流程管理开发的不同深度,根据开发的不同层次,SCOR模型会呈现出不同的结果,表现出企业供应链流程的实际状况,发现现存的低效或冗余环节,然后企业就可以对现有供应链进行流程重组。

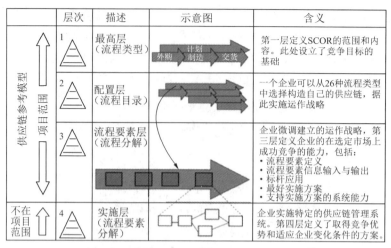

图 5-7 SCOR 的四层结构

第一层次：是 SCOR 模型的最高层次，主要是从企业的战略决策角度定义供应链的范围和内容，SCOR 模型分析企业需要达到何种绩效目标，朝哪种战略发展方向推进。体现企业供应链绩效表现的主要性能指标包括：

交付能力：按时或提前完成订单/计划的比率，发运速度；

完成订单能力：订单完成提前期，全部订单完成率，供应链响应时间；

生产的柔性：供应链管理总成本；

增值生产率：保修返修成本比；

资金周转时间：存货供应天数、资金周转次数。

然而，企业不可能对上述所有供应链性能指标都进行评价和优化。因此，企业可以根据实际情况合理地选择一些对企业的成功最为重要的指标来评价其供应链性能和具体运作情况。

第二层次：是供应链的配置层。SCOR 模型在这个层次将描述出供应链流程的基本布局结构，在这个层次里确认了企业的基础流程，并将每一个流程都按照 SCOR 模型的 26 个基本流程的分类规则进行定位，这样就可以直观地体现出企业采购—制造—发运的具体过程，每一个流程定义都包括一系列具体的操作步骤，例如：库存产品采购流程中包括计划产品发送时间表、产品入库、确认产品、库存转移等操作步骤。这些具体的操作步骤在 SCOR 模型中都有非常细致的定义。

SCOR 模型第二层次包括一些具体的分析步骤：首先，在这个层次上建立一个实际的供应链地理分布图。其次，根据地理分布情况，把供应链中每一个流程都按照 SCOR 模型的元素定义描述出来，然后将供应链中的各流程分成模块中的子项元素，做出流程图。然后将流程中元素进行分解，通过流程元素定义，每一个流程都可以再描述出一系列的具体步骤，例如从输入到输出的具体操作环节。此时，企业通过使用 SCOR 模型可以了解每一个流程元素需要哪些信息输入，并期望哪些信息输出。

第三层次：SCOR 模型第三个层次定义了企业是否能在特定市场中取得成功的竞争实力（流程要素层），该层次是信息的收集分析层次，所选择的有效指标将通过实际情况和目标的对比直观地体现出供应链整体表现。

SCOR 模型中规定了一些基本的衡量企业竞争能力的关键指标,比如订单完成率、供应链响应时间等。企业可以根据在第一层次中确定的目标要求,从中选择一些关键指标进行信息收集和分析。取得正确的信息资料是一个困难的过程,一般的做法是通过调查或是研究公司的财务和运营报告获得,如果这些资料难以收集整理,通用的方法是运用标杆法(Benchmarking)和其他同类企业作对比估算。取得资料数据后,可以利用记分卡(Score-Card Analysis)的形式分析现有指标执行情况和目标的差距,归纳出这些绩效指标表现的情况如表 5-2 所示,比较是达到目标,还是差距很大。

表 5-2　供应链计分卡

供应链计分卡		绩效表现与竞争优势对比情况			
性能	SCOR 第一层指标	实际	一般	良好	优秀
供应链可靠性	按订单日期送货表现	50%	85%	90%	95%
	24 小时送货率	63%	94%	96%	98%
	订单实现率	0	80%	85%	90%
响应率柔性	订单到货时间	35 天	7 天	5 天	3 天
	供应链响应时间	97 天	82 天	55 天	13 天
	生产柔性	45 天	30 天	25 天	20 天
	供应链总承包支出	19%	13%	8%	3%
成本资产	授权成本	无	无	无	无
	库存供应天数	119 天	80 天	46 天	28 天
	现金周转天数	196 天	80 天	46 天	28 天
	周转次数(运营资金)	2.2 次	8 次	12 次	19 次

把选定的绩效指标进行分解,纳入流程图中去。再将记分卡分析出的实际绩效表现数据归纳到流程图中去,就可以把供应链运作中的绩效表现不佳的环节和操作步骤体现出来,企业就可以发现有哪些流程环节影响绩效指标的表现,一目了然地发现影响供应链整体表现的瓶颈环节。

第四层次:第四个层次也被称为 SCOR 模型的实施层次,它定义了在变化的商业条件下实现竞争优势的实践行为。在实施层次,企业可以利用 SCOR 模型分析出的结果,进行整体计划、开发和构架去支持新的产品流程。

几年来,国外企业应用 SCOR 模型已经极大地改进了它们的供应链效率。以流程为中心的供应链管理如图 5-8 所示。SCOR 模型标准已经帮助它们配置了现有供应链并且发现了低效率的流程环节。当配置了供应链之后,企业就可以对供应链的现状进行评估并且促进企业的供应链进行最佳实践。

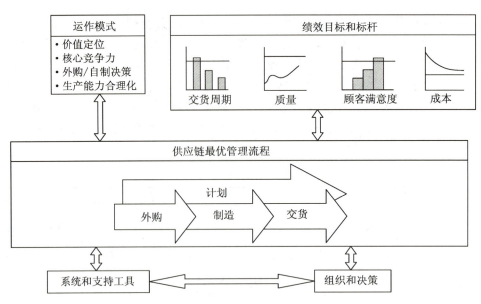

图 5-8 SCOR 以流程为中心的供应链管理示意图

> **知识拓展**
>
> **美国阿尔法公司 SCOR 的应用**
>
> 美国阿尔法公司公布的数据显示,使用 SCOR 之后,公司作业效率提高到 97%,制造周期从 30 天缩短到 3 天,在制品供应天数从 17 天增加到 25 天,供应链准时交货率提高到 97%,外购周期从 90 天缩短至最少 1 天,获得物料的成本从 3.2% 降低至 2.2%,原材料供应天数从 72 天缩短至 15 天,无缺陷发票提高到 97%,订单管理的周期时间降低至 1 天,订单管理成本从 11.3% 降低至 9.3%,成品库存周转从 30 天缩短至 15 天,销售未付清天数从 107 天降低至 55 天。

任务拓展

查阅资料,选择一家物流企业,应用标杆法为该企业做一份绩效评价,分析该企业的优势和劣势,并提出改进的方法。

项目练习

一、判断题

1. 传统的企业绩效评价往往是集中于单一的财务指标。( )
2. 传统的企业绩效评价是一种事前评价。( )
3. 随着供应链思想的不断深入,企业绩效评价必须朝着综合绩效考核的方向发展。
( )
4. 供应链绩效评价是基于业务流程的绩效评价。( )

5. 供应链绩效评价指标应该能够恰当地反映供应链整体运营状况以及上下节点企业之间的运营关系。（ ）
6. 传统的企业绩效评价指标是基于业务流程的绩效评价指标。（ ）
7. 供应链绩效评价需按照责、权、利相结合的原则。（ ）
8. 供应链管理的绩效评价方法只有标杆法和 SCOR 两种方式。（ ）
9. SCOR 有四个层次。（ ）
10. SCOR 模型结构基本划分为四个大的流程模块：计划、采购、生产、发运。（ ）

二、单选题

1. （   ）是对员工承担岗位工作的成果进行评定和估价。
   A. 能力考核　　　B. 态度考核　　　C. 业绩考核　　　D. 绩效考核
2. 在绩效管理实施过程中,最直接影响绩效评价质量和效果的人员是（   ）。
   A. 高层领导　　　　　　　　　　　B. 一般员工
   C. 直接上级/主管　　　　　　　　D. 人力资源部人员
3. 绩效管理的最终目标是为了（   ）。
   A. 确定被考评者未来的薪金水平
   B. 帮助员工找出提高绩效的方法
   C. 制订有针对性的培训计划和培训实施方案
   D. 促进企业与员工的共同提高与发展
4. 目标管理法能使员工个人的（   ）保持一致。
   A. 个人目标与组织目标　　　　　　B. 努力目标与组织目标
   C. 努力目标与集体目标　　　　　　D. 个人目标与集体目标
5. 符合绩效考核指标设置要求的陈述是（   ）。
   A. 让顾客完全满意　　　　　　　　B. 熟悉设备的使用和维护
   C. 尽量节约时间　　　　　　　　　D. 每月废品率不超过1%
6. 绩效面谈的质量和效果取决于（   ）。
   A. 考评者与被考评者事先的准备程度和被考评者的临场状态
   B. 双方提供的数据资料的翔实和准确程度及绩效管理制度的有效程度
   C. 考评者与被考评者事先的准备程度及双方提供的数字资料的翔实准确程度
   D. 双方提供的数字资料的翔实准确程度及被考评者的临场状态
7. 企业绩效考核就是对企业生产任务在数量、质量及（   ）等方面完成情况的考核。
   A. 产量　　　　B. 效益　　　　C. 效率　　　　D. 效果
8. 在制订绩效管理方案时,应根据（   ）合理地进行方案设计,并对绩效管理方案进行可行性分析。
   A. 绩效管理目标　　B. 绩效管理方法　　C. 绩效管理程序　　D. 绩效管理对象
9. 在制定工作目标时,下列说法错误的是（   ）。
   A. 工作目标是可测量和评价的　　　B. 考核前工作目标不可被修改
   C. 工作目标是直接主管和员工都认可的　　D. 工作目标应明确规定完成的时间期限
10. 销售人员的绩效考评宜采用（   ）。
    A. 行为观察法　　　　　　　　　　B. 以结果为导向的考评方法

C. 以关键事件为导向的考评方法　　D. 以行为或品质特征为导向的考评方法

三、多选题

1. 下列选项中,(　　)是供应链的内部绩效评价。
   A. 成本　　B. 生产率　　C. 质量　　D. 用户满意程度
2. 批发商、零售商供应链的绩效评价指标体系包括(　　)。
   A. 市场增长率　　B. 顾客保有率　　C. 准时交货率　　D. 净利润
3. 制造商供应链的业务流程指标包括(　　)。
   A. 产销率　　B. 产需率
   C. 准时交货率　　D. 新产品开发周期
4. 制造商供应链的绩效评价指标体系包括(　　)。
   A. 业务流程指标　　B. 市场营销能力
   C. 上下游节点企业关系的满意度指标　　D. 未来发展目标
5. 绩效标杆的类型包括(　　)。
   A. 竞争性标杆　　B. 战略性标杆
   C. 操作性标杆　　D. 支持活动性标杆
6. 标杆管理的实施步骤包括(　　)。
   A. 明确标杆的内容　　B. 收集资料和数据
   C. 分析差距　　D. 标杆管理的成熟运用
7. 对于从事管理性和服务性的工作人员一般宜于采用的考核方法是(　　)。
   A. 以结果为导向的考核方法　　B. 以行为为导向的考核方法
   C. 以品质特征为导向的考核方法　　D. 以态度特征为导向的考核方法
8. 以下不属于各职能部门在绩效管理方面的主要责任的是(　　)。
   A. 提供与绩效考核有关的培训和咨询　　B. 调整部门与员工的工作计划
   C. 处理员工在绩效考核方面的申诉　　D. 确保绩效考核制度符合法律要求
9. SCOR 模型结构基本划分为四个大的流程模块(　　)。
   A. 计划　　B. 生产　　C. 采购　　D. 交货
10. SCOR 模型结构包括(　　)。
    A. 最高层　　B. 流程要素　　C. 实施层　　D. 配置层

四、案例分析

案例一：TCL 对供应商的绩效评价

一个成功的供应链管理需要有高水准的供应商配合。对于处在竞争异常激烈的彩电行业的 TCL 来说,若能找到可为采购及供应等部门贡献力量的供应商,并与他们进行合作是相当必要的。

TCL 王牌电子(深圳)有限公司于 1992 年进入彩电行业。刚开始的供应商绩效评价工作是由供应方即惠州长城公司来做的。1996 年,公司具备了生产条件之后才开始自行开展供应商绩效评价工作。目前,TCL 已经建立起了一整套供应商绩效评价体系,其绩效评价原则也已逐渐成为企业文化的一部分。供应商绩效评价工作在企业实施稳定的供应链合作关系、保证产品质量、降低生产成本、提高经济效益等方面发挥着巨大的作用。

在保持供应链合作关系的过程中,市场需求和供应都在不断变化,必须在保持供应商相对稳定的条件下,根据实际情况及时修改供应商评价标准,或重新开始新的供应商绩效评价。

TCL有一个基本思路,就是合格的供应商队伍不应该总是静态的,而应该是动态的,这样才能引入竞争机制,淘汰差的供应商,引入好的供应商,达到优化供应商质量的目的。

一、建立有效的供应商绩效评价体系,并逐步完善

供应商综合评价的指标体系是企业对供应商进行综合评价的依据和标准,不同行业、企业、产品需求、不同环境下的供应商评价应是不一样的。但基本都会涉及供应商的业绩、设备管理、人力资源开发、质量控制、成本控制、技术开发、用户满意度、交货协定等可能影响供应链合作关系的方面。

建立绩效评价体系,通常要确定绩效评价的专案、绩效评价的标准、要达到的目标。这些问题明确以后,要有一个绩效评价小组。不过,不一定每一个专案都要有绩效评价小组,一个小组可以负责某些专案。

TCL王牌目前绩效评价小组有10个,包括部品采购类、生产设备类、检测设备类、后勤设备类、动力设备类等,并针对每一类都制定了相应管理办法。

目前,很多企业在供应商绩效评价工作中存在个人权利太大,一人说了算的现象,主观成分过多,同时还存在一些个人的成分,容易产生消极的后果。例如,供应商选择的标准不全面,大多只集中在绩效评价要素的某一方面,如产品质量、价格、交货准时性和批量等,没有形成一个全面的供应商绩效评价体系,不能对供应商做出全面、具体、客观的评价。建立规范的绩效评价体系可以有效解决这个问题。

二、绩效评价过程

TCL绩效评价的物件主要有两类。一类是现有供应商,一类是新的潜在供应商。"对于现有合格的供应商,我们每个月要做一个调查,着重就价格、交货期、进货合格率、质量事故等进行正常绩效评价。1~2年做一次现场绩效评价。"该公司部品部经理助理晏华斌介绍说。由于TCL在行业内是较为领先的企业,因而其供应商在行业内也是很优秀的。"产品合格率基本上可以做到100%,交货期也一样",晏华斌说。

接纳新的供应商,其绩效评价过程要复杂一些。公司采购部经理孙敏说:"通常是产品设计提出了对新材料的需求,然后我们就会要求潜在的目标供应商提供基本情况,内容包括:公司概况、生产规模、生产能力、给哪些企业供货、ISO9000认证、安全认证、相关记录、样品分析等,然后就是报价。"

随后,公司就要对该供应商做一个初步的现场考察,看看所说的和实际情况是否一致,现场考察基本上按ISO9000的要求进行。最后汇总这些材料交部品管理小组讨论。在供应商资格认定之后,公司各相关部门,品质部、部品部、采购部门等再进行正式的考察。如果正式考察认为没有问题,就可以小批量供货了。供货期考察一般进行3个月,若没有问题,再增加数量。

三、动态绩效评价,使绩效评价发挥其最大功效

在实施供应链合作关系的过程中,市场需求和供应都在不断变化,必须在保持供应商相对稳定的条件下,根据实际情况及时修改供应商评价标准,或重新开始新的供应商绩效评价。

TCL有一个基本思路,合格的供应商队伍不应该总是静态的,而应该是动态的,这样才

能引入竞争机制。徐洪涛说,"要淘汰差的,引入好的,这是一个动态的概念。"

TCL的供应商基本上是行业内出类拔萃的,也几乎都是主动找上门来,希望能成为TCL的供应商。这也体现了市场经济的特点。徐洪涛说:"不管我们处在怎样的环境,都遵循一个原则,就是希望我们发展,供应商也发展。我们希望和优秀的供应商一起发展。"

四、绩效评价的关键要素

在所有的绩效评价要素中,毫无疑问,质量是最基本的前提。如果产品质量过不了关,其余一切都免谈,没有再评的必要了。"我们要求自己的产品质量要满足客户的需求,所以就要保证我们的供应商提供的元器件能满足我们的品质要求。"徐洪涛说,"价格因素相当重要,但只有在质量得到保证的前提下,谈价格才有意义。"

目前,TCL的供应商基本能做到100%的产品合格率,因此,价格就成了绩效评价的主要因素。TCL会要求新的供应商提供一个成本分析表,内容包括生产某一元器件由哪些原材料组成、费用是如何构成的、价格空间还有多少,如果认为有不合理的因素,就会要求供应商进行调整。

在中国,供应商的个人情况也被列为要素之一。中国企业的经营者素质参差不齐,所以,对经营者个人进行绩效评价,在实际操作中的确有一定难度,只能从与经营者接触的过程中去考察。另外,经营者在行业中的口碑也有一定的参考价值,但很难有一个统一的标准。

案例分析

(1) 什么是供应商绩效评价?
(2) 根据案例,谈谈TCL的供应商绩效评价过程。
(3) 根据案例,说说TCL的供应商绩效评价所带来的好处。

案例二:供应链成本管理的典范——美国欧文斯科宁公司

美国欧文斯科宁公司(Owens Corning)是全球领先的住宅和商业建筑材料、玻璃增强纤维以及复合工程材料制造商,连续60年位列《财富》(Fortune)500强企业。欧文斯科宁一直致力于通过提供创新解决方案,引领市场变革和提高生活质量来推动社会的可持续发展。欧文斯科宁成立以来,一直是市场领先的玻璃纤维技术的革新者。

早在20世纪20年代,美国以玻璃纤维为主的建筑材料制造业蓬勃发展,但大多规模不大。直到1932年一位从事建筑材料制造的年轻研究员戴尔·克雷斯特突发奇想,如果把各行各业中的建筑材料研究人员合并在一起,专门从事建筑材料的研制、制造和营销,从规模中获取更大的效益岂不更佳?这就是今天以生产和营销玻璃纤维等建筑材料为主业的美国欧文斯科宁建筑材料集团的由来。自从1938年公司在美国中部的伊利诺伊州正式成立和初见成效以来,欧文斯科宁建筑材料集团以独资和合资等形式,在全球6大洲30多个国家经营建筑材料生产流水线、仓库和研究所。2013年,公司销售额为53亿美元,在五大洲的27个国家拥有约15 000名员工。

一、压力之下的成本管理

2000年,由于面临来自全球同类产品激烈竞争和不断上升的供应链成本的巨大压力,美国欧文斯科宁建筑材料集团决定深化改革,精简公司机构,定出年内指标,大幅度降低供应链成本,把公司改造成竞争力强、效益高的跨国企业。

现代企业管理专家们指出,供应链管理的好坏和成本的高低往往牵涉企业的生死存亡,因此,供应链管理往往是当代企业改革的重点之一。建筑材料在市场销售过程中,供应链管理所产生的成本达到55%,在有些国家,建筑材料市场销售价格中的供应链成本甚至超过60%。由此可见,供应链成本是建筑材料市场的"瓶颈",只有大幅度降低供应链成本,建筑材料的市场销路才更加宽广。而对于像欧文斯科宁如此庞大的跨国建筑材料制造营销集团来讲,加强供应链管理和降低供应链成本谈何容易。仅2002年,欧文斯科宁跨国集团的玻璃纤维板,输水管、涂料、防水材料等建筑用品的总销售额达到49亿美元,其用途已经延伸到汽车和船舶制造的建筑材料,生产流水线遍布全球25个国家和地区,全球各地的欧文斯科宁建筑材料配送中心达到167家。在全球500强建筑材料供应商中名列前茅的欧文斯科宁跨国集团在制定2004年目标时非常明确:必须从材料输送渠道,或者说从供应链的管理中要效益,全年降低供应链成本2.5亿美元,欧文斯科宁跨国集团供应链主管兼信息部主任戴维·约翰斯在宣布这个决定的时候指出,集团高层已经把降低经营管理成本视作企业生死存亡之路。

欧文斯科宁跨国集团的高层官员认为,以降低成本为中心任务的2004年供应链管理改革的具体措施不外乎是降低库存量,进一步完善供应质量,降低物流成本等。2004年欧文斯科宁的供应链成本节约指标是:将建筑材料销售过程中发生的交通运输费从原来的占销售总额的7.3%降低到6.5%。欧文斯科宁跨国集团的产品输出大多是用汽车运输,而原材料输入大多是使用火车运输,由于不少建筑材料生产流水线分布在欧洲和亚洲等地区,因此,欧文斯科宁跨国集团还有不少建筑材料是通过远洋运输完成的,即使如此,根据集团总部的降低供应链成本的统一要求,所有的建筑材料产品和原材料的运输必须统一调度,集中配送,定购和发放。欧文斯科宁集团下属的各家公司的总经理非常重视供应链管理,把降低物流费用看作是提高竞争力的首选战略措施,供应链的设计首先着眼于降低成本,尤其是降低库存成本。

二、集成供应链战略是提高生产力的关键

欧文斯科宁跨国集团的执行官们明白,仅仅依靠制订新的物流计划,减少运输费用,处心积虑削减供应链成本,尽管搞得轰轰烈烈,结果往往收效不大,应采用集成供应链战略,即将预测、需求规划、原材料供应、加工制造和运输全面有机地结合起来。例如,欧文斯科宁跨国集团下属公司确实长期存在自我配套的机制,无论规模大小,都有各自的一套商务、销售、供应链管理和附带设施。日常经营管理人浮于事,机构重叠,互相推诿,各自为政,数据信息各搞一套,缺乏整体观念,成本居高不下,预测机制难以到位,规划不准,客户服务质量低下,结果造成企业效率无法提高,直到20世纪90年代中叶,欧文斯科宁集团下决心取消500家下属公司各自的软件系统,用单一化的集团电子信息软件平台予以替代,使得原来企业内部各自为政的现象迅速改变。

欧文斯科宁跨国集团非常痛心地发现,被称为企业"原罪"的企业内部货运的额外成本,即所谓内部消耗,在相当长时期内拖累了公司的发展,问题的关键是企业内部的发展不平衡,有的公司经营管理机制太差,与其他先进公司无法匹配。美国迈阿密物流网络服务中心一针见血地指出,美国的供应链管理中,有的非常先进,但是还有一些物流经营人尽管也在高喊"供应链一体化集成管理",至今仍然停留在设想和规划的水平上,具体操作不过是储运公司的一套,连一个像样的供应链联盟也没有,也就是说还没有摸到供应链集成管理的门槛。为此，欧文斯科宁跨国集团加大投资，提高生产力较差的公司制造能力，使其拥有稳定、可靠和持续的企业物流，同时改善规划，加强材料管理，优化生产周期，按时交货，紧缩成本。欧文斯科宁集团的经验是，只要供应链运转正常，就不会出现库存超标或者脱销等现象，企业的经营管理成本必然下降，另外，充分利用企业内部的销售机构职工的积极性，鼓励他们经常与客户深入讨论企业的经营管理方面的业务，也可以提高企业制定长期生产经营管理和规划的质量。

三、信息技术是供应链成本管理的平台

美国物流专家米希尔·波特指出，尽管发展不平衡，但是从功能梯队联合基础上发展起来并且经过20多年变革的供应链管理，已经从整体上进入供应链上各个环节互相联合的成熟阶段。欧文斯科宁集团的供应链管理基本概念是："如何通过供应链的集成管理和各个环节之间的密切配合，找到为公司企业提供最佳物流服务的途径。"

欧文斯科宁集团的电子信息网站在整合建筑材料供应链的成本控制方面发挥了巨大作用，他们原来的正规连锁（或称直营连锁）店耗资很大，成本高，相比之下用电子信息网络连接起来的专卖店就要灵活得多，成本也低得多。建筑材料商品在采购上和配送等方面分为首批采购和日常采购，避免死库存的产生增加成本，同时也加强了专卖店订单的智能化管理，在配发货方面分为代销产品、配货产品和订货产品三块分而治之，做到密切吻合专卖店的要求，从约定数量、订货单管理和控制库存风险各个方面保证质量。在欧文斯科宁集团建筑材料厂商直供方面采用由厂商直接供货和结算，由总部统一负责，在提高工作效率和速度的同时降低了成本费用，减少了资金占用，降低了供应链成本。事实证明，电子信息网站的确是欧文斯科宁集团全球建筑材料制造商获得成功的新法宝。

欧文斯科宁集团把电子信息技术不断更新，赶上供应链发展的步伐，通过电子信息技术与供应方、承运人、客户达到网络数据信息共享。每天产生的数据信息不断通过交换器输送到规划预测网络网站，让企业内部各个部门、客户和托运人分享。由于信息技术的支持，作为制造商的欧文斯科宁集团的经营管理部门可以通过网站与客户商谈定购、发货、货运、仓储和结账等业务，承运人可以通过网站确认运价、对账。通过网络对话，欧文斯科宁集团可以随时与客户做好每一笔交易，物流服务的范围更加广阔，而向纵深发展。速度最快的是欧文斯科宁集团的供应链管理，供应链的实施和超越远洋运输范畴的相关物流活动，通过电子信息技术的支持，欧文斯科宁集团把建筑材料供应链结成一张覆盖全区域乃至全球的网络，欧文斯科宁集团在引进信息技术的同时，不遗余力地简缩企业内的供应链管理成本，这是供应链深入发展和向周边空间扩张的最有意义的举措。

案例分析

（1）欧文斯科宁跨国集团的供应链成本管理是如何实现的？

（2）什么是集成供应链战略？在供应链成本管理中，集成供应链战略发挥了哪些重要作用？

（3）如何发挥信息技术在供应链成本管理中的突出作用？

项目六 供应链管理应用

任务一 体验啤酒游戏

任务目标

- 通过模拟啤酒供应链上制造商、批发商、零售商三个不同节点企业的订货需求变化，认识供应链中需求变异放大现象（"牛鞭效应"）的形成过程，充分理解什么是"牛鞭效应"，分析"牛鞭效应"的产生原因，并找出减少"牛鞭效应"的方法。
- 改变供应链中的相关因素，查看各个角色经营业绩的变化情况，制作出具有说服力的相关图表，提高学生的数理分析能力。
- 培养学生的团队合作精神，提高学生分析问题、解决问题的能力。

任务描述

采用分组的形式，每 4 个学生一组（设组长一名），每个学生扮演供应链上的相关角色。根据供应链上各个角色需求量、订货策略及相关因素的变化计算出各自的经营业绩，制作出具有说服力的相关图表，进而分析出"牛鞭效应"的产生原因，并找出减少"牛鞭效应"的方法，具体进程安排如表 6-1 所示。

表 6-1 啤酒游戏任务进程安排

游戏进程	游戏内容
准备工作	知识回顾
	游戏分组
	卡片制作
	规则说明
	游戏演示

续表

游戏进程	游戏内容
"两天送货延迟,信息不共享"的情况模拟	生成基本数据
	统计各角色每天的订货情况
	计算各个角色的经营业绩并判断经营状况
"一天送货延迟,信息不共享"的情况模拟	生成基本数据
	统计各角色每天的订货情况
	计算各个角色的经营业绩并判断经营状况
"一天送货延迟,信息共享"的情况模拟	生成基本数据
	统计各角色每天的订货情况
	计算各个角色的经营业绩并判断经营状况
分析"牛鞭效应"产生的原因,并找出减少"牛鞭效应"的策略	总结讨论"牛鞭效应"的概念
	分析"牛鞭效应"产生的原因
	寻找缓解"牛鞭效应"的策略
	分析改进后所取得的预期效果
总结任务	总结并完善本游戏任务

一、游戏准备

1. 知识回顾

惠普公司在一个主要零售商那里检查打印机销售情况时发现这个零售商的销售随着时间波动,而当他们检查这个零售商的订单时发现订单的波动幅度比其销售的波动幅度还要大。更让他们吃惊的是,公司打印机生产部向物料供应部提供的订单的波动比前两者的波动都大。这就是"牛鞭效应"的表现。

"牛鞭效应"是经济学上的一个术语,指供应链上的一种需求变异放大现象,是信息流从最终客户端向原始供应商端传递时,无法有效地实现信息共享,使得信息扭曲而逐级放大,导致了需求信息出现越来越大的波动,此信息扭曲的放大作用在图形上很像一个甩起的牛鞭,因此被形象地称为牛鞭效应。

"牛鞭效应"是市场营销中普遍存在的一种高风险现象,是供应链上下游企业在需求预测修正、订货批量决策、价格波动、物料短缺、库存责任失衡和应付环境变异等方面博弈的结果,最终增大了供应商的生产、供应、库存管理和市场营销的不稳定性。

2. 游戏分组

全班学生分组进行,每4个人一组,指定出小组长,并确定每个学生承担的角色(零售商、批发商、制造商、记账员),另外记账员还要承担消费者的角色。

3. 卡片制作

剪裁出24张卡片(不透明),每张卡片写上数字5、6、7、8、9、10中的任何一个,每个数字需有四张卡片。

4. 规则说明（以"两天送货延迟，信息不共享"的情况为例）

（1）每次游戏分轮进行，一轮就代表一天，一次游戏共进行15轮。

（2）每轮都会有顾客到零售商那里去买啤酒。每轮记账员会从卡片中抽一张卡片，卡片的点数在5到10之间，这就是最终消费者购买的啤酒罐数。这张卡片记账员只给零售商看，批发商和制造商是看不到的。当然零售商也要保守秘密，不能告诉其他人。如若违例，取消资格，并影响全组的成绩。零售商从自己的柜台里拿出啤酒来给顾客，然后再决定是否向批发商订货，每轮有一次向批发商订货的机会。零售商以每罐3元的价格卖给顾客，进货价是每罐2元。如果柜台里的啤酒不够的话，就是缺货，需要当作迟延订单处理。也就是说，如果零售商的库存不足以满足客户的需求，那么零售商可以延迟发货，不过对不足的部分，要对客户做出赔偿，每罐一毛钱。如果下一轮还是不够货，就继续顺延，等货到以后再发。零售商下的订单当天不会到货，要过两天才会收到。就是说零售商第一轮下的订单，要到第三轮才会进入零售商的柜台。还有零售商每次向批发商订货要交手续费、运输费，共折合2元一次。

（3）批发商的责任就是卖啤酒给零售商，2元一罐。批发商有一个仓库，每轮都可以从自己的库存中尽可能满足零售商的订单。同时，每轮有一次向制造商订货的机会，订货价是1.5元。不过，所订的货也要过两轮才会到达批发商的仓库。同时批发商也需要负担订货成本，每个订单的运输费以及手续费合计是3元一次。缺货时需要对零售商也要做出每罐一毛钱的赔偿。

（4）制造商或者说是啤酒厂，其他一切条件和规则都和上面一样，唯一不同的是，制造商不是向别人订货，而是自己生产啤酒。当然，由于制造啤酒需要很多车间和各道生产工序，所以，每个轮次下的生产订单也要等两轮才能完工，进入成品仓库。而且，每次启动生产线都有一个启动成本3元，但是制造商的生产量没有限制，也就是说，不管下多大的生产订单，工厂都会如期生产出来。制造商以每个1.5元的价格卖给批发商，而制造商自己的生产成本则是每个1.1元。缺货时也需要对批发商做出每罐一毛钱的赔偿。

（5）仓库里储存啤酒也是有成本的，这个成本包括：资金占用成本、仓库租赁费、管理费、雇员的工资等所有的一切费用。零售商的仓储成本按每天每罐啤酒一毛计算；批发商因为仓库比较大，有规模效益，所以每天每罐啤酒的仓储成本是两分；制造商的厂房在郊区，面积最大，而且资金的机会成本相对较低，所以每天每罐啤酒的仓储成本只需要一分。还有在途的货物，就是那些已经下了订单，但是还没有来得及送到的货物，也作为订货者的存货计算存储成本。当然，其数量不一定就是订货量，可能因为供应商发生缺货，不能全部满足订单，只发了一部分啤酒。

（6）游戏开始时，零售商、批发商和制造商都有30罐啤酒的库存，而游戏结束时每个角色也会有结余的库存，记账员要把结余的库存作价50%清算掉，然后把亏损记录到毛利中。游戏参与者必须记录每轮自己的销售和库存情况，记账员据此来计算每个角色各自的利润。

总之，所有角色都是独立的企业，目标是使自己的利润最大化，也就是收入和成本的差值最大化。

5. 游戏进程

（1）按照"两天送货延迟，信息不共享"的情况玩一次游戏，在游戏过程中完成相关基本数据的收集，并完成相关的表格，绘制出相应的曲线图，分析出"牛鞭效应"。其次，根据所收集到的基本数据完成各个角色经营业绩的计算,判断出经营业绩的好坏,并能从中分析出相应的原因。

(2)按照"一天送货延迟,信息不共享"的情况再玩一次游戏,收集基本数据,完成相应的表格,绘制出必要的曲线图。另外,把各个角色的经营业绩和"两天送货延迟,信息不共享"的情况进行比较,看看有哪些方面得到了改进,并能从中分析出相应的原因。

(3)按照"一天送货延迟,信息共享"的情况玩最后一次游戏,收集基本数据,完成相应的表格,绘制出必要的曲线图。另外,把各个角色的经营业绩和"一天送货延迟,信息不共享"的情况进行比较,看看有哪些方面得到了改进,并能从中分析出相应的原因。

(4)在进行每次游戏(总共进行三次不同情况的模拟)的时候,小组成员可互换角色,加深对整个供应链的了解。

6. 游戏演示

由老师选一组学生到讲台上来,按照此次游戏的要求把"两天送货延迟,信息不共享"的情况给大家演示一遍。

消费者的消费量由老师在一副卡片中把所有的 5、6、7、8、9、10 拿出来用于产生消费数据,即随机抽取其中的一个,并仅给零售商看。进行 15 轮后,游戏结束。

演示完成后,进行必要的讨论,需要注意的是:①"信息不共享"指的是,消费者的需求信息只能给零售商看,零售商的需求信息只能给批发商看,批发商的需求信息只能给制造商看。② 每个人要有自己的订货策略,如:定时订货,定量订货等,鼓励每个参与者自行决定自己的策略(但不要公开)。③"信息共享"指的是,消费者的需求信息不仅是零售商知道,而且批发商、制造商都知道,零售商、批发商和制造商可共同制定相应的订货策略。④ 因各角色的经营并不是只有 15 天,所以为能更贴近实际,所以基本数据可收集到第 18 天,但经营业绩只需要统计前 15 天的数据。

7. 生成基本数据及计算各个角色的经营业绩

基本数据统计项目及计算说明如表 6-2、表 6-3 所示,经营业绩统计项目及计算说明如表 6-4、表 6-5 所示。

表 6-2　基本数据统计项目及计算说明(一)

统计项目	计算说明
客户需求	零售商的客户需求随机产生(一个随机产生的介于 5 到 10 之间的数);批发商的客户需求是零售商的订货量;制造商的客户需求是批发商的订货量
延迟销售	max[客户需求 − 现有库存(上一轮) − 途一(上一轮) + 延期销售(上一轮),0]
现有库存	max[现有库存(上一轮) + 途一(上一轮) − 客户需求 − 延期销售(上一轮),0]
订货量	零售商、批发商和制造商自行决定
供应商延迟供货	供应商未能满足的订货量

表 6-3　基本数据统计项目及计算说明（二）

统计项目		计算说明
"两天送货延迟,信息不共享"的在途库存	途一	途二(上一轮)
	途二	零售商:min[订货量,批发商现有库存(上一轮)]
		批发商:min[订货量,制造商现有库存(上一轮)]
		制造商:生产量
"一天送货延迟,信息不共享"及"一天送货延迟,信息共享"的在途库存	途一	零售商:min[订货量,批发商现有库存(上一轮)]
		批发商:min[订货量,制造商现有库存(上一轮)]
		制造商:生产量

表 6-4　经营业绩统计项目及计算说明（一）

统计项目	计算说明
延迟销售赔偿标准	零售商、批发商、制造商均为 0.1 元/(罐·天)
订单(生产)成本	零售商:2 元/次
	批发商:3 元/次
	制造商:3 元/次
仓储成本	零售商:0.1 元/(罐·天)
	批发商:0.02 元/(罐·天)
	制造商:0.01 元/(罐·天)
买入价	零售商:2 元/罐
	批发商:1.5 元/罐
	制造商:1.1 元/罐
卖出价	零售商:3 元/罐
	批发商:2 元/罐
	制造商:1.5 元/罐

表 6-5　经营业绩统计项目及计算说明（二）

统计项目	计算说明
总计延迟销售	各角色 15 轮的延迟销售之和
延迟销售赔偿金额	总计延迟销售×延迟销售赔偿标准
订单(生产)次数	15 轮游戏结束时总计下订单的次数
总计订单(生产)成本	订单(生产)成本×订单(生产)次数
总计库存	包括在途和在库的总库存(不包括最后一天的在途和在库的产品)

续表

统计项目	计算说明
总计库存成本	包括在途和在库的总库存所消耗的成本（不包括最后一天的在途和在库的产品），即总计库存×仓储成本
订货（生产）总量	各角色15轮的订货（生产）量之和
销售总成本	订货总量×买入价
销售总量	各角色15轮的客户需求量之和
销售额	销售总量×卖出价
剩余库存	最后一天的现有库存与在途库存之和
清算成本	剩余库存×买入价
清算收入	剩余库存×卖出价/2
毛利润	销售额+清算收入－销售总成本－清算成本＋供应商延迟销售赔偿金额
净利润	毛利润－库存成本－订单成本－延迟销售赔偿金额

8. 曲线图的重要性

曲线图是一种进行数据分析的常用工具，现在常用电脑完成。把收集到的数据转换成相关的曲线图，能更直观、清楚地反映出问题的实质，对于我们分析问题、解决问题能提供很大的帮助。常见的曲线图有折线图（如图6-1所示）、柱形图（如图6-2所示）。

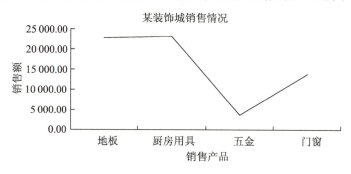

图6-1　折线图示例

图6-2　柱形图示例

二、"两天送货延迟,信息不共享"的情况模拟

1. 收集基本数据

(1) 零售商的表格。

第____组							零售商:_____
轮次	客户需求	延迟销售	现有库存	途一	途二	订货量	批发商延迟供货
初始值	0	0	30	0	0	0	0
1							
2							
3							
4							
5							
6							
7							
8							
9							
10							
11							
12							
13							
14							
15							
16							
17							
18							

(2) 批发商的表格。

第____组							批发商:_____
轮次	客户需求	延迟销售	现有库存	途一	途二	订货量	制造商延迟供货
初始值	0	0	30	0	0		
1							
2							
3							

续表

轮次	客户需求	延迟销售	现有库存	途一	途二	订货量	制造商延迟供货
4							
5							
6							
7							
8							
9							
10							
11							
12							
13							
14							
15							
16							
17							
18							

（3）制造商的表格。

第_____组　　　　　　　　　　　　　　　　　　　　批发商：_____

轮次	客户需求	延迟销售	现有库存	途一	途二	订货量
初始值	0	0	30	0	0	0
1						
2						
3						
4						
5						
6						
7						
8						
9						
10						
11						
12						

续表

轮次	客户需求	延迟销售	现有库存	途一	途二	订货量
13						
14						
15						
16						
17						
18						

2. 统计各个角色每天的订货（生产）情况，并绘制出其曲线图，分析出"牛鞭效应"

订货量		轮次														
		1	2	3	4	5	6	7	8	9	10	11	12	13	14	15
角色	零售商																
	批发商																
	制造商																

3. 统计各个角色的经营业绩

第_____组														记账员：_____
姓名	总计延迟销售	延迟销售赔偿金额	订单（生产）次数	总计订单（生产）成本	总计库存	总计库存成本	总订货（生产）量	销售总成本	销售总量	销售额	剩余库存	清算成本	清算收入	毛利润	净利润
供应链净利润总计：															

4. 判断各角色经营业绩的好坏，并分析原因

三、"一天送货延迟，信息不共享"的情况模拟

1. 收集基本数据

（1）零售商的表格。

第_____组						零售商：_____
轮次	客户需求	延迟销售	现有库存	途一	订货量	批发商延迟供货
初始值	0	0	30	0	0	0
1						
2						

续表

轮次	客户需求	延迟销售	现有库存	途一	订货量	批发商延迟供货
3						
4						
5						
6						
7						
8						
9						
10						
11						
12						
13						
14						
15						
16						
17						
18						

（2）批发商的表格。

第_____组　　　　　　　　　　　　　　　　　　　　　　　　批发商：_____

轮次	客户需求	延迟销售	现有库存	途一	订货量	制造商延迟供货
初始值	0	0	30	0	0	0
1						
2						
3						
4						
5						
6						
7						
8						
9						
10						
11						

续表

轮次	客户需求	延迟销售	现有库存	途一	订货量	制造商延迟供货
12						
13						
14						
15						
16						
17						
18						

（3）制造商的表格。

第_____组　　　　　　　　　　　　　　　　　　　　　　　　　　　　批发商：_____

轮次	客户需求	延迟销售	现有库存	途一	订货量
初始值	0	0	30	0	0
1					
2					
3					
4					
5					
6					
7					
8					
9					
10					
11					
12					
13					
14					
15					
16					
17					
18					

2. 统计各个角色每天的订货(生产)情况,并绘制出其曲线图,判断"牛鞭效应"是否减小

订货量		轮 次														
		1	2	3	4	5	6	7	8	9	10	11	12	13	14	15
角色	零售商																
	批发商																
	制造商																

3. 统计各个角色的经营业绩

第_____组　　　　　　　　　　　　　　　　　　　　　　　　　记账员:_____

姓名	总计延迟销售	延迟销售赔偿金额	订单(生产)次数	总计订单(生产)成本	总计库存	总计库存成本	总订货(生产)量	销售总成本	销售总量	销售额	剩余库存	清算成本	清算收入	毛利润	净利润

供应链净利润总计:

4. 经营业绩比较

与"两天送货延迟,信息不共享"情况下的经营业绩进行比较,看看有哪些方面得到了改进,并能分析出相应的原因。

四、"一天送货延迟,信息共享"的情况模拟

1. 收集基本数据

(1) 零售商的表格。

第_____组　　　　　　　　　　　　　　　　　　　　　　　　　零售商:_____

轮次	客户需求	延迟销售	现有库存	途一	订货量	批发商延迟供货
初始值	0	0	30	0	0	0
1						
2						
3						
4						
5						
6						
7						

续表

轮次	客户需求	延迟销售	现有库存	途一	订货量	批发商延迟供货
8						
9						
10						
11						
12						
13						
14						
15						
16						
17						
18						

（2）批发商的表格。

第_____组　　　　　　　　　　　　　　　　　　　　　　　　批发商：_____

轮次	客户需求	延迟销售	现有库存	途一	订货量	制造商延迟供货
初始值	0	0	30	0	0	0
1						
2						
3						
4						
5						
6						
7						
8						
9						
10						
11						
12						
13						
14						
15						
16						
17						
18						

(3) 制造商的表格。

第_____组　　　　　　　　　　　　　　　　　　　　　　　　批发商：_____

轮次	客户需求	延迟销售	现有库存	途一	订货量
初始值	0	0	30	0	0
1					
2					
3					
4					
5					
6					
7					
8					
9					
10					
11					
12					
13					
14					
15					
16					
17					
18					

2. 统计各个角色每天的订货（生产）情况，并绘制出其曲线图，判断"牛鞭效应"是否减小

订货量		轮次														
		1	2	3	4	5	6	7	8	9	10	11	12	13	14	15
角色	零售商																
	批发商																
	制造商																

3. 统计各个角色的经营业绩

第_____组　　　　　　　　　　　　　　　　　　　　　　　　　　　　　记账员：_____

姓名	总计延迟销售	延迟销售赔偿金额	订单(生产)次数	总计订单(生产)成本	总计库存	总计库存成本	总订货(生产)量	销售总成本	销售总量	销售额	剩余库存	清算成本	清算收入	毛利润	净利润
供应链净利润总计：															

4. 经营业绩比较

与"一天送货延迟，信息不共享"情况下的经营业绩进行比较，看看有哪些方面得到了改进，并能分析出相应的原因。

五、揭示"牛鞭效应"的原因，并找出减少"牛鞭效应"的策略

1. 总结讨论"牛鞭效应"的概念

各小组成员讨论什么是"牛鞭效应"。

2. 分析"牛鞭效应"产生的原因

根据所收集到的数据及完成的图形，查询资料，并根据游戏的模拟情况，分析出"牛鞭效应"产生的一些原因。

3. 寻找缓解"牛鞭效应"的策略

针对所找出的原因，提出一些减少"牛鞭效应"的策略或方法。

4. 采用改进策略后所产生的效益

分析采用以上策略后，会对零售商、批发商和制造商产生什么效益。

六、总结任务

小组成员补充并完善各小组的任务，然后由教师借助电脑完成所有小组的数据输入工作，并对各小组的完成情况进行总结。

任务二　赏析新零售下的新物流

任务目标

- 了解新环境下的一些新概念
- 理解新零售与新物流的内涵
- 理解新零售与新物流的关系
- 理解新物流的实施措施

任务描述

经过前些年的全速前行,由于互联网和移动互联网终端大范围普及所带来的用户增长以及流量红利正逐渐萎缩,传统电商所面临的增长"瓶颈"开始显现;相对于线下实体店给顾客提供商品或服务时所具备的可视性、可听性、可触性、可感性、可用性等直观属性,线上电商始终没有找到能够提供真实场景和良好购物体验的现实路径。2016年10月,马云在杭州云栖大会开幕式上的演讲中说道:"纯电商时代过去了,未来十年是新零售的时代,未来会是线下、线上、物流结合的'新零售'模式。物流的本质不是快,而是降库存。只有线下、线上、物流真正结合,才能为企业带来更多收益。"那么,什么是新零售呢?它又催生出怎样的新物流呢?这对供应链又提出了什么新的要求呢?

知识链接

一、新零售的概念

在创新驱动发展战略的引领下,中国各行业的新技术、新模式、新业态不断涌现。其中,新零售更是成为近年来的最热话题,在新零售背景下,线上企业、线下传统消费品及零售企业以及跨界企业的巨头都在积极尝试探索。

在"新零售"概念的多种描述中,"以消费者体验为中心""以数字化为核心驱动力"是其最重要的两个特征。在零售业态的革新、线上线下结合的背后,是消费及零售行业商业模式的再造、物流与供应链运营的革命,而这一切都离不开以消费者为中心和数据驱动两个核心理念。

(一)以消费者体验为中心

新零售的最大改变莫过于"以消费者为中心"。对比传统零售时代,消费者的消费诉求改变巨大,正从过往以追求产品功能为核心的购买诉求向通过购买产品追求生活体验的诉求演进。通过对消费者的研究发现,消费者需求的变化正在形成新的趋势,并对零售市场的参与者提出新要求。

1. 高效便捷

对于消费者来说,不仅购买的商品本身十分重要,购买的场景、过程等体验同样被看重,消费者希望能够在任何时间和场景中都享受到高效便捷的购物体验。

2. 个性化

消费者的个性化需求要求零售市场的参与者能够更加理解消费者,为不同的消费者提供所需的商品和服务,并最终实现千人千面。

3. 独特体验

消费者不仅需要像"双11""6.18"这样的大众消费节日,他们同样也需要独特的体验来纪念和分享人生中的特别时刻。

随着消费者的消费习惯走向多元化、随意化、消费体验智能化,"以消费者为中心"的思想必将重塑零售业格局,并将引导商业业态、商业模式、供应链、商业流通等走向更高效的形态,如图6-3所示。

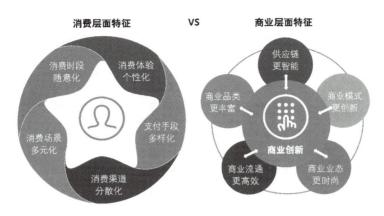

图 6-3　新零售商业层面的影响

（二）以数字化为核心驱动力

数字化是新零售的核心驱动力，重塑产业生态链，最终从 B2C 转型为 C2M。在这一过程中，传统的由内至外的供应链顺序将被颠覆，企业的研发、生产、营销、物流等活动都将以客户数据作为驱动力和决策依据，要求企业对全价值链进行数字化的改造，包括对大数据、新技术、新平台、新金融和新制造等的全面升级，将重塑供应链各环节，具备创新能力企业将占领先机，如图 6-4 所示。

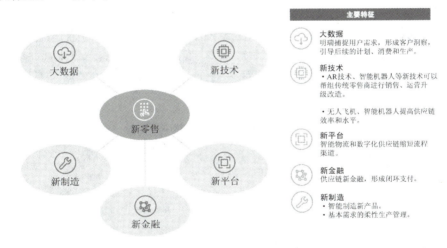

图 6-4　新零售维度与特征

二、供应链物流成为升级关键

在推进新零售发展的过程中，供应链物流作为联系线上线下的重要纽带，将促使电商与线下实体商业由原先的相互独立甚至冲突，走向混合、融合，推动强化客户体验以及效率提升为主的新零售模式。

目前，线上企业、线下传统零售企业以及跨界企业的巨头都在积极尝试探索新零售，如图 6-5 所示：以亚马逊、阿里巴巴为代表的线上巨头依托其技术和数据优势，布局线下，结合线下与线上增强客户黏性；以永辉超市与沃尔玛为首的传统线下企业，利用其线下资源与入口，将消费者引流至线上，全面升级消费者体验；而其他新零售的尝试者如顺丰，利用物流在线上线下结合链条中的优势，逐步开始战略布局新零售。

新零售参与者	代表企业	代表项目	新零售模式特点
线上企业拓展线下业务	amazon	Amazon Go	·技术和数据优势。 ·布局线下,掌握终端入口资源。 ·线下+线上互动,增强客户粘性。 ·供应链平台化支持线下业务。
	阿里巴巴	盒马鲜生	
传统线下零售企业往线上走	Bravo永辉	永辉超级物种	·线下SKU品类管理、网络终端和强大的供应商资源。 ·依托既有线下入口,将线下消费者引流至线上,消费者体验升级。 ·借助第三方供应链。
	Walmart	沃尔玛O2O	
独具优势的跨界企业	SF EXPRESS 顺丰速运	顺丰优选	·在链条中有强大的优势,如物流。 ·契合新零售特点的资源优势。 ·战略布局新零售。

图 6-5　各类企业在新零售领域的探索

围绕着新零售业务模式,各企业正在积极构建全新的端到端物流模式,提高效率。以生鲜超市为例:在货源上采取货源地直采和海外直采为主,保证其食材质量;销售模式采取线上线下全渠道融合的多功能门店模式(OAO模式),门店集展示、销售、仓储、分拣、配送为一体,提升线下消费者体验、加快分拣速度;支付端采用线下扫码,线上 App 购物的模式,高效收集客户数据;末端配送采取自建配送团队与第三方物流结合的方式,保证 5 千米范围内订单的 30 分钟送达。

然而,新供应链物流的建设并非一蹴而就,从计划、网络、仓储到配送等仍然面临诸多挑战,如图 6-6 所示。例如,物流计划需要对社区、个人客户有更精准的感知;在网络布局层面,需要兼顾零售和仓储配送,并满足高频次、紧急、低规模效应的订单需求;同时,末端仓储还面临着极高的租金成本;最后,末端配送的波动性大、服务水平难以控制。

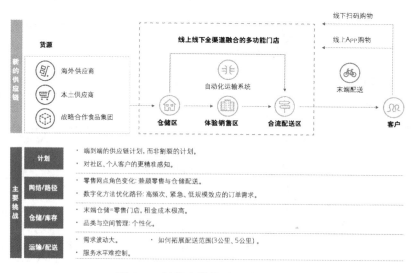

图 6-6　新供应链物流面临的挑战

开展线上线下加供应链物流深度融合的新零售已是毋庸置疑的趋势,而如何加强供应链管理、提升现有物流服务水平则成为下一待解决的主要课题——构建新物流,如图 6-7 所示。从企业的需求角度而言,新物流需要进行销售预测和库存管理,消灭库存,降低物流成本;从消费者的体验需求出发,新物流需要满足消费者个性化、碎片化需求,商品更加精准快速送达,提供体验式服务;从数字化的角度出发,新物流需要基于行业全链条的大数据向智能化、自动化优化升级,利用智能化设备实现智能仓储、智能运输、智能物流等全方位服务。

图 6-7　各方新物流需求

三、以消费者为中心重塑物流新格局

新零售对消费品、消费行为、消费场所进行了重新定义和塑造,在这种新的趋势下,消费端对包括物流在内的整体消费体验有了更多元、更具象化的升级需求,包括以消费者为中心的消费模式、品质更好的消费商品、体验更佳的消费过程、更高的性价比以及更快的物流,如图 6-8 所示。

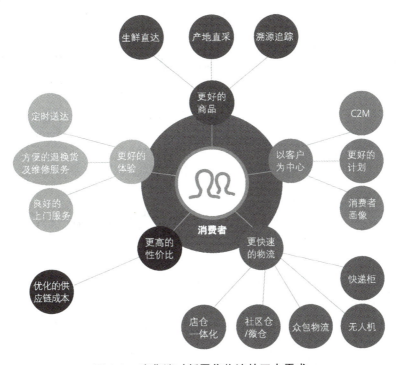

图 6-8　消费端对新零售物流的五大需求

(一）以客户为中心的物流模式

1. 消费者画像

消费者画像是指以消费者档案为核心构建内容,通过分析消费者的基础信息、购物行为以描绘其特征画像。掌握客户消费行为特征,不仅能用来指导营销,更能用于匹配运力和订制物流服务体验,如图6-9所示。战略层面,企业需要基于客户细分和品牌价值、依据企业自身的特点展开企业营销战略的制定。品牌建设层面,需要根据客户洞察数据,制定整体的全线品牌分类以满足预测的潜在客户需求。定价和营销方面,要合理制定定价策略以获取最高利润;针对不同种类顾客、分别在各自适合的渠道推广个性化营销内容。同时,要通过个性化陈列与服务,了解客户消费购物习惯、建立最有效的线下商品陈列方式及网页/移动端商品陈列,激发顾客消费欲望。

具体到物流领域,一方面物流企业需要基于对客户理解设计物流服务(例如对送货时间的选择)及配送方式(上门、快递柜、自提等),提升客户体验;另一方面,需求预测和机动性物流能力成为重要议题,如果能基于对客户需求的理解和预测,提前预备库存和配送运力,将极大程度地助推物流提速。

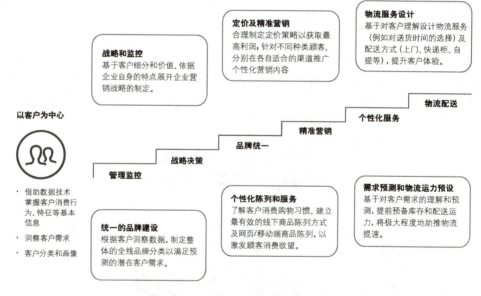

图6-9 以客户为中心的消费者画像

2. 基于需求链的高效供应链

除了对消费者进行画像外,还应推行以客户为中心的需求链数据管理,指导科学预测、准确备货及高效的供应链,如图6-10所示。

3. 生产模式由B2C转向C2M

区别于传统生产模式和纯电商模式,新零售时代的C2M,从客户需求出发,掌握客户数据,重塑生产链,满足客户个性化和定制化需求。

传统模式的B2C以生产企业为中心,推行大规模、标准化流水线生产,经过研发、采购、生产、销售、服务等环节,只在终端环节面向用户,供应链缺乏协同,容易导致产能过剩等问题。

客户画像	需求预测	产品和服务	生产	配送	销售
• 借助数据技术掌控客户消费行为、行征等基本信息 • 洞察客户需求 • 客户分类和画像	• 基本客户数据进行精准的需求预测 • 前瞻预测需求	• 提前配置产品和服务资源 • 提供针对性的产品和服务，满足客户差异化需求	• 柔性生产 • 大规模定制和小范围定制	• 通过大数据、人工智能优化供应链仓储布局，配送网络 • 靠近客户满足快速送达需求 • 提前备货，就近发货	• 线上线下全渠道销售 • 线上线下融合 • 无库存销售及库存透明化

图 6-10　以客户为中心的基于需求链的高效供应链

电商模式的 B2C 通过互联网直达客户（例如淘宝、京东商城等），利用规模集中化的平台节约中间成本，消费者选择更多样、更便捷，平台能够基于消费者数据反推生产、采购和研发需求，但这种模式的本质仍然是"卖库存"。

而 C2M 模式下，生产者直接由底层数据驱动自动化加工，满足消费者个性化需求，如图 6-11 所示。

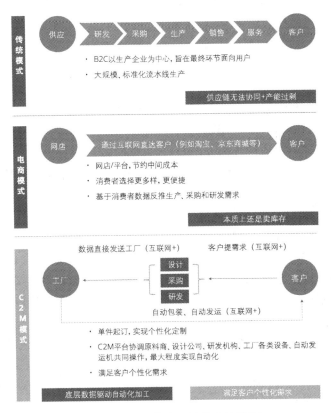

图 6-11　C2M 模式下的供应链协同

在 C2M 的模式下，生产者将能够满足低至单件起订的消费者需求，实现最大程度的个性化定制。同时由 C2M 平台协调原料商、设计公司、研发机构、工厂各类设备、自动发运机共同操作，最大程度实现自动化。

(二)更好的商品:产地直采+生鲜直达+产品溯源

随着消费升级全面展开,消费者对商品本身质量的要求正逐步提升。越来越多的企业在试水新零售时尝试采取产地直采、海外直采等模式保证商品品质。而在全球生鲜产品直采直达的新业务中,物流成了整条链上最重要的一步。其作用主要体现如下几个方面:首先,大型物流企业通过自有和合作加盟的全球化物流网络,在仓储、运输、通关等环节体现出强大的整合能力;其次,物流企业利用全球触点进行采购,可以获取更好的产品和更优的价格;最后,大型、优质的物流企业和透明的物流运作可以作为产品品质的品牌背书。在这一过程中,通过物联网等技术实现的产品溯源和物流全程可视化功能将提升品牌商对供应链的全程掌控和纠错能力,同时加强消费者对产品的信任感。

(三)更好的体验:逆向物流和售后服务

随着消费者更加全渠道、多样化消费,构建逆向物流和售后服务能力正成为开展新零售必不可少的一环。

逆向业务是指从消费者到卖家/厂商的物流业务,主要涵盖商品退换货和维修件返修。退换货以网购件退换货为主,如服饰鞋包、3C家电、化妆品等,对时效性要求偏低;维修件返修包括高价值的中小型3C数码产品、服饰箱包、首饰手表等,维修件返回商家后还会寄回到同一消费者处。随着网购规模扩大及电子产品更新换代速度加快,逆向物流和售后服务成为新零售的新需求。

应对这种日益增长的需求,新零售企业需建立起逆向业务和售后物流能力。

① 提供上门取件服务、管理智能标签提升客户满意度、提供维修完成后的发件和取件通知,提高自身服务对消费者的便利性;

② 提供限时取件、加急运送等服务,提升服务的时效性;

③ 对高价值物品提供安保加强服务、建立完善的保价与专业理赔机制,确保服务的安全性。

(四)更高的性价比:优化的供应链成本

新零售模式下物流碎片化、多样化和急速送达等服务将增加物流成本,需要通过智慧物流、资源共享和效率提升实现物流成本的下降。

当前中国的物流成本总体比重较高,物流载具和基础设施的利用效率仍有较大提升空间。此外,碎片化、多样化和急速送达等服务需求,进一步增加了物流成本。

而降低物流成本的有效方式主要来自三个方面:

① 借助无人机、末端配送机器人、仓内拣货机器人、新式扫码标枪等智能设备,物流企业有望进一步减少人工、降低成本;

② 通过闲置运能和仓储空间共享、平台资源共享、社会力量共享、数据共享等手段,各方资源将得到最大程度的高效整合;

③ 通过优化物流路径、改善内部流程等方式,提升运营效率。

(五)更快速的物流:抢占最后一千米

最后一千米是新零售模式下的重要节点,领先实践者正通过店仓一体化、智能柜、微仓、众包快递等方式,解决新零售模式下的最后一千米难题,实现更快速地配送。

1. 店仓一体化

店仓一体化是指门店集展示、仓储、分拣配送为一体，通过引入自动化物流设备、电子标签和终端配送提高配送效率，满足客户快速体验需求。门店货架即为线上虚拟货架提升消费者体验，一般可保证 5 千米 30 分钟急送服务，如图 6-12 所示。

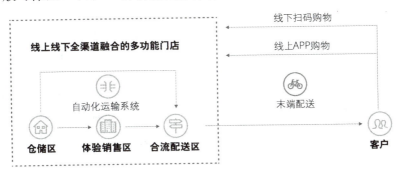

图 6-12 店仓一体化模式的产品流向示意图

在店面内，通过电子标签、自动化合流区实现店内分拣。在配送端，依靠自营及合作物流团队，保证门店经营半径 5 千米线内订单 30 分钟送货到家。

仓店一体化一方面可以提升客户体验，但另一方面，该模式对仓储面积要求较大，在核心 CBD 的租金成本将会上涨；自建配送队伍成本较高；配送范围难以拓展，超过五千米半径将无法承诺时效及服务水平，而如果引入第三方合作则难以控制其管理服务水平。

2. 社区仓/微仓

社区仓/微仓指的是一种仓储前置的手段。举例来说，生鲜行业长期存在着损耗严重、产品非标准化、冷链物流成本居高不下以及高频低价等问题，而物流问题是其中关键。布局微仓（前置仓）已经成为生鲜电商行业提高配送效率、降低成本的一种重要措施。

3. 快速配送到宅：众包物流

众包物流是对现有配送方式最灵活的补充，可缓解快递人员稀缺难题，但面临人员稳定性等挑战。众包物流的运作流程为：发件人通过 App 发布订单，软件自动核算快递费用，自由快递人抢单，成功派送后获得报酬。众包物流能够整合闲置资源，能够有效应对月均快递业务量变化，潜在配送员众多。但目前这一领域监管机制不健全，行业仍处于无序期，行业壁垒低，可复制性强、竞争激烈，配送队伍整体参差不齐，服务质量无法保证，用户体验和产品安全也难以保证，且人员主要为兼职，稳定性不高，难以确保运力可持续。

4. 快速配送到宅：快递自提点

快递自提点已经是现阶段较为完善的配送方式，短期有望成为主流的配送方式，将占据较大的市场份额。目前快递自提点主要有自建和加盟两种模式：以菜鸟驿站为代表的采取加盟模式，联合社区中便利店，商户加盟的边际成本为零，能迅速增加店铺流量并收取收入，但可控性不强；以京东自提点和顺丰到家为代表的采取自建模式，企业出资挑选人口密集区域设点，成本更高但服务品质更有保障。

快递自提点节省人力、全天候，取件不受时间限制；客户自提，信息隐私安全得到保障；借助便利店、超市的标准化和集中化，实现物流配送的标准化和集中化。但另一方面，自建方式盈利模式尚不清晰，加盟商户类型丰富，服务质量难以保证，加盟难以进行标准化复制；

目前的宣传并不得力,虽功能实用,但缺乏消费者知晓度,遭遇认知尴尬。

5. 快速配送到宅:智能快递柜

智能快递柜被认为是最有效的末端快递配送替代方案,如图6-13所示,电商平台、快递企业和第三方平台多方参与,已形成一定的规模,但盈利模式仍有待明确。

智能快递柜是行业未来布局重点,也是最后一千米配送优化的重点。快递柜所承接的包裹量占总包裹的比重正在逐年递增。未来,智能快递柜将作为社区生态圈的接入口,连接社区各种增值服务。智能快递柜调动多方参与,电商系(京东、阿里)、物流系(蜂巢)、第三方平台(速递易)等均涉足这一领域,目前初步形成了规模基础。

然而智能快递柜行业已经面临竞争激烈、租金成本高、收费端收费下降等挑战。一些小区物业一套智能柜租金由2 000元上涨到8 000元,而收费端过度竞争使得收费下降,原本0.5元收费甚至降到免费。受制于社区孤岛,设备之间难以形成联动效应,仅凭智能快递柜内嵌的增值服务,难以在短期内实现盈利。

图6-13　智能快递柜的功能集成示意图

四、以数字化为主题实现供应链物流跨越升级

从企业供应链角度来看,新零售是针对传统多级分销体系的颠覆式创新。在此过程中,催生了供应链物流三个方面的新需求,即(1)物流需要更加贴近终端、直面消费者;(2)需要将自身库存降至最低;(3)需要提高物流响应速度。

（一）整合供应链

过去的模式下,品牌企业借助规模经济效应,降低运输成本,同时广泛与批发商、零售商合作,形成范围效应,促使产品更便利地到达消费者手中。然而,在这一传统的价值链模式下,由于批发、零售、物流都由第三方负责,实际上品牌商直接接触消费者的机会相当有限,无法敏锐地把握消费者的需求与动态。同时,由于渠道内的第三方能力参差不齐,导致对最终端的交付水平无法保障,同时存在各种信息孤岛,例如,渠道库存、货物流向等信息的模糊都会对品牌企业的业绩和战略判断造成很大影响。

但在新零售的趋势下,其终极模式为一部分企业由生产中心转型为设计中心,实物的产品往往从供应商直达消费者手中,这一套直通直达的物流环节,改变了企业端对物流的诉求,如图6-14所示。

现实中,尽管销售渠道的整合尚未全面展开,领先的品牌企业已逐步尝试对下游的供应链进行整合来提高端到端供应链的透明度与服务水平。例如,某电子消费品企业,花了数年时间对下游供应链进行整合,自建了30家以上的区域集中配送中心来替代分散的一级、二级经销商的物流体系。新建区域配送中心内的库存仍然属于经销商,进行虚拟库存所有权转移与调配,省去了诸多物理流通环节,使从集中式区域配送中心直接递送至零售终端成为可能,并且简化了信息反馈闭环流程。

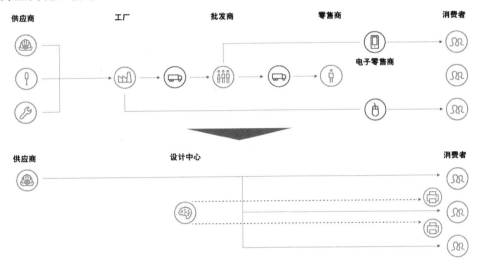

图6-14 产品流通路径的演变

(二) 从静态到动态

同时,除原有B2B业务外,由于B2C业务的加入,传统的、以孤岛形式静态管理各级库存及运输线路的供应链结构面临极大挑战,未来将初步实现库存之间、线路之间的动态调配。

在传统的静态管理模式下,单线货量大、货量稳定、可预见性高、订单频次低;库存和路线规划完全静态,分拨中心库存相对独立管理(或由不同3PL管理),协同性低,分拨中心之间的库存调配少,且调配费用高,库存管理和运输管理经常由不同3PL负责,如图6-15所示。

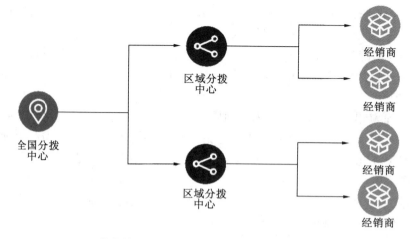

图 6-15　静态管理模式下的业务需求特点与供应链管理特点

而在动态调配模式下,由于 B2C 业务的加入,订单量可预见性降低,订单频次升高,B2C 单线货量小;库存和路线更需要动态规划,不同分拨中心统一管理,分拨中心库存与运输统一管理,分拨中心之间能够频繁调货,且调货成本低,如图 6-16 所示。

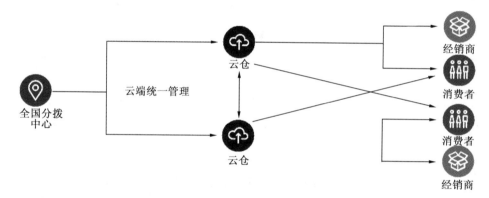

图 6-16　动态调配模式下的业务需求特点与供应链管理特点

（三）供应链平台

为应对企业端的物流需求,行业逐渐涌现出新的业务形态,即第三方贸易和供应链物流平台。依托数据和供应链资源,平台为众多中小零售店提供货品物流支持,实现直达消费者和降低库存的目标。通过聚合数百万门店数据,平台可以精确了解终端消费者需求,从而指导采购和物流配送,剔除冗余中间商、分销商环节。贸易平台不仅起到自主订货、库存管理和收银结账的功能,也是财务报表的中立记账者,同时也可作为线上业务的营销工具,如图 6-17 所示。

项目六 供应链管理应用

图 6-17 第三方贸易平台协助新零售物流

对于厂商而言,通过向平台进行产品直供,可以提高商品流转效率、防伪防串货;平台可以对进销存进行实时监控,且物流配送服务可以触及全国五六级城市及农村地区,远高于传统渠道的覆盖度。对于零售商而言,平台配合小型零售商设计和执行促销活动,提供海报、终端物料,部分起到聚流价值,地勤工作人员提供终端陈列指导,促销、选品指导等。

除了贸易和供应链物流综合平台之外,也将出现第三方大物流平台打造面向全社会的物流履约平台,以数据和服务帮助 B 端企业直面消费者和降低库存,如图 6-18 所示。

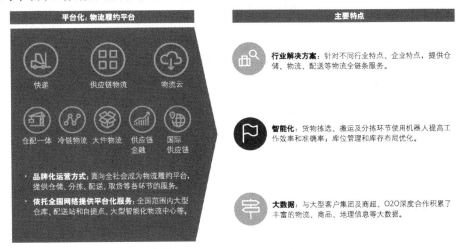

图 6-18 物流履约平台的运营特点

(四)数据驱动

数据驱动的供应链模式下,通过全供应链库存数据共享,打通上下游的采购订单预测、生产订单预测、销售和客户订单预测,实现需求、库存、供应的平衡,供应链任一环节可以通过上下游订单和需求数据合理安排库存,最终的目标是通过加强库存的透明管理,实现消灭库存,如图 6-19 所示。

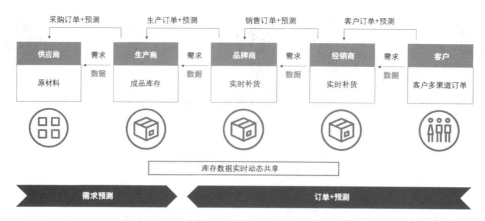

图 6-19　数据驱动的供应链中的数据流向

针对生产制造环节,打造数字化智能制造解决方案,能够大幅度缩减生产周期,提高对消费者响应速度。

以哈雷戴维森为例,这家提供 1 200 余种客户定制方案的企业遇到的问题是:老车间定制化生产过程复杂,需花费 20 多天的时间;由于每辆车都不相同,工人必须不停地调整工作,因为根本无法预知装配线上下一件产品是什么,这导致效率极低。对此,哈雷戴维森决定利用数字化的制造系统打造全面纵向整合的新工厂。

具体而言,哈雷戴维森利用高度网络化及数据驱动的制造工艺自动引导车辆,使工厂对个性化订单做出灵活响应,并可迅速调整制造设备;采用物联网的网络化制造系统,不仅可提供一系列为客户量身定制的方案以满足他们独特的需求,还可缩短生产时间;并且,新工厂允许哈雷戴维森不出工厂便可生产出完全量身定制的车辆,这是前所未有的,并对现有模具制造商带来重大冲击,使他们丧失了很大一部分业务。

在实施智能制造解决方案后,哈雷戴维森的运营效率实现了全方位的改进,体现在:

(1) 生产周期下降了数个数量级,客户定制车辆在新工厂仅需 6 小时完成,而以前要用 21 天完成;

(2) 产能提升了13%,生产一辆摩托车的时间从 89 秒降低到 79 秒,摩托车产能从每小时 40 辆增加到 46 辆;

(3) 固定资产生产率提升了 57%,工厂布置发生改变,过去分布于 41 栋建筑内的 13.94 万平方米的工厂变为分布于 2 栋建筑内的 6.04 万平方米的工厂(一间用于制造,并留有扩建余量,另一间用作仓库);

(4) 人员费用节省了 1 亿美元/年,由 1 968 名临时工降低到 700~800 名临时工,由 285 名合同工降低到 150 名合同工。

(五) 面向未来的数字化

物联网和数字技术的应用,使得传统的线性供应链节点正折叠成为一组动态网络,从而增加了企业实现差异化战略的可能性。通过集成的数字供应链,企业可以选择在差异化因素(如速度或服务)上进行竞争,并在供应链的所有传统节点上应用此差异化,如图 6-20 所示。

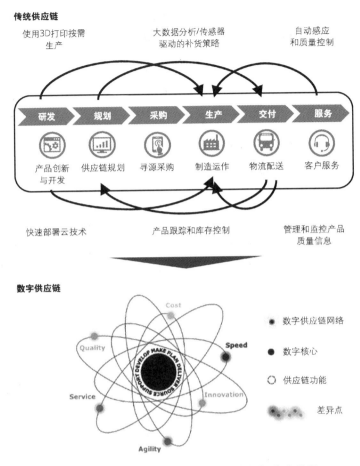

图 6-20　传统供应链与数字供应链的数据分布差异

"开启"数字供应网络,企业应该根据行业特性和公司特点,选择最恰当的主题率先进行数字化。开启数字化之后,"永远在线"数字化供应链网络(Digital Supply Chain Net,DSN),具有高速、连续的信息流和分析能力,将产生一系列的商业价值,如表6-6所示。

表 6-6　数字化供应链与战略决策

DSN 特征	描 述
"永远在线"	随着从实体世界到数字世界的持续流动的信息不断地驱动行动和决策,数字供应链网络永远不会睡着——它们"永远在线",具备自适应的决策和变化能力
互联社区	超越传统障碍,实现与供应商、生态系统合作伙伴和客户的外部协作,实现资产共享和大量数据共享
数据驱动智能	将可视化、优化、预测和人工智能纳入日常运营流程,以改进决策并持续优化和发展供应链
端对端透明度	传感器和基于位置的服务可立即查看供应链网络的每个角落,从而允许从源头到客户跟踪产品。这种透明度提供了监控货物、动态路由、降低运输成本的能力
整体决策	职能孤岛和实体之间的实时数据和信息的透明度,使得数字供应链网络可以作为整体网络优化性能,而不是作为每个单独的职能或实体

数字化供应链连通了职能孤岛和实体之间的实时数据,提升了信息的透明度,使得数字供应链网络可以作为整体进行性能优化,进而显著提升企业整体价值,如表6-7 所示。

表6-7 数字化供应链对某企业价值的提升

企业价值			
收入	利润率	资产效率	利益相关人预期
新产品:通过新的基于数据的产品和服务实现了10亿美元的新收入	质量成本降低:在生产中使用传感器使一次通过率从<20%提升到>95%	需求感知:先进的统计分析技术使预测准确性提高超过12%	加速上市:汽车企业减少了20%的设计周期并且赢得了年度汽车奖
增加销售:社交媒体分析确定了消费者趋势,并指导了新的营销策略,从而增加了11%的市场占有率	维修成本降低:具有先进材料和增量制造的涡轮机的修复时间减少90%	订单履行:全球库存可视化实现机会性订单履行和库存减少,从而每年节省了600万到1000万美元	风险降低:通过感测温度和压力并自动关闭生产,铸造厂失火次数每年从12次降低到0
企业范围的机会:超过1亿美元的价值			

 任务拓展

选择一家新零售的代表企业,查阅资料,完成调查报告:(1)该企业的零售模式与传统零售模式有哪些区别?(2)该企业在物流上采取了哪些措施保证了其新零售的有效实施?

参 考 文 献

[1] 李傑. 供应链管理技术[M]. 北京：人民邮电出版社，2018.
[2] 何明珂. 物流与供应链管理[M]. 北京：电子工业出版社，2018.
[3] 马士华，林勇，等. 供应链管理[M]. 6版. 北京：机械工业出版社，2020.
[4] 梁学栋，刘大成，等. 供应链管理[M]. 北京：经济科学出版社，2020.
[5] 韩胜建. 大数据周赋能供应链管理[M]. 北京：机械工业出版社，2022.
[6] 孔令华. 供应链管理高手之路[M]. 北京：中国经济出版社，2022.